내 아이를
책의 바다로
이끄는 법

• 일러두기: 이 책에 실린 독서 지도 칼럼은 《중앙일보》에 연재된 순서를 따르지 않고, 독자들의 편의를 위해 편집부에서 주제별로 재분류한 것입니다.

내 아이를 책의 바다로 이끄는 법

임사라 지음

비룡소

· 차 례 ·

작가의 말
책의 바다에 그물을 내리며 · 8

책에서 가장 좋은 친구를 만나다

아이가 고른 책이 좋은 책 · 14
사연 없는 사람은 없다 · 16
인생의 작은 진실 · 18
다독과 정독 사이 · 20
비판과 비난의 차이 · 22
삶의 위로가 되는 동시 · 24
부자가 꿈인 아이들 · 26
만화광을 사로잡는 동화 · 28
고전, 어떻게 읽혀야 할까? · 30
야성이 부르는 소리 · 32
군침 도는 이야기 · 34
불가사의한 시의 힘 · 36
어린이 책의 깊이 · 39
독서 워밍업 · 41
사랑이 시작되는 나이 · 43
고전에 빠져 봐! · 46
독서 지도를 시작하는 엄마에게 1 · 48

상상력의 바다를 헤엄치다

무엇이 진짜인가? · 54
생각 훈련의 첫걸음 · 56
생각하기 나름 · 58
이야기가 있는 여행 · 60
판타지 너머 · 62
미술관 밖에서 만난 그림 · 64
어디 재미난 이야기 없나? · 66
과묵한 책 · 68
먼 나라 가까운 이야기 · 70
우리가 미처 몰랐던 것 · 72
상상력의 카타르시스 · 74
역사와 환상 사이의 줄타기 · 76
두 번 읽게 되는 책 · 78
신화의 재구성 · 80
진지한 책이 좋은 책? · 82
책으로 떠나는 세계 여행 · 84
독서 지도를 시작하는 엄마에게 2 · 86

아이의 속마음을 들여다보다

너는 특별해! • 128
아이들만의 내밀한 공간 • 130
엄마가 빚는 대로 자라는 아이 • 132
거짓말하는 아이 • 134
문제는 엄친아 • 137
최고의 개구쟁이를 찾아라! • 139
우리는 모두 불완전한 존재 • 141
쉬쉬할수록 위험한 성 • 143
나는 나를 사랑할까? • 145
속내를 알 수 없는 아이 • 147
첫사랑의 설렘 • 149
말 잘하는 아이 • 151
울보 떼쟁이 버릇 고치기 • 153
아이의 숨은 재능 찾기 • 155
멋진 인생 설계도 그리기 • 157
아이의 눈, 어른의 잣대 • 159
두려움이란 괴물 • 161
내 안의 또 다른 나 • 163
독서 지도를 시작하는 엄마에게 4 • 166

아이의 학교 생활을 엿보다

학교 가기 싫은 아이들 • 92
우리 집 패셔니스타 • 94
좋은 친구 사귀기 • 96
짝꿍 때문에 속상해? • 98
왕따 없는 세상 • 100
선생님, 선생님, 우리 선생님 • 103
우정의 조건 • 105
엄마는 동문서답 중 • 107
학교가 서먹한 아이 • 109
작가가 될 거야! • 111
아름다운 우리말 바로 알기 • 113
마음의 빗장을 걸기 전에 • 115
엄마 노릇에 지칠 때 • 117
독서 지도를 시작하는 엄마에게 3 • 120

가족의 사랑을
깨닫다

엄마도 외로워 • 174

할머니가 그리운 날 • 176

애쓰셨어요, 아버지 • 178

엄마는 포기하지 않는다 • 180

가족의 소중함 • 182

할아버지의 선물 • 184

형이, 동생이 다 뭐람 • 186

가족의 진화 • 188

엄마의 자리 • 190

우리 가족만의 특별한 책 • 192

가까이하기엔 너무 먼 아빠 • 194

그늘 없는 집은 없다 • 196

아이들도 우울하다 • 198

독서 지도를 시작하는 엄마에게 5 • 200

삶의 지혜를 얻다

인간을 인간이게 하는 것 • 210

말하지 않아도 알아요 • 212

공주들이 달라졌다! • 214

미처 만나지 못한 가족 • 216

지혜로운 돼지들 • 218

전래 동화의 힘 • 220

가슴에 눈물 배게 하는 동시 • 222

책에서 캐낸 지혜 • 224

죽음에 대한 이해 • 226

받고 싶은 대로 베풀어라 • 228

치열해서 더 아름다운 삶 • 230

내 인생의 등대 • 232

배우는 게 아니라 키우는 것 • 234

헝그리 정신을 기억해 • 236

더불어 사는 즐거움 • 238

돈이 양반이라 • 240

지혜로운 서생원 • 242

파랑새 너머 파랑새 • 244

할머니 할아버지의 지혜 • 246

부족하지 않은 사람은 없다 • 248

세상 속 나의 자리, 하이타니 겐지로 • 250

동심을 지키는 종지기, 권정생 • 252

독서 지도를 시작하는 엄마에게 6 • 256

부록

칼럼 속 도서 연령별 분류 • 266

책의 바다에 그물을 내리며

오랜 외국 생활 동안 다양한 국적의 많은 아이들을 알게 되었습니다. 문제의 일곱 녀석 또한 독서 지도 자원봉사를 통해 만난 사춘기 초입의 당돌한 아이들이었습니다.

"제일 하고 싶은 게 뭐야?"

제 질문에 녀석들은 주춤하는 기색도 없이 느물느물 대답하더군요.

"영화에서처럼 여자 친구하고 멋지게 키스해 보는 거요!"

별 수 있나요. 했다는 것도 아니고, 하겠다는 것도 아니고, 해 보고 싶다는 것뿐이니. 고심 끝에 '이에는 이, 눈에는 눈, KISS에는 KISS' 작전으로 책을 KISS에 빗대어 풀이해 주었습니다.

"선생님이 진짜 멋진 키스를 알려 줄게. 너희들이 책에게 키스를 하면 책도 너희에게 키스를 보낸단다."

"에이, 책이 무슨 키스를 해요?"

"K는 지식(Knowledge)을, I는 지성(Intelligence)을, 첫 S는 전문성과 특별성(Specialty)을, 마지막 S는 탁월성(Superiority)을 너희에게 줄 거야."

아이들은 흥미가 동한 표정으로 책에 대한 인식을 조금씩 수정해 갔습니다. 그것이 'KISS A BOOK'의 시작이었습니다.

독서 지도란 이렇듯 아이들로 하여금 책과 달콤한 입맞춤을 하도록 유도하는 일입니다. 아이들이 자기가 책에 보낸 입맞춤보다 몇 배나 더 근사한 키스를 돌려받는다는 사실을 이해하기만 하면, 성공은 이미 보장된 것입니다.

스탠퍼드 대학의 로버트 버겔만 교수는 "성공은 지성과 자원과 추진력의 곱셈으로 이루어진 방정식"이라고 했습니다. 엄마가 지성과 자원을 증강해 전략을 잘 세워 나간다면 아이의 잠재력은 극대화될 수 있습니다. 책을 죽어라 싫어하는 아이도 결국엔 책과 사랑에 빠질 수 있습니다.

하지만 많은 엄마들이 독서 지도를 이론으로 접근해서 패배감을 맛보거나 두 손 들고 막막해합니다. 요리나 운전과 마찬가지로 독서 지도 역시 실기 능력이 핵심입니다. 독서 지도의 승패는 한 권 두 권 책과 사랑의 입맞춤을 주고받는 실전을 통해 아이의 상상력과 창의력, 사고력을 얼마나 효율적으로 키워 나가느냐에 달린 것이니까요.

지금부터 마음껏 실전 한마당을 펼쳐 보시라고 수백 권의 '책 명석'을 깔아 드리려고 합니다. 이 책에 실린 독서 지도 칼럼은 《중앙일보》에 연재된 것입니다. 천차만별인 신문 독자들의 취향을 배려하면서도 효율적인 '짝짓기 독서'의 샘플을 제시하고자 고심했습니다. 누구나 다 아는 베스트셀러는 가능한 피하고 되도록 다양한 주제와 작가군 속에서 숨은 작품들을 캐 내려고 노력했습니다.

'무슨 책을 읽힐 것인가'의 초보적인 화두는 이제 던져 버리세요.

한 권을 읽혀도 '어떻게 읽힐 것인가'를 고민하는 고수 엄마가 되기를 바랍니다. 부디 짧은 칼럼의 갈피와 행간에 녹아 있는 효율적인 독서 지도의 비결을 꼼꼼하게 짚어 내는 눈 밝은 독자가 되어 주세요. 보너스로 연령별 독서 지도의 요령을 중간 중간 삽입해 놓았습니다. 엄마들만의 독창적인 노하우를 개발해 나가는 데 도움이 되기를 바랍니다.

분수령이란 같은 날 내린 비가 몇 미터 차이로 태평양으로 흘러갈 수도, 대서양으로 흘러갈 수도 있는 위치를 말합니다. 한국의 분수령은 상주의 백두대간 화령제를 일컫는데, 이곳에 떨어진 비는 금강으로 갈 수도 낙동강으로 갈 수도 있다고 합니다.

'우리 아이, 앞으로 어디로 가게 될 것인가!'

지금 엄마들은 막중한 책임을 안고 그 분수령에 서 있습니다. 아이 스스로 책과 달콤한 사랑에 빠질 그날까지, 이 책이 분투하는 엄마들에게 독서 지도의 방향등이 되기를 소망합니다.

새 생명의 봄날에
임 사 라

책에서
가장 좋은
친구를 만나라

책 속에 모든 과거의 영혼이 잠잔다.
오늘의 참다운 대학은 도서관이다.

-칼라일-

아이가 고른 책이 좋은 책

"어떤 책을 골라 줘야 할까요?" 엄마들에게 종종 받는 질문이다. 내 대답은 언제나 같다. 아이가 글자를 읽을 줄 안다면 가만 내버려 두길! 아이들도 자기 먹을거리, 자기 손으로 고르는 소박한 기쁨은 누려야 하니까. 어이없고 돈 아까운 책만 골라 온다고? 밥풀 흘리지 않고 첫 숟가락 뜨고, 왼발 오른발 헷갈리지 않고 첫 신발 신는 아이는 없다. 시행착오, 당연하다.

자기가 고른 책에는 애착을 갖는다. 엄마가 고른 책 몸 배배 꼬며 어쩔 수 없이 읽는 것과는 차원이 다르다. 엄마의 입김은 아이가 주도적으로 책을 골라 읽는 맛을 들이고 난 후에 천천히 불어넣어도 늦지 않다. '자기 양식, 자기가 챙기기'를 여러 차례 시도해 본 결과, 저학년 아이들에게 주로 캐스팅되는 작가는 존 버닝햄, 로알드 달, 뇌스틀링거, 로렌 차일드, 윌리엄 스타이그 같은 호화 군단이었다. 아이들은 "재미있다!"는 말밖에 할 줄 모르지만, 보는 눈이 제법이다. 믿어도 된다.

그래도 정 참견이 하고 싶어 근질근질한 성미 급한 엄마를 위한 팁 하나! 도무지 믿을 수 없는 눈높이를 가진 아이라면, 읽히고 싶은 책을 열 권쯤 미리 골라 놓자. 그리고 묻는 거다. "그중에서 뭐가 제일 읽고 싶어?" 결국 그 열 권을 다 읽게 될 운명은 까맣게 모른 채 아이는 선택의 자유를 만끽해서 좋고, 엄마는 저항 세력과 충돌하지 않고 변칙 민주주의를 실행하니 좋다.

한 가지는 꼭 명심하자. 무슨 책을 읽든 아이들이 원하는 건, 에릭 킴멜의 『도서관에 개구리를 데려갔어요』에 등장하는 분위기라는 사실. 아이들은 개구리, 펠리컨, 심지어 뱀과 코끼리까지 북적거리며 한바탕 소동이 일어나는 떠들썩한 도서관이 편안하다. 그러니까 애들이다. "조용히 못 해!" 외쳐 봤자 목만 아프다.

읽다 팽개친 책으로 집 안은 엉망이고 책 읽는 시간인지 체육 시간인지 종잡을 수 없어 머리가 지끈거리더라도, 야엘 아쌍의 『국화마을의 어린왕자, 모모』를 생각하면서 참자. 책이 모모에게 미친 오묘하고 위대한 영향력을 생각하면, 아이와의 씨름쯤이야! 프란치스카 비어만의 『책 먹는 여우』가 아이랑 친구하자고 우리 집에도 찾아올 날이 멀지 않았다고 생각하면, 흔쾌히 책 뒤치다꺼리를 해 줄 에너지가 샘솟을 것이다.

15

대상 독자 : 책은 절대 읽지 않겠다고 버티는 소신 있는 저학년 어린이들과 책 속으로 아이를 강제 유배 보내는 독재 엄마들.

• **도서관에 개구리를 데려갔어요** 에릭 킴멜 글, 블랜치 심스 그림, 신형건 옮김 | 보물창고
• **국화마을의 어린왕자, 모모** 야엘 아쌍 글, 홍주미 그림, 김경희 옮김 | 시소
• **책 먹는 여우** 프란치스카 비어만 글·그림, 김경연 옮김 | 주니어김영사

사연 없는 사람은 없다

독서 지도의 묘미는 아이들에게 남들과 같은 책을 읽히고 색다른 전리품을 얻게 만드는 데 있다. 그러려면 아이가 남과 다른 각도의 시선을 갖고 있어야 한다. 등장인물이 아무리 많아도 대개 독자들의 시선은 주인공을 쫓는다. 주인공이 불행하면 가슴이 졸아들고, 죽지나 않을까 다치지나 않을까 손에 땀을 쥔다. 주인공을 괴롭히는 조연에게도 아프고 시린 사연이 있을 법한데, 그런 악당쯤이야 아침 안개처럼 사라져도 눈도 까딱 않는다. 이렇듯 사고 체계가 주인공만을 중심으로 움직이는 한, 남들과 비슷한 생각과 고만고만한 느낌 외엔 추수할 게 없다.

이제부터는 입체적인 책 읽기로 아이에게 빛과 그늘을 동시에 볼 수 있는 눈을 선물하자. 크리스티앙 뒤센의 『베베르에게 마흔두 번째 누이가 생긴다고요』는 줄거리만 쓱쓱 훑는 아이들에게는 자칫 경쾌한 코미디로만 비칠 수 있다. 일흔두 살인 아빠의 다섯 번째 결혼, 마흔한 명이나 되는 누나들…… 이 우스꽝스러운 설정 때문에 그저 특별한 가족의 에피소드쯤으로 단순 도식화될 위험이 크다. 하지

16

만 독서의 초점을 과감히 분산해 보자. 늙은 아빠의 다섯 번째 결혼이 주책이다, 창피하다라는 주인공 베베르 중심의 사고에 갇힌 아이들에게 사별의 슬픔을 반복한 아빠의 심정이 되어 보자고 제안하는 거다. 처음에는 고개를 갸우뚱할지 모른다. 하지만 아빠의 입장에서 스토리를 재해석하다 보면 아이들도 희극 속에 가려진 비극의 단면을 보게 될 것이다. "베베르의 아빠가 한 부인하고만 잘 살았다면 베베르는 이 세상에 태어날 수 없었을 거야. 그러니 어느 쪽이 좋은 거지?" 이런 물음은 철학적인 사고를 유도하는 출발점이 될 수도 있다.

새엄마가 아이를 낳지 못하게 된 게 통쾌한 일이라고 결론을 내린 아이에게는 새엄마만 따로 생각해 보게 하자. 아이는 어느새 그녀를 동정할 것이다. "아무리 식구가 많아도 새엄마는 쓸쓸할지 몰라요. 자기 아이는 없으니까요." 대립 관계에 있는 상대의 외로움을 깨닫는 순간, 아이들은 한 걸음 더 나아간다. 책 속의 다양한 등장인물을 통해 타인의 그림자까지 보듬는 법을 배우는 것이다. 그것은 아이가 생의 고독에 맞설 강하고도 유연한 정신력의 원천이 된다.

윌리엄 스타이그의 『진짜 도둑』도 함께 읽어 보자. 피해자와 가해자라는 상식적인 구도를 뛰어넘어, 악하기도 하고 선하기도 한 인간의 복잡한 내면을 이해하는 데 좋은 안내서가 될 것이다.

대상 독자 : 둥근 지구에 살아가는 동안 모든 사람을 둥글둥글 포용하는 법을 배워야 할 11세 이상의 어린이와 다각도로 깊이 있는 책 읽기를 유도하고픈 엄마들.

• 베베르에게 마흔두 번째 누이가 생긴다고요 뒤센 글, 윤미숙 그림, 심지원 옮김 | 비룡소
• 진짜 도둑 윌리엄 스타이그 글·그림, 홍연미 옮김 | 베틀북

인생의 작은 진실

독서 지도를 아이 장래의 사활이 걸린 거창한 프로젝트로 생각하고 접근하는 엄마들이 많다. 눈을 부릅뜨고 정보를 모으고 치밀한 독서 프로그램을 만드느라 토끼 눈이 된다. 이렇게 애를 쓰며 세운 원대한 계획을 실행하려니, 당연히 목소리에 힘이 들어간다. 행여 아이가 엄마 뜻대로 순순히 책을 사랑하지 않으면 머리에 열이 확 뻗친다.

그런데 과연 사랑이 그런 치밀한 계획으로 시작되고 완성될까? 사랑이란 원래 너무 이성적이면 시작도 못하는 법. 엄마의 강요로 마지못해 한 정략결혼보다야 자발적인 연애결혼이 한결 달콤할 것은 자명하다. 폴 투르니에의 "인생의 비극은 준비만 하다가 생을 낭비하는 것"이라는 말을 잊지 말자. 열 권, 백 권, 한 달, 일 년 단위의 엄청난 포부도 좋지만, 계획표에 깔려 중도 하차하는 것보다는 당장 손에 잡히는 한 권이라도 각개 격파 하는 게 낫다. 엄마의 빈틈없는 계획표에 차질이 생긴들 어떠랴. 콩나물시루에 물을 부으면 줄줄 새기만 하는 것 같아도, 콩나물은 하루가 다르게 쑥쑥 자란다.

시작이 막막하다면 아이들이 친근하게 느끼는 강아지의 힘을 빌려 보자. 마해송의 『멍멍 나그네』로 일단 준비 운동을 하는 거다. 일기 쓰는 똑똑한 강아지 베쓰가 들려주는 흥미로운 이야기라면 아이들도 귀가 쫑긋하지 않을 수 없다. '강아지한테도 배울 것이 있구나.' 깨달은 아이들에게는 사람의 생명을 구한 구조견을 만나 보게 하자. 스캇 쉴즈의 『용감한 구조견 베어』에는 세계를 공포로 몰아넣었던 뉴욕 쌍둥이 빌딩 참사 당시의 영웅견이 등장한다. 뜨거운 재 가루를 뒤집어쓴 채 탈진할 때까지 사람들을 구해 낸 자랑스러운 개 베어. 아이들은 베어를 통해 활자 속에 숨은 생명의 고귀함을 진주처럼 캐내게 될 것이다.

멍멍 이야기의 하이라이트는 황선미의 『푸른 개 장발』이다. 어미에게 무시당하고 형제에게 따돌림당하는 장발의 질곡 많은 삶에는 우리 인생의 희로애락이 모두 녹아 있다.

19

언젠가 아이들이 자라나 "신은 동물에게 근심 없이 생각하고 기쁨을 누릴 수 있는 자질을 내리셨습니다. 동물을 괴롭히지 말고 그들의 행복을 빼앗지 마십시오. 신의 뜻을 거스르지 마십시오."라고 한 도스토옙스키의 말을 만난다면, 어린 시절 읽었던 멍멍이 책들이 떠오를 것이다. 이렇게 생의 고비고비에서 깨달은 작은 진실들이 모여 아이의 가치관이 형성되어 간다.

대상 독자 : 책 때문에 엄마한테 날마다 토끼몰이당하는 10세 이상의 어린이와 독서 계획 세우느라 날밤 새우는 엄마들.

• **멍멍 나그네** 마해송 글 | 계림닷컴
• **용감한 구조견 베어** 스캇 쉴즈 외 글, 유정화 옮김 | 두산동아
• **푸른 개 장발** 황선미 글, 김은정 그림 | 웅진주니어

다독과 정독 사이

에머슨은 "지혜로운 사람은 많은 것을 아는 자가 아니라 쓸모 있는 것을 아는 자"라고 했다. 이 진리는 책에도 적용된다. 많은 책을 읽는 것만이 능사가 아니다. 자기에게 쓸모 있는 책을 제대로 정독하는 것이야말로 지혜의 첩경이다. 그런데 좋은 책인지, 쓸모 있는 책인지는 대체 어떻게 판단한단 말인가. 결국 많은 책을 읽어 보는 수밖에 없다. 쓸모 있는 책, 좋은 책을 고르는 탁월한 안목은 '많이, 그리고 골고루' 읽지 않고는 생겨나지 않기 때문이다. 다독의 비효율성은 다독이 효율적이지 못하다고 단언할 만큼 많은 책을 읽어 본 사람만 주장할 수 있다. 아무리 강력한 엔진도 일정량의 연료가 채워지지 않는 한 움직이지 못하는 법 아닌가. "다양한 책을 읽지 않는 사람을 경계하라."는 디즈데일리의 말을 곱씹어 볼 필요가 있다.

그렇다고 모든 사람에게 다독이 효율적이거나 적합한 건 아니다. 결국 다독이 유익한가, 정독이 유익한가의 논쟁은 영원히 판결을 내릴 수 없는 난제일 수밖에 없다. 즉 독서의 방법론은 아이의 독서 수준과 독서 체질, 독서의 목적에 따라 현명하게 선택해야 할 도구일

뿐, 궁극적인 목적은 책 그 자체라는 사실을 잊어서는 안 된다.

적극적으로 공략하고 확장해도 국경 분쟁의 소지가 없는 독서의 지경! 오늘은 방법론 씨름일랑 접어 두고 타임머신을 타고 먼 과거로 날아가 보자. 한스 바우만의 『트로이와 크레타』는 드물게 만나는 고고학 이야기다. 허구의 공상과학, 판타지 장르에 익숙한 아이들에게 좌뇌, 우뇌의 균형 감각을 찾아줄 만한 탄탄한 작품이다. 주인공 슐리만과 에번스의 뒤를 따라 트로이와 미케네, 크노소스 유적의 세계를 넘나들며 잃어버린 과거의 퍼즐 조각들을 끼워 맞추다 보면, 단순 반복형 사고에 찌든 두뇌가 오랜만에 지적 스릴을 만끽할 수 있을 것이다. 제법 도톰한 분량이니 독서 폐활량 증진에도 유익할 듯.

활자 여행만으로는 성이 차지 않는다면, 수원행 전철에 올라 보는 건 어떨까. 아이와 함께 체험 학습서 『정조와 함께 떠나는 화성 기행』을 도란도란 읽으며 유네스코 문화유산인 화성을 탐험해 보자. "'치'가 무엇일까? '포루'는? 화성의 최고 정상의 이름은? 정약용은 화성을 쌓는 데 어떤 공을 세웠을까?" 아이와 핑퐁 게임하듯 200여 년 전의 역사 지식을 주거니 받거니 화성을 둘러보고 나면, 성군 정조의 용안이 보름달처럼 환하게 떠오를 것이다.

대상 독자 : 『트로이와 크레타』는 13세 이상, 『정조와 함께 떠나는 화성 기행』은 9세 이상의 어린이, 그리고 하루만이라도 책의 사각틀 안에서 아이를 해방시켜 주고픈 엄마들.

- **트로이와 크레타** 한스 바우만 글, 한스 페터 레너 그림, 강혜경 옮김 | 비룡소
- **정조와 함께 떠나는 화성 기행** 최석환 외 글, 이원희 그림 | 문학동네어린이

비판과 비난의 차이

　과거에는 유달리 사고력과 문장력이 특출한 경우가 아닌 이상, 아이들의 책 감상은 대개가 "좋다.", "엄청 재미있다.", "짱이다." 같은 찬사 일색의 아부형이 대세였다. 하지만 논술이 판도라의 상자에서 불쑥 튀어나온 후로는 신랄한 비평이 부쩍 늘었다. "요 책은 그림이 촌스럽고, 저 책은 주인공이 멍청하며, 또 이 책은 결론이 왕짜증이다……."부터 머리통이 굵어질수록 "이 책은 주제가 모호하고, 저 책은 소재가 진부하며 현실성이 없고……."까지 비판, 비평, 비난 일색이다. '비 삼형제'의 각기 다른 정체성을 혼동한 아이들이 많은 탓이다.

　하지만 사사건건 흠만 들춰 내서는 절대 글의 향취를 느끼거나 좋은 영향을 받을 수 없다. 뭐니 뭐니 해도 독서의 기본은 책 사랑에 있다. 비판적인 지성도 중요하지만 가장 중요한 것은 역시 사랑이다. 아이에게서 냉소주의적 '리뷰 마왕'의 자질이 엿보인다면 얼른 비상등을 켜야 한다.

　더 늦기 전에 아이에게 책 사랑을 가르치고 싶다면 아지즈 네신의

『당나귀는 당나귀답게』를 권한다. 이 책은 오로지 '난타'를 즐기기 위해 책을 펴는 아이조차 지그시 눈을 감고 생각에 잠기게 하는 풍자 동화다. 딱 꼬집어 논리적으로 설명하지는 못하지만, 아이들도 세상의 부조리를 경험한다. 실체를 짚어 내지 못할 뿐, 아이들도 느낄 건 느끼고 알 건 안다. 아지즈 네신은 우스꽝스런 은유와 비유를 통해 부조리에 대한 아이들의 답답한 체증을 통쾌하게 뚫어 준다. 책을 읽다 보면 온갖 형태의 모순과 부정, 인간의 갖가지 탐욕과 어리석음에 실소와 쓸쓸한 수긍을 반복하게 된다. 책을 읽고 아이와 세상사의 그늘에 대해 토론을 벌인다면 세상을 보는 통찰력의 날을 단단히 세울 수 있을 것이다.

윌리엄 스타이그의 『당나귀 실베스터와 요술 조약돌』, 세귀르 백작부인의 『당나귀 까디숑』도 아이들에게 생각하는 즐거움을 주는 착한 당나귀 이야기니 곁들어 읽어 보자. 그러고 나면, 마침내 진짜 비평 실력을 발휘할 때가 됐다. 동물한테까지 배울 정도로 지혜를 소중히 여기는 인간들이 왜 번번이 어리석은 역사를 반복하는지에 대한 글을 써 보는 건 어떨까.

대상 독자 : 『당나귀 실베스터와 요술 조약돌』은 7세 이상, 『당나귀 까디숑』은 10세 이상, 『당나귀는 당나귀답게』는 12세 이상의 어린이. 그리고 살수록 새록새록 발견하게 되는 생의 부조리에 고민하는 엄마들.

- **당나귀는 당나귀답게** 아지즈 네신 글, 이종균 그림, 이난아 옮김 | 푸른숲
- **당나귀 실베스터와 요술 조약돌** 윌리엄 스타이그 글 · 그림, 이상경 옮김 | 다산기획
- **당나귀 까디숑** 세귀르 백작부인 글, 원용옥 외 옮김 | 개수나무

삶의 위로가 되는 동시

　산만한 아이들은 짧은 동화 한 권조차 집중해서 읽지 못한다. 엉덩이에 프로펠러라도 달린 것처럼 이리 윙, 저리 윙, 방 안을 날아다닌다. 붙들어 앉히려면 야생마의 뒷발에 차일 각오를 해야 한다. 이럴 때 유용한 것이 동시다. 산문은 동참을 요구하지만, 시는 일방통행이 가능하다. 산은 올라야 맛을 알지만, 바다는 바라만 봐도 좋은 것과 같다.

　책과 친하지 않은 아이에게 함축성 있는 시를 이해시키기란 뿔난 제비를 설명하는 것만큼이나 힘든 일. 그러니 아예 이해받기를 포기하자. 그냥 읽어 주면 된다. 아이가 드러누워 발버둥을 치면 함께 드러눕고, 아이가 배를 밀며 탱크 놀이를 하면 같이 엎드려서 읽으면 그만이다.

　"늘 그런 건 아니지만 가끔/ 빨간 불이 켜져 있는데 길을 건너고 싶어/ 가끔 학교에 가기 싫을 때도 있고/ 일부러 숙제를 안 하기도 해/ 갑자기 나보다 덩치가 큰 뚱보한테/ 괜히 싸움을 걸고 싶고 가끔/ 아무런 까닭 없이 찔끔 눈물이 나"

마치 아이들의 마음을 엑스레이로 찍어 놓은 듯 적확하게 표현한 신형건 시인의 동시「가끔」의 일부다. 이런 시들을 조곤조곤 읽어 주다 보면 어느새 아이들은 고요한 호수처럼 차분해져 시의 운율에 귀 기울이게 될 것이다.

개구쟁이가 잠들고 나면 전쟁 같은 하루를 무사히 끝낸 엄마도 노곤해진다. 아무리 말썽을 피워 대도 평화롭게 색색 잠든 얼굴을 내려다보고 있으면 사랑하지 않을 수 없는 아이들.

"인생이 짧고, 세월이 쏜살같이 흘러갔기 때문에/ 한 어린 소년은 너무도 빨리 커 버렸지/ 그 아인 더 이상 내 곁에 있지 않으며/ 자신의 소중한 비밀을 내게 털어놓지도 않는다/ 그림책들은 치워졌고/ 이젠 함께 할 놀이들도 없지/ 다시 그때로 돌아가, 네가 함께 놀아 달라던/ 그 작은 놀이들을 할 수만 있다면"

『지금 알고 있는 걸 그때도 알았더라면』에 나오는 작자 미상의「성장한 아들에게」라는 시다. 이 시를 읽노라면 고단하고도 행복한 '엄마의 일상'을 살아 낼 사랑의 에너지가 불끈 솟아날 것만 같다.

아이들에게 읽어 주면 좋은 동시집으로는『풀아 풀아 애기똥풀아』,『개구쟁이 산복이』,『산골 아이』,『오리는 일학년』등이 있다.

대상 독자 : 발차기에 여념이 없는 태아로부터 석양빛의 노인까지.

• **지금 알고 있는 걸 그때도 알았더라면** 류시화 엮음 | 열림원
• **풀아 풀아 애기똥풀아** 정지용 외 글, 신형건 엮음, 양상용 그림 | 푸른책들
• **개구쟁이 산복이** 이문구 글 | 창비
• **산골 아이** 임길택 글, 강재훈 사진 | 보리
• **오리는 일학년** 박목월 글, 오정택 그림 | 비룡소

부자가 꿈인 아이들

저학년 아이들은 스펀지 같다. 엄마의 말이 쉽게 먹힌다. 찬찬히 지도하면 얼마든지 책이랑 친해질 수 있다. 문제는 책과 담을 쌓은 채 덜컥 고학년이 되어 버린 아이들이다. 초조해진 엄마들은 '권장 도서', '필독 도서' 목록을 들이밀며 완력으로 맞선다. "그렇게 놀다 간 대학 못 간다."는 성급한 협박도 서슴지 않는다.

역효과는 불 보듯 뻔하다. 여태까지 흘려 보낸 금쪽 같은 시간이 아깝다고 단번에 넘실대는 강을 건널 순 없다. 마음이 급할수록 권장 도서 목록은 잊자. 중요한 건 우선 아이가 활자에 대한 거부 반응을 없애고 '읽는 즐거움'을 깨우치게 하는 것이다. 그런 기초 없이는 논술도 기대할 수 없다.

읽는 게 즐거우려면 자기가 관심을 가진 분야라야 한다. 게임, 스포츠, 연예인, 이성 친구 등……. 문제는 아이들의 관심사가 수시로 바뀌어서 종잡을 수 없다는 데 있다. 과연 모든 아이들의 공통된 관심사는 무엇일까? 용돈! 그렇다. 용돈이 넘쳐나서 성가시다는 아이는 본 적이 없다. 주제가 주제이니만큼 아이들은 지겨운 책을 읽는다는 자각 없이 즐거운 몰입이 가능하고, 저도 모르는 사이 경제 공부까지 하게 된다.

돈, 가르쳐야 하나, 말아야 하나. 아는 게 힘일까, 모르는 게 약일까. 몇 살 때가 경제 교육의 적기일까. 고민하는 엄마들에게 『아이들의 못 말리는 서커스』를 권한다. '독서 지도'와 '경제 교육'의 두 마리 토끼를 동시에 낚는 경이로운 200퍼센트의 수익률을 기대해 볼만 하다. 굉장한 경제 이론이 나와 있는 건 아니다. 서커스를 좋아하는 아이들 여섯 명이 모여 자기들만의 서커스를 준비하는 과정이 나올 뿐이다. 그런데 그 서커스가 보통 서커스가 아니다. 아이들에게 세상 보는 눈을 길러 주고, 경제 관념을 심어 주는 서커스다. 구경할 때는 재미있었지만, 막상 자기들이 서커스 무대를 꾸미려니 할 일이 한두 개가 아니다. 무엇보다 비용이 어마어마하게 든다. 난관에 부딪힌 주인공들은 어떻게 부족한 돈 문제를 해결해 서커스를 무대에 올릴까.

머릿속에 경제 원리의 윤곽을 선명하게 그려 주는 장수하늘소의 『피노키오의 몸값은 얼마일까요?』와 루이스 암스트롱의 『레몬으로 돈 버는 법』, 정갑영의 『만화로 배우는 경제』까지 곁들이면 열두 살에 부자가 되는 건 이제 시간 문제일 듯.

대상 독자 : 빤질빤질 책은 안 읽으면서 용돈에 불만 가득한 12세 이상의 어린이와 책 읽을 때마다 용돈 찔러 주는 편법을 반복하다가 체면만 망가진 엄마들.

- **아이들의 못 말리는 서커스** 맥나우튼 글, 신지원 그림, 이딸우 옮김 | 을파소
- **피노키오의 몸값은 얼마일까요?** 장수하늘소 글, 김혜숙 그림 | 아이세움
- **레몬으로 돈 버는 법** 루이스 암스트롱 글, 빌 바소 그림, 장미란 옮김 | 비룡소
- **만화로 배우는 경제** 정갑영 글 | 영진미디어

만화광을 사로잡는 동화

갖은 지략을 동원해 봐도 도저히 재미난 만화와 겨룰 수 없어 책 읽히기를 포기한 엄마들. 아이는 아이대로 책이라면 알레르기 반응부터 보이고 엄마는 엄마대로 짜증만 늘고 있다면, 우선 책에 대한 인식을 바꿔 보는 게 어떨까. 만화는 재미있고 책은 딱딱하다는 고정관념의 굳은 살 제거에 도전해 보는 것이다.

야마나카 히사시의 『내가 그 녀석이고 그 녀석이 나이고』는 책을 펼치는 순간, 만화적 상상력과 접목된 기발한 착상이 웃음보를 자극한다. 서로의 몸이 바뀐다는 설정은 이미 영화나 드라마로 여러 번 대해 본 터라 심드렁할 수도 있다. 그런데 같은 소재를 막상 책으로 대하니 느낌이 전혀 다르다. 몸이 바뀌어 버린 가즈오와 가즈미가 남녀 간의 성(性) 차이를 인식하면서 자아를 확인해 가는 과정을 쫓다 보면, 책 읽기가 우주 정복만큼 힘들던 아이들도 후딱 책 한 권을 다읽게 될 것이다. 거기에 존 그레이의 『화성에서 온 남자, 금성에서 온 여자』를 일찌감치 예습하는 부가 효과까지 기대할 수 있다.

한 가지 염두에 둘 일! 아이 앞에선 결코 꺼내지 말아야 할 터부

28

사항이 있다고 생각하는 엄마라면 어른의 불륜, 성추행 같은 예민한 부분이 살짝살짝 비치므로 미리 읽어 보는 게 좋겠다. 반면 아이들도 알 건 다 안다, 쉬쉬한다고 될 일이 아니라고 생각하는 엄마에게 이 책은 독서의 흥미를 유발할 뿐 아니라, 유쾌한 웃음 끝에 생각해 볼 거리까지 제공해 주는 좋은 텍스트가 될 것이다.

잔니 로다리의 단편 동화집 『지프, 텔레비전 속에 빠지다』도 이에 결코 뒤지지 않는 기상천외함으로 무장한 책이다. 아이와 사이좋게 앉아 책 속에 펼쳐진 광활한 상상의 세계를 날아다녀 보자. 구태여 책이 얼마나 재미있는 친구인지 주입시키지 않아도 아이 스스로 깨닫게 될 테니까.

아직 긴 글이 부담스러운 아이들에게는 이토 후미토의 『거꾸로 보면 무엇일까요?』가 좋다. 책을 읽으며 거꾸로 보고, 뒤집어 생각해 보는 연습을 하다 보면 고갈된 상상력의 샘물이 퐁퐁 솟아나는 체험에 절로 흐뭇해질 것이다.

대상 독자: 『내가 그 녀석이고 그 녀석이 나이고』는 12세 이상, 『지프, 텔레비전 속에 빠지다』는 10세 이상, 『거꾸로 보면 무엇일까요?』는 5~8세 어린이, 그리고 사는 게 재미없어 시들시들한 어른들.

- **내가 그 녀석이고 그 녀석이 나이고** 야마나카 히사시 글, 정지혜 그림, 이경옥 옮김 | 사계절
- **지프, 텔레비전 속에 빠지다** 잔니 로다리 글, 페프 그림, 김효정 옮김 | 주니어김영사
- **거꾸로 보면 무엇일까요?** 이토 후미토 글·그림, 박인용 옮김 | 오로라북스

고전, 어떻게 읽혀야 할까?

뻔한 얘기라고 건너뛰기엔 찜찜하고 한 권씩 줄줄 읽어 주기에는 막대한 권수가 부담스러운 고전 명작. 어떻게 하면 아이들에게 효과적으로 읽어 줄 수 있을까? 고전은 어느 출판사의 책이든 스토리가 어슷비슷하니 무작위로 한 권만 골라 읽히면 된다고 생각하는 엄마들이 있을지도 모른다. 하지만 그런 식으로 줄거리 전달에만 초점을 맞추다 보면, 같은 이야기를 갖고도 다양한 변주가 가능한 독서 체험의 색다른 맛을 놓칠 수 있다.

버커트에게 칼데콧 아너 상을 안겨 준 『백설 공주와 일곱 난쟁이』와 다른 일러스트레이터가 그린 백설 공주는 어떻게 다를까? 샤를 페로의 세계적인 명작 신데렐라도 유심히 살펴보자. 로베르토 인노첸티의 『신데렐라』에는 금발 미녀 대신 까만 단발머리의 신데렐라가 등장한다. 마차는 자동차로 진화했다. 아이들은 옛이야기의 진부함과 격세지감에 하품을 하는 대신 호기심에 눈을 빛낼 것이다. 마샤 브라운에게 칼데콧 상을 안겨 준 『신데렐라』 역시 주목할 만하다.

머리가 굵어진 후에 뒤집어 보고 비틀어 보는 사고력 훈련을 시키려면 어려워진다. 때늦게 느닷없이 창의적인 생각을 주문하는 것도 마찬가지다. 책을 학습 도구로 인식하기 전인 어린 시절에 같은 텍스트를 여러 시각으로 다양하게 읽어 주면, 아이들은 어느새 남과 다르게 느끼고 생각하는 법, 감추어진 갈피 속 이야기를 깊이 음미하는 법을 깨우치게 될 것이다.

특히 백설 공주와 신데렐라는 시대를 초월한 인기를 누리는 만큼 비판 의견 또한 만만찮은 이야기들이다. 아이의 이해력이 어느 선에 이르렀다면 스토리 전개나 결말을 통쾌하게 엎어 버리는 현대판 패러디 동화까지 챙겨 보자. 엘렌 잭슨의『신데룰라』, 후베르트 쉬르넥의『백설 공주는 정말 행복했을까?』, 바바라 워커의『흑설공주 이야기』를 한국 어린이 눈높이에 맞게 재구성한『어린이를 위한 흑설공주 이야기』등에 이르기까지 두루 비교 섭렵해 보는 것이다. 다양한 작가의 문학관과 화풍을 자유롭게 만나게 해 주면, 아이는 자기만의 가치관으로 새롭게 탄생시킨 멋진 고전을 가슴에 품고 살게 될 것이다.

대상 독자 : 평생 독서의 기본 코스인 고전 읽기에 입문한 유아로부터 초등학생들, 그리고 세계 명작 읽어 주기의 습관성 매너리즘에 빠진 엄마들.

- **백설 공주와 일곱 난쟁이** 그림 형제 글, 낸시 에콤 버커트 그림, 이다희 옮김 | 비룡소
- **신데렐라** 사를 페로 글, 로베르토 인노첸티 그림, 이다희 옮김 | 비룡소
- **신데렐라** 마샤 브라운 글·그림, 장미란 옮김 | 시공주니어
- **신데룰라** 엘렌 잭슨 글, 케빈 오맬리 그림, 이옥용 옮김 | 보물창고
- **백설 공주는 정말 행복했을까?** 쉬르넥 글, 그라우프너 그림, 유혜지 옮김 | 아이세움
- **어린이를 위한 흑설공주 이야기** 노경실 외 글, 윤종태 그림 | 뜨인돌어린이

야성이 부르는 소리

"연민이야말로 그렇게 많은 동물들이 인간의 곁을 떠나지 않은 유일한 이유다." 독일 작가 빌헬름 게나찌노의 말이다. 간디는 "동물을 대하는 태도를 보면 그 나라의 문화를 알 수 있다."고 했다. 인류의 필독서가 된 『시튼 동물기』를 읽다 보면, 직립 보행의 근거 없는 우월감에 의혹을 품게 된다. 한결같은 충성심, 역경에도 굴하지 않는 끈질긴 의지, 최후의 순간까지 사투하는 치열한 삶의 태도, 고비마다 번뜩이는 생존지략, 쉽게 배신하지 않는 깊은 우정……. 동물의 이런 본성이야말로 우리가 교육을 통해 아이들에게 가르치려고 평생 분투하는 고귀한 가치들 아닌가.

불쾌지수가 치솟는 여름에 아웅다웅 복닥대는 인간사에 가슴이 답답한 엄마라면 아이와 함께 웅장한 대자연 속으로 들어가 보기를 권한다. 진 크레이그헤드 조지에게 뉴베리 상의 영광을 안겨 준 『줄리와 늑대』는 광활한 알래스카에서 길을 잃은 에스키모 소녀 미약스를 부성애로 돌봐 주는 늑대 아마록의 이야기다. 같은 언어를 사용하는 인간들끼리도 의견 충돌과 갈등, 오해와 반목이 끊이지 않는 세상에, 어떻게 인간과 늑대 사이에 이토록 아름다운 우정의 강이 흐를 수 있는 것일까.

　미약스를 끝까지 지키고 돌보다가 결국 미약스의 아버지 손에 죽고 만 아마룩. 과연 동물의 하찮은 삶이었다고 폄하할 수 있을까. 읽는 내내 인생에 대해, 삶의 가치에 대해 질문하게 되는 멋진 작품이다. 대개의 모험 동화가 소년을 주인공으로 삼는 데 비해, 불행한 인습으로 맺어진 조혼을 타파하고 강인한 의지로 삶을 개척하는 소녀의 이야기라는 점 또한 흥미를 돋운다.

　설원을 무대로 하는 또 다른 명작으로 잭 런던의 『야성의 외침』을 빼놓을 수 없다. 안락한 삶에서 하루아침에 한파 속에 던져져 썰매개가 된 벅. 그는 추위와 굶주림, 인간의 모진 학대 속에서 당당하게 살아남아 마침내 썰매개들의 우두머리로 우뚝 선다. 더 나아가서는 내면에서 들려오는 야성의 외침을 좇아 늑대 무리에 합류한다. 살벌한 경쟁의 법칙을 따라 물고 찢기는 야생의 삶, 그 속에서 펼쳐지는 개들의 야망과 의리, 분노와 복수, 그리고 삶과 죽음이 마치 한 편의 스펙터클한 영화를 보는 듯하다. 벅이 주인 존 손턴에게 바치는 지고지순한 우정에는 한동안 책장 넘기는 걸 잊게 될 것이다.

대상 독자 : 편안한 방풍림 속의 삶을 당연시하는 12세 이상의 어린이와 아이를 야성과 지성이 균형 잡힌 큰 인물로 키우고픈 엄마들.

　• **줄리와 늑대** 진 크레이그헤드 조지 글, 유기훈 그림, 작은 우주 옮김 | 대교
　• **야성의 외침** 잭 런던 글, 웬델 마이너 그림, 정회성 옮김 | 웅진주니어

군침 도는 이야기

위인들은 대개 어릴 때부터 독서를 포함해 하루 네 끼를 먹는다고들 한다. 오곡백과 풍성한 천고마비의 계절! 식욕 돋우는 '맛있는 책'으로 아이들을 오동포동 살찌울 때가 됐다. 식도락과 다이어트의 딜레마에 갈등하는 엄마들도 한껏 즐길 수 있는 고단백 저칼로리의 근사한 식단을 짜 보자.

첫 번째 추천 레스토랑은 폴리 호바스의 와플 가게 『빨간 그네를 탄 소녀』. 감각적인 문체와 흥미로운 전개, 독특한 요리 비법이 한데 어우러진 이 책은 라우라 에스키벨의 소설 『달콤쌉싸름한 초콜릿』과도 닮은 데가 많다. 엄마 아빠를 바다에 빼앗기고 인생의 한복판으로 내던져진 프림로즈. 그녀가 생크림을 잔뜩 얹은 달콤한 와플의 참맛을 알아갈 때쯤이면 이 이야기를 어떻게 독창적으로 재해석하여 인생의 깊은 맛을 보여 줄 것인지, 엄마들도 주방장으로서 의욕이 불끈 솟을 것이다.

제대로 먹기로 작정했다면 몸에 좋은 생선을 빼놓을 수 없다. 오늘의 특선으로 맛깔스런 준치 요리를 추천한다. 가시가 많아서 싫다면 국민 시인 백석에게 해답을 구하면 된다. 『준치 가시』는 준치의 인생 이력서이자, 사연 많은 가시에 얽힌 고백서다. 이렇게 재치 있고 정감 어린 해학으로 손질된 생선 구이에 어찌 손이 가지 않을 수 있으랴. 저녁 식탁에 올릴 준치를 사러 가며 아이와 도란도란 이야기를 나누어 보자. 앞으로 아이는 생선 가시 하나에도 다정다감한 상상력을 발동하게 될 것이다.

충분히 먹었으니 이제 차나 한 잔? 어림없는 말씀! 잉가 무어의 『여섯 번 저녁 먹는 고양이 시드』를 만나기 전엔 겨우 애피타이저가 끝났을 뿐이다. 검정고양이 시드는 살금살금 이 집 저 집을 돌아다니며 저녁을 여섯 번이나 얻어먹는다. 어수룩한 동네 사람들은 저마다 시드가 자기 고양이라고 믿는다. 시드는 이름도 여섯 개나 되는 데다 잠자리도 여섯 군데나 있는데 말이다. 그러던 중 그만 감기에 걸린 시드. 여섯 주인의 손에 잡혀 동물 병원을 여섯 번이나 가야 하는 고달픈 신세가 되고 마는데……. 이중생활이 들통 나 진퇴유곡에 빠진 시드는 이제부터 어떻게 저녁 식사를 해결해야 할까.

35

대상 독자 : 『준치 가시』와 『여섯 번 저녁 먹는 고양이 시드』는 6세 이상, 『빨간 그네를 탄 소녀』는 12세 이상의 식욕 왕성한 어린이와 오늘도 일용할 양식을 위해 고심하고 있는 엄마들.

• **빨간 그네를 탄 소녀** 몰리 호바스 글, 유기훈 그림, 김현숙 옮김 | 대교
• **준치 가시** 백석 글, 김세현 그림 | 창비
• **여섯 번 저녁 먹는 고양이 시드** 잉가 무어 글·그림, 김난령 옮김 | 좋은책어린이

불가사의한 시의 힘

물질 만능 시대다. 시간과 정보를 돈으로 환산해 바삐 뛰는 현대인들에게 시는 도심 한복판에 매연을 맞으며 멀뚱멀뚱 서 있는 허수아비만큼이나 생경하게 느껴진다. 그런데도 왜 우리는 아이들에게 시를 읽히려 하는 걸까?

첫째는 시가 집중력이 약해 스토리에 몰입하지 못하는 아이에게 어휘력과 감수성을 길러 주는 최고의 텍스트이기 때문이고, 둘째는 시의 행간에 펼쳐져 있는 상상력의 바다 때문이다.

하지만 시의 가치를 인정한다 해도 실제 아이들에게 동시를 읽게 하기란 쉬운 일이 아니다. 시선을 붙들 흥미로운 인물이 등장하지도 않고, 다음 장이 궁금해 화장실 가는 것도 미루게 할 만한 재미난 사건이 일어나지도 않는다. 성급하고 산만한 아이라면 석 장도 못 가 몸을 배배 틀기 일쑤다.

그렇다고 감기약 먹이듯 동시를 억지로 읽힐 수는 없다. 맘 편히 자장가 불러주듯 운율을 따라 자늑자늑 읽어 보자. 시는 구운 생선이 아니다. 평론가처럼 시의 뼈와 살을 발라 내는 골치 아픈 일일랑 말고

다리 쭉 뻗고 시를 즐겨 보자. 어느새 아이들은 '뭔가'를 느낀다.

"새 떼를 쫓으려고 서 있는 줄 알지만/ 나는 새 떼가 오기를 기다리며 서 있어/ 사람들이 가고 나면 어깨 위에 새 떼를 불러 함께 놀지/ 콧노래를 부르면/ 들판도 흥에 겨워 넘실넘실"

"너무 많이 달고 있어/ 팔 아프겠다/ 아기 감들을/ 이제 그만 내려놓아라/ 그래도 아기 감이 다칠까 봐/ 못 내려놓고/ 해가 져도 안고 있는/ 엄마 감나무"

이기철 시인의 동시집 『나무는 즐거워』에 나오는 동시 「허수아비」와 「엄마 감나무」의 전문이다. 이해하지 못해도, 건성으로 들어도, 아이들은 어느새 시적 감수성이 무엇인지, 시적 상상력이 무엇인지, 간결하고 함축성 있는 표현력이란 어떤 걸 말하는지, 마음으로 '감'을 잡게 될 것이다.

아직도 시 읽는 즐거움을 체득하지 못한 아이가 있다면 김기택 시인의 동시집 『방귀』를 읽어 주자.

"엉덩이에도 얼굴이 있답니다/ 풍선 부는 입처럼/ 나팔 부는 입처럼/ 아주 뚱뚱한 두 볼 사이에/ 쏙 들어간 작은 입이 하나 있지요/ 기분이 좋아지면/ 그 입은 힘차게 소리 지른답니다/ 뿌웅/ 배 속이 시원해지면 더 좋아서/ 노래도 부른답니다/ 뽀오옹~/ 안 좋은 일이 있으면/ 비웃기도 한답니다/ 피식~"

그래도 여전히 눈만 끔벅이는 아이라면 최승호 시인의 『펭귄』을 함께 읽어 보자. 펭귄의 눈높이에서 동심을 은유한 시를 통해 아이들은 사랑스런 유머와 따뜻한 정이 흐르는 상상의 세계를 만나게 될 것이다.

"나쁜 말을 한 펭귄이/ 교실 한구석에서/ 벌을 서고 있네요/ 손 들어!/ 손이 없는데요/ 그럼 날개 들어!/ 알았습니다, 선생님"

"얼음 구멍 앞에 펭귄/ 얼음 구멍 옆에 펭귄/ 얼음 위에 펭귄들이 서서/ 얼음낚시를 하네요/ 고기들이 안 잡히잖아/ 우리 그냥 물속으로 들어가서/ 물고기를 잡는 게 어때?"

동시를 읽고 난 날은 웬일인지 아이들의 짓궂은 장난이나 어이없는 성적표에 너그러워지더라도 고개 갸웃할 것 없다. 설명할 수 없는 그 불가사의한 힘 때문에 시가 이토록 장수하고 있는 것이니까.

대상 독자 : 요즘 들어 부쩍 집중력이 저하된 7세 이상의 어린이와 짧은 시간에 감수성 소나기를 맞게 해 주고픈 엄마들.

- **나무는 즐거워** 이기철 글, 남주현 그림 | 비룡소
- **방귀** 김기택 글, 소윤경 그림 | 비룡소
- **펭귄** 최승호 글, 윤미숙 그림 | 비룡소

어린이 책의 깊이

다이어리의 남은 페이지가 간당간당해지면 누구나 초조해진다. 할 수 있었는데 하지 않은 일, 하고 싶었는데 하지 못한 일의 리스트가 심장 박동수를 높인다. 누가 한 해 단위로 생의 눈금을 그어 놓은 걸까? 하루라도 빨리 어른이 되고픈 아이나 단 하루라도 어린 시절로 돌아가고픈 어른에게나 과잉 친절이 아닐 수 없다.

지는 해에 대한 작별 의식이자, 오는 해에 대한 정중한 예의로서 책이라도 한 권 읽고 싶은데 마음만 난분분한 엄마들에게 가와이 하야오의 『어린이 책을 읽는다』를 권한다. '심리학자가 읽어 주는 어린이 문학'이라는 부제가 붙은 이 책에는 열두 권의 어린이 책에 대한 심도 깊은 분석과 따뜻한 서평이 실려 있다. 진득하게 줄 쳐 가며 정독해야 제격인 책이다. 그렇다고 짬짬이 마음에 드는 작품을 골라 한 장씩 조각 케이크로 음미한다고 헌법에 저촉될 건 없다. 중요한 건 한 해를 떠나 보내며 활자 세례로 마음을 정돈하는 일이니까. 더 중요한 건 이 책이야말로 새해의 야무진 독서 지도 계획을 짜는 데 발동을 걸어 줄 제대로 된 엔진이란 사실이다.

헤르틀링의 『그 아이는 히르벨이었다』를 다루면서 작가는 "어른들은 사는 데 바빠 참다운 삶 따위를 생각할 겨를이 없다."고 경고한다. 전 세계 어린이들의 영원한 친구인 린드그렌의 「삐삐」 시리즈도 심리학 권위자의 시각에서 새롭게 조명해 친밀감을 높여 준다. 교사들의 필독 동화로 추천한다는 에리히 케스트너의 『하늘을 나는 교실』에 대한 이야기도 실려 있다. 각각의 작품마다 작가가 행간에 숨겨 놓은 생각거리들이 초콜릿 속의 아몬드처럼 알차다. 이 책과 더불어 니콜라스 터커의 『영국 엄마들이 골라 주는 영어 그림책/동화책』도 새해 독서 계획을 세우는 데 참고하면 좋은 책이다. 몇 부분만 읽으려다가 어느새 책 속의 책을 모조리 찾아 읽느라 연말 약속을 날려 보내는 행복한 엄마가 생겨날지도 모르겠다.

40

덩달아 마음이 달떠 궁둥이를 들썩대는 아이들에겐 어떤 책을 쥐어 주면 좋을까? 연말이니 빡빡한 책 들이밀고 눈 부라리는 비호감 엄마 노릇은 잠시 쉬자. 놀멘놀멘 즐겁게 책장을 넘기면서 지적 유희를 즐길 수 있는 『멘사 논리 퀴즈』라면 아이들도 대환영일 것이다. 멘사라면 아이큐 148 이상만 상대하는 책 아니냐고? 기죽을 것 없다. 새해에는 예전에 한 아이큐 검사가 오진이었음을 증명할 아이들이 줄을 잇게 될 테니까.

대상 독자 : 퀴즈를 좋아하는 10세 이상의 어린이와 깊고도 가뿐한 책으로 송년의 식을 치르고픈 엄마들.

• **어린이 책을 읽는다** 가와이 하야오 글, 햇살과나무꾼 옮김 | 비룡소
• **영국 엄마들이 골라주는 영어 그림책/동화책** 니콜라스 터커 글, 최인화 외옮김 | 홀씨
• **멘사 논리 퀴즈** 로버트 앨런 글, 김요한 옮김 | 보누스

독서 워밍업

독서에는 읽은 책을 거듭 읽는 복습은 있을 수 있어도, 예습이란 없다. 그냥 읽으면 된다. 하지만 입시 경쟁이 치열해진 21세기에는 읽고 싶을 때 읽고 싶은 책을 읽는다는 식의 한가한 독서는 발붙일 곳이 없어진 지 오래다.

하나라도 남보다 더 빨리, 더 많이 읽히고 싶은 엄마들에게 책 읽기의 순조로운 등급 상향을 위한 이유식 목록을 권한다. 앞으로 펼쳐질 고된 장기전에 대비해 지금부터 기초 체력을 든든히 길러 보자. 동화를 떼고 본격 문학 작품으로 넘어가는 예비 중학생이라면 중학교 교과서에 실린 단편 소설을 먼저 맛보는 것이 좋다. 『교과서 한국 단편 소설』에는 오정희, 박완서의 작품을 비롯하여 중학교 교과서에 실린 한국 대표 작가들의 단편 소설들이 수록되어 있다. 단편이 장편보다 부담이 덜하다고 만만히 봤다가는 체하기 십상이다. 간결한 절제미와 행간의 여운, 상징과 은유로 응축된 문장 등 단편은 장편보다 훨씬 까다로울 수 있다. 미리 워밍업을 해 둬야 당황하지 않고 여유롭게 만날 수 있다.

머잖아 요슈타인 가아더의 철학 소설을 거쳐 바칼로레아 철학까지 정복해야 할 어린 전사들에게 철학적 사고의 감각을 길러 주고 싶은 엄마라면 데이비드 화이트의 『29명의 철학자와 함께 떠나는 열세 살의 논리 여행』을 권한다. '모든 사람이 지구가 네모나다고 믿으면 지구는 네모난 걸까?', '5년 전의 나와 지금의 나는 같은 사람일까?' 저자는 재밌고도 아리송한 질문을 통해 "생각하는 일은 재미있지만, 그 재미는 노력을 통해 얻어진다."는 사실을 넌지시 일러 준다. 골치 아픈 철학책으로의 유연한 연착륙을 유도하기에 안성맞춤이다.

역사의 망망대해에 뛰어들기 전에 읽을 책으로는 네루의 『세계사 편력 청소년판』이 좋다. 아직 청소년용 역사책을 받아들이기 버거운 아이라면, 먼저 수잔 와이즈 바우어의 『교양 있는 우리 아이를 위한 세계 역사 이야기』로 광대한 세계 역사를 조감해 보자. 고대사를 지루해하는 아이의 경우에는 현대사부터 읽히는 것도 현명한 방법이다.

대상 독자 : 업그레이드된 독서 계획표를 준비하는 13세 이상의 어린이와 독서 지도의 2라운드를 위해 신발 끈을 고쳐 매는 엄마들.

- **교과서 한국 단편 소설** 이문열 외 글, 최지훈 엮음 | 효리원
- **29명의 철학자와 함께 떠나는 열세 살의 논리 여행** 화이트 글, 고정아 옮김 | 해냄
- **세계사 편력 청소년판** 자와할랄 네루 글, 최충식 외 편역 | 일빛
- **교양 있는 우리 아이를 위한 세계 역사 이야기**
  수잔 와이즈 바우어 글, 장병수 그림, 이계정 옮김 | 꼬마이실

사랑이 시작되는 나이

　황순원의 「소나기」나 셰익스피어의 「로미오와 줄리엣」이 지닌 청량한 감동은 나이가 들면 두 번 다시 경험할 수 없는 순결한 감정에서 비롯한다. 그것은 비극적인 상흔마저도 아름답게 채색하는 힘이 있다. 자닌 테송의 『뤽스 극장의 연인』 또한 젊고 순수한 연인들의 사랑 이야기다. 그렇지만 한 장 한 장 넘기다 보면 고개를 갸우뚱하게 된다. 아무리 순수한 사랑이라고 해도 그렇지, 연인들의 사랑 이야기가 이렇게 고즈넉해도 되는 건가? 이렇게 밋밋할 만큼 정적이어도 되나?

　한동안 십 대의 성을 적나라하게 다룬 멜리샤 P의 『잠들기 전 빗질 백 번』, 샘 테일러의 『나무 공화국』, 커티스 시튼펠드의 『사립학교 아이들』 등과 같은 작품들이 쏟아져 나왔다. 보수적인 기성세대는 당혹감과 함께 가슴이 철렁 하는 위기감을 느낄 만한 책들이다. 하지만 비록 극소수라 할지라도 이 또한 엄연히 일부 십 대들의 현실을 다룬 책이다. 십 대 자녀를 어떻게 가르칠 것인가에 대해 고민하는 엄마라면 이런 현실이 세상 어딘가에 실재한다는 사실을 모른 척 눈 감고 살 수만은 없는 시대가 된 것이다.

이렇게 십 대의 성, 사랑 없는 성애 같은 일촉즉발의 이슈들이 문학의 정면으로 밀고 올라오는 때『뤽스 극장의 연인』같은 작품이 공존하고 있다는 건 놀라운 발견이다. 이 작품에는 묘한 힘이 내재해 있다. 정지된 듯한 고요 속에 저항할 수 없는 매력을 숨기고 있다. 처음에는 고개가 갸웃거려지다가, 차츰 그 나지막한 속삭임 같고 새벽별 같은 순수함에 마음을 빼앗기게 된다.

주인공들은 낡은 뤽스 극장에서 만난다. 뤽스란 빛을 의미한다. 그런데 그들은 어두컴컴한 극장에서 만나기 때문에, 서로에 대해 아는 게 없다. 어둠 속에서 감정의 더듬이로 상대에 대해 상상하고 환상을 가질 따름이다. 만남이 거듭될수록 그들의 감정은 단단해져 간다. 그런데 무슨 이유에서인지 둘은 서로를 가까이 하지 않으려고 애쓴다. 성미 급한 독자라면 이쯤에서 조바심이 나서 뒷장을 휙 넘겨보고픈 유혹에 시달릴지도 모른다. 불같이 일어나는 궁금증을 꾹 누르고 그들의 사랑 속으로 빨려 들어가다 보면, 어느새 비밀의 베일이 벗겨진다. 이제는 불쑥 솟구쳐 오른 안타까운 단절감이 독자의 마음을 후벼 판다. 결국 이 짧은 소설을 처음부터 다시 찬찬히 읽지 않을 수 없다. 그리고 그제야 작가가 세밀하게 장치해 놓은 포석들을 발견하고 탄성을 지르게 된다.

흑백과 선악의 경계가 무너지고, 타락의 줄을 아슬아슬 타는 광대처럼 위태롭고 혼란스럽기만 한 이 시대에 뤽스 극장에서 싹튼 사랑은 우리를 안심시켜 준다. 사랑이란 아직도 이렇게 순수하고, 순진하며, 믿을 수 없을 만큼 순전한 것이라고, 그러므로 사랑을 신뢰해도 된다고, 그 사랑에 기대도 된다고 속삭여 주는 것만 같다.

　어른도, 아이도 아닌 청소년들에게는 그들만의 읽을거리가 필요
하다. 때로는 자극적이고 도전 정신을 길러 주는 책이, 때로는 『뢰스
극장의 연인』처럼 마음을 순화시켜 주는 차분한 책이 필요하다. 아
이에게 불쑥 성에 대한 이야기를 꺼낼 수도, 그렇다고 무관심할 수만
도 없어 딜레마에 빠진 엄마라면 이 책을 다리 삼아 이성 관계에 대
한 대화를 나누어 보면 어떨까.

대상 독자 : 십 대 자녀를 이해는 하나 용납은 할 수 없어 오늘도 울끈불끈 하고
있는 엄마들.

• **뢰스 극장의 연인** 자닌 테송 글, 조현실 옮김 | 비룡소

고전에 빠져 봐!

나무의 크기는 뿌리의 깊이에 비례한다. 거목이 되려면 뿌리가 튼실해야 하는 것이다. 문학의 뿌리는 고전에 있다. 지루하고 구태의연해도 어쩔 수 없다. 고전이란 처음부터 선뜻 친해지기엔 버겁다. 인내의 용량이 돼지 꼬리만큼밖에 안 되는 어린 시절엔 더욱 그렇다. 그런데 묘하다. 자꾸 씹을수록 새록새록 맛이 든다. 고전의 생명력은 바로 그 묵직한 여운에 있다. 눈앞에서 현란하게 용솟음치다가 스러지는 찰나적인 소모품들과는 깊이가 다르다.

북유럽의 명작 마리아 그리페의 『유리장이의 아이들』은 고전이라고 부르기엔 역사가 짧을지도 모른다. 그럼에도 행간에 흐르는 아득한 태고의 분위기는 마치 이 책이 아담과 이브가 거닐던 에덴동산에서부터 발현된 것처럼 느껴지게 한다. 순박한 유리장이 부부와 사랑스러운 아이들, 더 이상 소원할 게 없어서 불행한 성주의 아내, 점치는 노파와 그녀의 까마귀. 이들은 조곤조곤 속삭이는 밤의 요정처럼 독자들을 "엉겅퀴의 솜털이 둥실 떠다니면서 마법처럼 대기를 은빛으로 물들이는" 신비의 세계로 이끈다. 책장을 덮고도 한동안 깨어나고 싶지 않은 영몽의 한 자락 같은 글에 사로잡힌 아이들은 "삶이란 요술을 부려서 정복할 수 있을 만큼 단순한 게 아니라는" 책 속의 진리를 스스로 깨닫게 될 것이다.

플라톤은 어떤 일이나 처음이 제일 중요하다고 했다. 그런 의미에서 문학의 젖줄인 셰익스피어는 반드시 건너야 할 첫 번째 강이다. 읽히고 싶은 책이 산더미 같아 마음이 급하더라도 『부모님과 함께 읽는 셰익스피어 이야기 10』으로 평생 문학 토양을 단단히 다지고 가자. 아이들에게 「로미오와 줄리엣」을 읽고 난 느낌을 물으면 "급한 성질을 고쳐야 해요.", "거짓말하면 벌 받아요." 같은 천진난만한 소리를 중구난방으로 뱉곤 한다. 부디 웃지 말고 진지하게 들어 주길! 셰익스피어의 주옥같은 문장에 매혹된 아이들은 자기도 모르는 새 '한여름 밤의 꿈'처럼 달콤한 책과의 밀애에 빠져 영원한 책 사랑을 맹세하게 될 테니까.

케니스 그레이엄의 환상적인 고전 『버드나무에 부는 바람』에는 시처럼 아름다운 묘사가 가득하다. 마음에 드는 문장을 골라 필사하며 거듭 음미하다 보면 아이들의 문장력도 쑥쑥 자랄 것이다.

47

대상 독자 : 갓 고전 학교에 입학한 11세 이상의 어린이와 다이제스트 판으로 지나쳐 온 고전에 마음의 빚을 진 엄마들.

- **유리장이의 아이들** 마리아 그리페 글, 하랄트 그리페 그림, 안인희 옮김 | 비룡소
- **부모님과 함께 읽는 셰익스피어 이야기 10** 셰익스피어 글, 노은정 옮김 | 삼성출판사
- **버드나무에 부는 바람** 케니스 그레이엄 글, 어니스트 하워드 쉐퍼드 그림, 신수진 옮김 | 시공주니어

4세~7세 아이는
책과 친밀감을
쌓는 게 중요해요.

유아기는 아이가 평생 독서 체질로 살아가기 위한 기초 체력을 기르는 중요한 시기입니다. 유아들은 스펀지 같아서 부모의 언행을 고스란히 흡수하고 모방합니다. 엄마가 읽어 주는 그림책보다 그 책을 읽어 주는 엄마를 먼저 읽으며 자라는 것입니다. 아이에게만 책 사랑을 설파하고 정작 본인은 책과 거리가 먼 엄마라면, 독서 지도 실행 1단계부터 연료 부족으로 이륙 불가능 사인이 들어올지도 모릅니다. 아이의 독서 지도에 있어 무엇보다 선행되어야 할 것은 바로 엄마가 자신과의 독대 시간을 갖고 독서 지도 교사로서 자기 검증을 거치는 일입니다.

스스로 정한 엄격한 눈높이의 검열을 통과했다고 자부하는 엄마라면, 유아기 독서 지도의 첫 번째 원칙인 '책에 대한 친밀감' 심어 주기에 주력할 차례입니다.

아이가 책을 친밀하게 느끼게 하려면 우선 아이만의 책꽂이를 마련해 주는 것이 좋습니다. 아이가 자기 손으로 책을 꽂고 정리할 수 있는 작은 공간이면 충분합니다. 자기 책꽂이를 가진 아이는 은연중에 '내 책'을 향한 각별한 애정과 책임감을 품게 됩니다. 도서관에서 빌려 온 책도 돌려주는 날까지는 아이의 것입니다. 충만한 소유 의식을 실컷 누리게 해 주세요.

책에 대한 친밀감을 높이는 또 다른 비결은 아이의 손을 잡고 되도록 자주 서점과 도서관을 순례하는 것입니다. 낙타가 동물의 왕인 호랑이도 못하는 사막 횡단을 할 수 있는 이유는 간단합니다. 태어날 때부터 사막에 길들여졌기 때문이죠. 윌리엄 예이츠는 "교육은 물통을 채우는 게 아니라 불을 지피는 것"이라고 말했습니다. 많은 엄마들이 아이에게 연령별 권장 도서 목록을 천편일률적으로 먹이려다가 역효과를 경험합니다. 아무리 어린 아이라도 강요에 의한 의무보다는 자발적인 즐거움을 좋아한다는 걸 잊지 마세요.

처음 한동안은 아이를 도서관이나 서점에 데리고 다니면서 스스로 그림책을 고르게 하는 게 좋습니다. 정보나 판단력이 전무한 아이는 시간 낭비로 보이는 책을 고를지도 모릅니다. 그래도 성심성의껏 읽어 주세요. 한 권, 두 권 자기 의사가 반영된 책 읽기를 통해 아이들은 독서를 강요에 의한 의무가 아닌, 자기 주도적인 즐거운 놀이로 인식하게 될 테니까요. 엄마가 개입하여 독서 목록의 균형을 잡아 주는 건 그 이후에 해도 늦지 않습니다.

아리스토텔레스는 "인간은 태어날 때부터 알려고 하는 욕구를 가지고 있다."고 했는데, 이 욕구를 최대한 효율적으로 키워 줄 수 있는 키워드가 바로 '자발성'입니다. 그리고 자발성이라는 기초 공사 없이 아이가 책을 친밀하게 느끼기는 힘듭니다.

낸시 태퍼리의 『아기 오리는 어디로 갔을까요?』, 믹 잉크펜의 『내가 술래야』, 스테파니 샤른베르그의 『소풍 가는 날 나 찾아봐!』는 글이 길지 않아 아이들이 부담 없이 책과 친해지기에 좋습니다. 아무리 좋은 내용이라도 유아들에게 긴 글을 읽어 주는 것은 모험입니다. 독서 능력이 일정 수준에 도달할 때까지는 상상력을 키워 주는 이야기를 아이와 주고받는 형식으로 책 읽기를 유도해 나가는 게 현명합니다.

그림책 한 권을 읽히려고 그 책에 대한 온갖 정보와 서평, 리뷰 등을 모아 철저히 예습하는 완벽주의 엄마들이 많습니다. 훌륭한 교육 태도지만 여기에 너무 얽매이다 보면 경직되고 제한된 생각의 틀에서 벗어나기가 힘들 수 있습니다. 정답이 있다면 그건 문학이 아닙니다. 그림책도 마찬가지입니다. 자칫 타인의 의견에 묶여 고정 관념을 갖고 책을 대하는 것보다는 차라리 무지한 상태로 아이와 함께 첫 장을 넘기는 편이 낫습니다.

궁금한 마음으로 눈을 반짝거리며 책장을 펴는 호기심과 기대야말로 진정한 독서가의 첫 번째 자질이라는 것을 기억하세요. 아기 오리 이야기를 읽어 주며 책에 대해 수다를 떨다가 오리 이야기가 갈대숲 이야기로 비약하면 어때요. 책에는 등장하지 않는 엉뚱한 백곰 가족 이야기로 옮겨간들 어때요. 끝내 그림책에서 포동이를 못 찾은들 그건 또 무슨 대수일까요. 활자가 주는 힌트 하나 없이 오로지 그림만으로 녀석들의 소풍에 따라나서는 일 역시 얼마나 재미나고 신나는지 모른답니다.

중요한 건 아이와 함께 그림책 속에서 행복한 시간을 갖는 것입니다. 그림책이 주는 자유로운 상상의 여백은 그래서 귀하고 값집니다. '엄마와의 멋대로 수다 타임'을 통해 아이에게 상상의 날개를 달아 주고, 책에 대한 친밀감도 키워 주세요.

• 아기 오리는 어디로 갔을까요? 낸시 태퍼리 글·그림, 박상희 옮김 | 비룡소
• 내가 술래야 믹 잉크펜 글, 이다희 옮김 | 비룡소
• 소풍 가는 날, 나 찾아봐! 스테파니 시른베르그 글·그림, 고우리 옮김 | 키득키득

상상력의
바다를 헤엄치다

책은 마치 출입문과 같다.
책을 펼치고 안으로 들어가면
모든 낡은 규칙이 사라진다.

-샘 테일러-

무엇이 진짜인가?

"물고기 잡으려고 친 그물에 기러기가 잡힌다면 어찌 버리겠느냐." 다산 정약용의 글 중에 나오는 '어망득홍'의 뜻이다. 동화나 소설을 읽다가 문학적 감수성 너머 철학적 사유를 낚아 올렸다면 어망득홍이다. 아니, 물고기도 잡고 기러기도 잡았으니 일석이조다.

로이스 로리에게 두 번째 뉴베리 상을 안긴 『기억 전달자』는 여전히 논란이 분분한 태초의 선악과에까지 생각이 미치게 한다. 주인공 조너스가 사는 세상은 통제되고 기획된 세상이다. 강요인 줄 모른 채 강요당한 삶 속엔 불행도, 불평등도 존재하지 않는다. 존재해서는 안 된다. 오직 조너스만이 오래전 혼란과 갈등, 결핍과 고독이 존재하던 시절의 기억을 갖는 특권을 누리게 된다. 하지만 조너스는 현재 자기의 삶 속에 그런 카오스가 없기에 안도하는 것이 아니라, 도리어 의혹을 품게 된다. 이것이 진정한 삶이란 말인가?

인간 스스로 선악과를 딸 수 없도록 설계된 세상이었다면, 인류는 미움도 분노도 상실도 살육도 없는 평화의 역사를 이어 왔을지 모른다. 그러나 어느 순간, 우리는 조너스처럼 "나는 꼭두각시 외에 무엇일까?" 되묻게 되지 않았을까. 성적 때문에, 가정 불화 때문에, 왕따 문제나 가난 때문에 아이들은 혼돈을 경험하고 실패와 좌절을 겪으며 자라난다. 누구나 평화를 원하지만 파도 없는 바다는 없다. 발등 찧으며 후회하는 그 얼룩 때문에 인간은 강해지고 지혜로워지며, 또다시 도전할 용기를 얻는다. 이 책은 우리에게 선택할 자유가 얼마나 소중한지를 일깨워 준다. 그리고 그 오류를 시정하기 위해 자신을 연마하고 도전하는 자유와 더 나은 삶을 향한 갈망과 모험, 시행착오가 얼마나 아름다운지를 역설적으로 보여 준다. 통찰력 있는 독자라면, 책 곳곳에 지뢰처럼 숨어 있는 다양한 각도의 철학적인 물음을 놓치지 않을 것이다. 독자가 가고자 하는 곳보다 더 먼 곳까지, 더 멋진 길을 돌아 데려가는 친절하고 유능한 가이드가 아닐 수 없다.

에일런 스피넬리의 『소피의 달빛 담요』 또한 그림책을 보는 평범한 즐거움을 넘어 인생을 숙고하게 만든다. 할 줄 아는 거라곤 거미줄을 짜는 것뿐인 거미 소피 덕분에 독자들은 희망과 좌절, 생로병사의 숨 막히게 아름답고도 슬픈 이야기 속에서 잠시 눈을 감고 삶을 생각해 보게 된다.

대상 독자 : 『소피의 달빛 담요』는 7세 이상, 『기억 전달자』는 12세 이상의 어린이, 그리고 읽는 즐거움과 사색까지 한 번에 낚아 올리고픈 욕심쟁이 엄마들.

• **기억 전달자** 로이스 로리 글, 장은수 옮김 | 비룡소
• **소피의 달빛 담요** 에일런 스피넬리 글·그림, 김홍숙 옮김 | 파란자전거

생각 훈련의 첫걸음

블레즈 파스칼은 "세계의 모든 문제는 사람이 방 안에 홀로 있는 능력의 부재에서 비롯된다."고 했다. 많은 이들이 독서를 동경하면서도 일상의 습관으로 삼지 못하는 이유 또한 바로 여기에 있다. 영화는 둘이 볼 수 있지만 책은 함께 읽을 수 없다. 구연동화나 독후감, 토론 같은 다양한 활동이 독서의 포괄적인 영역에 포함되긴 해도 근본적으로 책은 우리에게 독대를 요구한다. 홀로 있는 시간에 인색한 현대인들에겐 사귀기 버거운 벗이 아닐 수 없다.

생각하는 시간을 즐기지 못하는 산만한 아이에게는 글쓰기 역시 쉽지 않다. '홀로 생각하는 훈련'이 되어 있지 않은 아이들, 과연 어떻게 하면 좋을까?

'8세에서 88세까지 읽는 철학 동화'라는 부제가 붙은 데이비드 허친스의 『늑대와 양에 관한 진실』은 아이와 함께 생각 훈련의 첫걸음을 떼기에 적당한 책이다. 단면적인 사고에 길든 아이라면 늑대에게 잡아먹히는 양의 운명을 어쩔 수 없는 자연의 섭리로 인식할 것이다. 하지만 한계에 도전장을 던지는 일로부터 창조적인 사고는 시작되는 법. '왜 우리는 당하기만 해야 하나.' 양 오토가 제기한 절박한 생존의 물음은 '어떻게 하면 돌파구를 찾을 것인가.'로 발전, 양들은 늑대의 약점을 연구하고 활용해 스스로를 지키는 방법을 찾기에 이른다.

그러고 보면 그간 우리는 얼마나 많은 삶의 난제들을 그냥 흘려보냈던가. 문제를 제대로 마주 보고 저항하거나 도전하기는커녕 고정 관념에 무릎 꿇고 쉽게 백기를 흔들지는 않았는지 생각해 볼 일이다. 만약 그랬다면 이번 기회를 통해 신성불가침의 영역으로 굳어 버린 경직된 사고에 재고의 도전장을 던져 보는 건 어떨까.

다비드 칼리의 『나는 기다립니다…』는 단순한 이야기 속에 인생의 정수를 담고 있다. 무엇인가를 끝없이 꿈꾸고 바라고 기다리는 일로 이루어지는 삶 속에서 나는, 그리고 내 아이는 무엇을 기다리고 꿈꾸고 있을까? 아이들과 함께 다양한 생의 면면을 화두 삼아 이야기의 실마리를 풀어 보기에 안성맞춤이다.

줄리아노 페리의 『내가 어른이 된다고요?』는 개구리가 되어 가는 올챙이의 이야기다. 성장 과정에서 직면하게 되는 아이들의 고민을 끌어내는 모티브 책으로 삼아 생각의 폭을 넓혀 볼 만하다.

대상 독자 : 게으르기 그지없는 뇌세포를 가진 8세 이상의 어린이와 생각 없이 일단 저지르고 보는 '행동 강박증' 엄마들.

• 늑대와 양에 관한 진실 데이비드 허친스 글, 바비 곰버트 그림, 김철인 옮김 | 바다어린이
• 나는 기다립니다… 다비드 칼리 글, 세르주 블로크 그림, 안수연 옮김 | 문학동네어린이
• 내가 어른이 된다고요? 줄리아노 페리 글 · 그림, 김난령 옮김 | 주니어김영사

생각하기 나름

　'고정 관념 깨기'를 단순히 '특별한 생각해 내기'로 정의한다면, 그것이야말로 고정 관념에 대한 고정 관념 아닐까. 월터 립맨은 "모든 사람들이 똑같은 생각을 하는 곳에서는 아무도 중요한 생각을 하지 못한다."고 했다. 판에 박힌 생각을 깨뜨려야 하는 이유는 남보다 튀기 위해서가 아니다. 더 중요하고, 더 효율적이며, 더 혁신적인 가치를 이끌어 내는 데서 그 효용성을 찾아야 한다.

　그런 의미에서 최승호의 『수수께끼 ㄱㄴㄷ』은 엄마와 아이들의 눈이 번쩍 뜨일 만한 책이다. 분명 아이들에게 낱말을 가르치는 책인데, 첫 장부터 범상치 않다. 부엉이가 눈을 부릅뜨고 나뭇잎은 누가 먹느냐고 묻지를 않나, 요리사가 국자를 든 채로 히죽 웃으면서 벼락은 누가 먹느냐고 묻기도 한다. 책의 진도 같은 것에 신경 쓰지 않고 아이들과 '책 수다'를 떨기에 이보다 적합한 책도 드물다.

　뒷장에 버티고 있는 답안쯤이야 무시한들 어떠랴. 메아리는 누구라도 들을 수 있으니 정답이 따로 있을 수 없고, 버섯볶음이 되려면 버섯도 불을 먹어야 하니 꼭 마술사만 불을 먹으란 법도 없다. 강아지들도 심심하면 축구공을 물어뜯어 꿀꺽하니, 청설모라고 예외일 수 있을까. 서양적이기도 하고 동양적이기도 하며, 사실적이기도 하고 환상적이기도 한 이 책의 그림 또한 아이들이 상상의 나래를 펴고 신나게 수다를 떠는 데 일조한다. 아이들은 금세 책에 등장하는 단어를 훌쩍 뛰어넘어 비약적인 어휘력의 향상을 보여 줄 것이다.

기무라 유이치의 『폭풍우 치는 밤에』를 동화의 단골 소재인 '천적끼리의 우정'이라는 측면에서 접근하면 그야말로 고정 관념의 포로가 될 뿐이다. 이 책은 무시무시한 제목과 달리 가슴속으로 포근한 하늬바람이 살랑살랑 불어오는 책이다. 우리는 흔히 상대가 누군지 잘 알아야 진정한 관계 맺기가 시작된다고 생각한다. 하지만 과연 그럴까? 고정 관념과 편견으로 얼룩진 정보와 관념을 통한 '앎'은 때로 엄청난 오해를 낳는다. 차라리 『폭풍우 치는 밤에』의 가부와 메이처럼 서로에 대해 전혀 모르는 순수한 백지 상태에서 시작한 관계야말로 진실에 기초한 것이리라. 깊이 들어갈수록 철학적 대화가 가능한 다양한 질문을 품고 있는 사랑스러운 그림책이다.

마지막으로 항상 우리에게 선물을 주는 존재로만 여겨졌던 산타 이야기를 역으로 다룬 이오나 키리치-티지오티의 『산타도 선물이 필요해!』도 잊지 말고 챙겨 보자.

59

대상 독자 : 벌써부터 책이란 그렇고 그런 거라고 지레 지루해하는 7세 이상의 어린이. 그리고 살다 보니 어느새 고정 관념으로 앞뒤 꽉 막혀 버린 엄마들.

• 수수께끼 ㄱㄴㄷ 최승호 글, 이선주 그림 | 비룡소
• 폭풍우 치는 밤에 기무라 유이치 글, 아베 히로시 그림, 김정화 옮김 | 아이세움
• 산타도 선물이 필요해! 이오나 키리치-티지오티 글, 엘리자 파포우리 그림, 류일윤 옮김 | 글뿌리

이야기가 있는 여행

피서라는 게 대개는 더위 피해 폭염 찾아가는 모양이라, 결국 "집이 최고야!"를 외치며 돌아오기 십상이다. 하지만 집에서 고즈넉하게 음악 깔고 신선놀음을 하고 싶은 엄마들 마음과는 달리 아이들은 여름이면 밖으로 나가고 싶어 성화다. 궁지에 빠진 귀차니스트 엄마들을 위해 누구도 따라올 수 없는 멋진 환상 여행을 예약해 놓았으니 기대하시라. 여행 경비? 팔랑팔랑 세종 대왕 한 장으로 오케이! 짜증 나는 차량 행렬? 절대 노! 준비물이라곤 아직 활주로를 만나지 못해 날개를 펴지 못한 채 웅크리고 있는 상상력 한 움큼이면 충분하다.

첫 기착지는 과테말라. 이름만 들어도 설렌다. 앤 카메론은『세상에서 가장 아름다운 곳』이라고까지 호언장담한다. 여장을 풀고 순박한 소년 후안을 따라나선 산 파블로 마을은 화산과 절벽, 눈부신 들판과 골짜기에 둘러싸인 신비하고 아름다운 곳이다. 경쟁의 각박함이나 분초를 다투는 사건 사고는 CNN 뉴스를 틀기 전에는 만날 수 없을 것 같은 그런 곳. 도시인이라면 누구나 한 번쯤 꿈꾸어 봤을 파라다이스다.

그런데 유독 태양만은 낯익다. 지구 곳곳을 돌며 낮과 밤을 고루 나눠 주는 지독하리만큼 고지식한 태양이 여기에도 눈을 부릅뜨고 있다. 빛의 은총을 입고 사는 모든 사람의 숙명이 그런 것처럼, 어쩔 수 없이 후안에게도 어둠이 있고 그림자가 있다. 일찌감치 사라져 버린 아빠, 아들의 침대까지 들고 달아난 엄마, 학교 담장을 훔쳐보며 눈물을 삼키는 막막한 동심……. 작가가 엄살쟁이였다면 독자들은 이쯤에서 후안의 때 이른 비애에 훌쩍이느라 여행의 감흥이 와자작 깨졌을 것이다. 다행히 후안의 할머니는 감상주의로는 생을 극복할 수 없다는 진리를 알고 있다. 그를 통해 우리는 어떻게 하면 '세상에서 가장 아름다운 곳'에 이를 수 있는지, 무엇이 우리를 그곳에 영원히 머무르게 하는지를 깨닫게 된다.

책으로 떠나는 환상 여행의 재미에 눈떴다면, 이번에는 포부를 크게 가지고 우주로 눈을 돌려 보자. 엘리너 캐머런의 『버섯 인간과 마법의 식물』을 펼치면 자기한테 딱 맞는 크기의 행성을 찾기 위해 뚝딱뚝딱 우주선을 만드는 데이비드가 기다리고 있다. "청룡열차도 못 타는 나더러 우주를 핑핑 날아다니라고? 내 사전에 우주여행은 없어!"라고 외치는 분이라면, 업데이트된 새 사전을 장만할 때다. 이러쿵저러쿵 변명 따위는 접어 두고 두 눈 딱 감은 채 과감한 모험을 즐기기 바란다. 버섯 행성에 착륙하면 엽서나 한 장 보내 주길!

대상 독자 : 집 밖으로 나가지 못해 엉덩이가 들썩거리는 11세 이상의 어린이와 경제적이고도 유익한 휴가 계획을 짜느라 뇌세포를 풀가동 중인 엄마들.

• 세상에서 가장 아름다운 곳 앤 키메론 글, 토마스 B.앨런 그림, 김혜진 옮김 | 바람의아이들
• 버섯 인간과 마법의 식물 엘리너 캐머런 글, 김영수 그림, 조병준 옮김 | 아이세움

판타지 너머

「해리 포터」 시리즈 이후 판타지를 좋아하는 아이들이 부쩍 많아진 것 같다. 하지만 책 편식은 편협한 정신을 형성하는 위험 요소다. 독일 소설가 마르틴 발저는 "우리는 우리가 읽은 것으로 만들어진다."고 했다. 판타지 외엔 거들떠도 안 보는 아이, 어떻게 균형을 잡아 줘야 할까?

아이들에겐 가상공간이 또 다른 세상이다. 우주에 태양과 함께 수많은 별들이 공존하듯, 아이들에게는 가상공간도 또 다른 현실이다. 잠시 재미삼아 판타지를 읽는 어른들과는 관점의 차이가 크다. "그쯤 머리를 식혔으면, 이젠 책상머리로 돌아와야지!" 해 봐야 마이동풍이다. 그것도 아이에겐 현실인데, 어디서 어디로 돌아오란 말인가!

첫 장부터 마지막 장까지 완벽한 허구의 세계를 날아다니던 아이를 갑자기 논픽션이나 리얼리즘 작품으로 끌어들이는 건 무리다. 금단 현상을 누그러뜨릴 중간 단계가 필요하다. 이때 유용한 게 생활형 판타지다. 데이비드 알몬드의 『스켈리그』는 읽기 능력이 궤도에 오른 고학년 아이들의 판타지 중독을 시정하기에 안성맞춤이다. 영국 카네기 상 수상 작가의 작품답게 현실을 직시하면서도 판타지에 대한 욕구를 충족시켜 주는 신비한 작품이다. 평범한 부모, 갓 태어난 동생, 이사한 낡은 집. 나와 닮은꼴인 주인공의 지리멸렬한 삶 속에 돌연 '그'가 나타난다. 그는 사람일까? 천사일까? 외계인일까? 주인공의 현실과 그 기저에 깔린 판타지가 어우러지는 모습이 신비하다.

아이들은 '그'와 더불어 '이해할 수 있는 것은 이해하고, 그 이상은 상상하는 법을 배워야 한다'는 멋진 진리를 깨닫게 된다. 아이에게는 이해의 힘이, 엄마에게는 상상의 힘이 확산되면 판타지를 사이에 두고 세대 간에 대화가 통하는 기적이 일어나지 않을까.

현실 판타지의 대모 필리퍼 피어스의 『작은 신사』에는 인간의 말을 할 줄 아는 두더지가 등장한다. 영국 역사를 배경으로 시공을 넘나드는 근사한 두더지 덕분에 독자는 삶의 영속성에 대해 깊은 사색에 잠기게 된다. 그러다가 번쩍 마주친 문장. "그렇게 책만 많이 읽는 건 좋지 않아요." 정말 그럴까? 근거는? 이 문장을 화두로 아이와 함께 토론을 벌여 보자. 책을 읽지 않는 것의 문제점과 책만 읽음으로 인해 생겨나는 혼돈 사이에서 아이들 나름의 독서 철학을 정립하게 될지도 모른다.

대상 독자 : 노상 하늘을 날고 지하 세계를 들쑤시는 12세 이상의 어린이와 아이의 날개를 붙들어 맬 마법의 밧줄이 필요한 엄마들.

• **스켈리그** 데이비드 알몬드 글, 김연수 옮김 | 비룡소
• **작은 신사** 필리퍼 피어스 글, 패트릭 벤슨 그림 , 햇살과나무꾼 옮김 | 시공주니어

미술관 밖에서 만난 그림

눈앞에 아지랑이 피도록 빤히 들여다봐도 난해한 속을 보여 주지 않는 무정한 그림. 언제까지 '몰라야 신비한 법'이라고 주눅 든 채, 하늘 높은 줄 모르는 가격표에 입 딱 벌리고 돌아설 것인가.

다니엘 뷔렌은 "미술관만이 미술 작품을 볼 수 있는 유일한 곳인가?" 하고 반문했다. 로지 디킨스의 『명화를 읽어 주는 어린이 미술관』은 그 반문에 대한 충실한 답변을 제공한다. '미술'이라는 추상적인 개념의 정의로부터 시작해서 사람들은 왜 그림을 그릴까, 어떤 그림이 좋은 그림일까, 다양한 그림 기법에 이르기까지 친절하게 설명되어 있다. 하지만 역시 예술의 핵심은 작품. 이 책 한 권이면 기본적으로 알아야 할 화가들의 대표 작품을 한 눈에 꿸 수 있다. 미술관에 가기 전에 아이와 함께 차근차근 살펴보면, 일방통행 짝사랑만 하다가 미술관을 나서는 낭패는 당하지 않을 것이다.

원론서를 뗐다면, 좋아하는 화가의 전기나 작품집을 한 권씩 정복해 보자. 샤갈, 고흐, 고갱 같은 스타들과는 이미 친하게 지내고 있을 테니, 이번에는 비교적 덜 알려진 미국의 여류 화가 조지아 오키

프의 이야기 『하늘을 그린 화가』를 소개한다. 저자 자넷 윈터에 의하면, 하늘을 즐겨 그린 조지아는 아침에 눈을 떴을 때 가장 먼저 하늘을 보기 위해 별 아래서 잠이 들곤 했다고 한다. 결국 대가의 명성은 "네가 산을 완벽하게 그렸다고 생각하면 그걸 너에게 주겠다."는 신의 목소리를 품고 산 조지아처럼 일생을 한 가지에 미쳐 산 이에게만 주어지는 훈장이 아닐까.

이제 문학 속에서 미술을 만나 볼 차례다. 마리 베르트라의 『황금붓의 소녀』는 여자는 화가가 될 수 없었던 17세기 스페인의 고아 소녀 마리아의 삶을 다루고 있다. 왕비의 인정을 받는 화가가 되기까지 고진감래한 소녀의 성공 스토리로 읽어도 좋고, 역사책으로 이해해도 배울 것이 많다. 물론 시대착오적 성차별에 대한 페미니즘 작품으로 짚고 넘어가도 유익하다.

이쯤에서 예술에의 동경이 모닥불처럼 타오른다면, '황금붓'을 들고 아이와 그림을 그려 보자. 누군가 혹평을 퍼부어도 기죽을 것 없다. 고흐가 이런 의미심장한 말을 남겼으니까. "누군가 내 그림이 성의 없이 빨리 그려졌다고 말하거든, 당신이 그림을 성의 없이 급히 본 거라고 말해 줘라."

대상 독자 : 『황금붓의 소녀』는 13세 이상, 다른 두 권은 10세 이상의 미술관에 흥미가 동한 어린이와 감성 교육에 눈뜬 엄마들.

• 명화를 읽어 주는 어린이 미술관 로지 디킨스 글, 홍진경 옮김 ┃ 시공주니어
• 하늘을 그린 화가 자넷 윈터 글, 노경실 옮김 ┃ 새터
• 황금붓의 소녀 마리 베르트라 글, 최정수 옮김 ┃ 하늘고래

어디 재미난 이야기 없나?

『조용헌의 소설』 서문에 보면 이야기꾼 소설가의 계보는 2,500년이 넘는 장구한 전통을 가지고 있다고 한다. 그만큼 사람들은 이야기를 좋아한다. 대단한 이야기, 시시한 이야기, 내 이야기, 남의 이야기, 지어낸 이야기, 비밀 이야기, 그 종류를 가리지 않고 말하고 듣고 읽고 전한다.

오래전 이야기의 근원지에는 언제나 할머니가 존재했다. 옴죽옴죽 이빨 빠진 할머니의 입에서는 이야기가 술술 잘도 흘러나왔다. 아이들은 할머니의 이야기와 함께 긴 겨울을 나며 키가 자랐다. 할머니의 이야기 속에서는 호랑이가 담배를 피우고, 여우가 쥐도 새도 모르게 색시로 둔갑을 한다. 어이가 없다. 논리라고는 쥐뿔도 없다. 그런데 신기하다. 아이들은 그 이야기 속에서 귀가 트이고 머리가 열린다. 상징과 은유를 배우고 풍자의 프리즘 너머로 인간사의 실상을 배운다. 어렴풋이 세상을 알아 간다. 신통하게도 그들은 정통 코스를 밟아 논술 공부를 한 셈이다. 붕어빵 문장을 익히기 전에 삶을 붙안는 것, 그보다 더 효율적으로 나만의 생각 주머니를 키우는 방법은 없기 때문이다.

　최고의 이야기꾼 할머니를 잃고 인터넷 서핑에 코를 박고 사는 불쌍한 아이들을 위해 신명 나는 옛이야기 한 마당을 마련했다. 이상교의 『빨간 부채 파란 부채』는 전형적인 전래 동화다. 황당하고도 재미있다. 얼결에 횡재한 마법의 부채 덕분에 부자도 되었다가 곤궁에도 처하는 김 서방 이야기를 재치와 해학으로 천연덕스럽게 풀어낸다. 이 정도 입담이라면 책 싫어하는 아이도 맘껏 책장 넘기며 즐길 수 있을 성싶다.

　임어진의 『이야기 도둑』은 이야기에 대한 이야기다. 옛이야기답게 설아기가 이야기를 되찾는 과정을 따라가다 보면 허황하여 웃음이 난다. 하지만 그 웃음은 자꾸만 실없이 벙긋거리고픈 정겹고 흐뭇한 웃음이다. 옛이야기만이 줄 수 있는 오래 묵어 감칠맛 나는 반가운 웃음이다. 조선식 유머의 대가인 연암 박지원의 「예덕 선생전」을 다시 쓴 이은홍의 『세상에서 가장 멋진 내 친구 똥퍼』도 빼놓을 수 없다. 아이들을 즐겁게 하는 넘버원 소재 '똥'은 여기서도 멋진 활약을 펼친다. 똥한테 한 수 배우다 보면 "재미난 이야기 더 없나?" 아이들 스스로 책을 찾아 읽게 되는 신통한 일이 생길 것이다.

대상 독자 : 이야기다운 이야기에 굶주린 어린이와 겨울밤 구성진 이야기의 단짝 친구인 군고구마를 준비하는 엄마들.

• **빨간 부채 파란 부채** 이상교 글, 심은숙 그림 | 시공주니어
• **이야기 도둑** 임어진 글, 신가영 그림 | 문학동네어린이
• **세상에서 가장 멋진 내 친구 똥퍼** 이은홍 글 · 그림 | 사계절

과묵한 책

　방학이면 아이들과 종일 부대껴서 그런 걸까, 귀를 막고 싶은 날이 있다. 소란스런 일상과 절연한 채 머나먼 지중해 바닷가로 달아나고만 싶은, 그런 날 말이다. 그럴 때에는 책을 펴도 활자가 눈에 들어오지 않는다. 음악도 소음일 뿐이다. 애들이라고 다르랴. 묵직한 삶의 고단함은 아이들의 어깨라고 봐주지 않는다. 책조차 잔소리꾼 엄마를 닮아 가는 걸까. 책장을 펴는 족족 작가의 입심이 사설로 여겨지는 징글징글한 날이 애들에게도 분명 있을 것이다. 그런 때를 위해 침묵 속에 메시지를 담은 작품들을 소개한다. 두 권 다 칼데콧 상 수상작이기도 하다.

　말없는 작가로 불리는 데이비드 위즈너의 『이상한 화요일』은 제목대로 과연 이상하다. 글자라곤 없다. 으스스한 추리 소설처럼 어떤 일인가가 막 벌어지려는 분위기를 본능적으로 감지할 수 있을 따름이다. 전설의 고향을 닮은 듯도 하고 공상과학 영화의 한 장면 같기도 한 늪지, 밤, 하늘을 나는 개구리…… 그다음 이야기는 어떻게 되느냐고? 묻지 마시라. 설명하려고도 마시라. 행여 아이들을 나란히 앉혀 놓고 "애, 이건 개구리가 어느 집에 단체로 침입해서 말이야."라고 설명문을 줄줄 읊는 엄마가 있다면, "상상력이 세상을 지배한다."는 나폴레옹의 말을 기억하기 바란다. 여백의 위력과 행간의 매력이 어떤 것인지를 아이들 스스로 깨달을 수 있도록 기다리는 게 우선이다. 그러다가 축 처져 있던 아이들의 두뇌 회로가 빛살보다 빠르게 움직이기 시작하거든 종횡무진 제 마음대로 아무곳이나 날아가게 내버려 두자. 책이 주워섬기는 말을 일방적으로 듣고만 살던 아이들이 책에게 말을 건넬 수도 있다는 사실을 배울 수 있도록 말이다. 과묵한 책에게 받은 침묵의 선물이 의외로 크다.

크리스 라쉬카의 『친구는 좋아!』도 만만찮게 독특한 책이다. 친구 얘기라면 알콩달콩 손잡고 몰려다니다가 갈등, 싸움, 화해의 순으로 돈독한 우정을 다져가는 것이 공식적인 진행 아니던가. 그런데 이 책은 그럴 의도라곤 없다. 까만 친구, 하얀 친구가 나와 몇 마디 주고받는다. "야, 너 나랑 친구할래?", "너랑? 글쎄." 그러더니 둘이 의기투합해서 사라진다. 그게 끝이냐고? 그렇다면 그건 독자로서의 직무유기다. 그들의 우정은 지금부터가 시작이다. 비어 있는 공간, 그것은 독자들의 권리다. 이제부터는 그 무한한 가능성을 작가 홀로 누리도록 멍하니 당하고만 있지 않기를 바란다.

대상 독자 : 일방통행 수다스러운 책에 질린 어린이와 오늘따라 책 읽으라고 잔소리할 의향은 팔팔하지만 책 읽어 줄 기력은 빌빌한 엄마들.

• 이상한 화요일 데이비드 위즈너 글 · 그림 | 비룡소
• 친구는 좋아! 크리스 라쉬카 글 · 그림, 이상희 옮김 | 다산기획

먼 나라 가까운 이야기

장 피에르 다비트의 『다시 만난 어린 왕자』에 보면 의자에 궁둥이 딱 붙이고 앉아 세계를 여행하는 주인공이 등장한다. 여독에 시달릴 필요도 없고 여행 경비 걱정도 없이, 여행의 즐거움만 쏙 뽑아 누린다. 직접 길을 나서기엔 날씨의 협조가 요원한 계절, 마음마저 꽁꽁 얼어붙는 날이면 누구나 한 번쯤 이런 여행을 꿈꾸게 된다. 특히 주머니에까지 한파가 몰아닥쳐 아이를 어학 연수나 스키 캠프에 보내지 못해 속상한 엄마라면 더욱 그럴 것이다.

여기 기분 좋은 공짜 티켓이 있으니 남아프리카로 날아가 보자. 베벌리 나이두는 어지간한 여행광이 아니면 가 보기 힘든 『남아프리카 공화국 이야기』를 들려준다. 여행에는 식도락과 쇼핑을 즐기는 오감 여행이 있는가 하면, 차분하게 인생을 반추하게 만드는 사색 여행이 있다. 이번 여행은 후자가 될 듯.

이 책에는 남아프리카의 인종 차별에 얽힌 단편들이 수록되어 있다. 아프리카는 원래 검은 땅이 아닌가. 그런데 아이러니하게도 그 땅에서 검은 피부가 차별받고 있다. 분개하지 않을 수 없다. 그러나

'차별'이라는 행위에 몰입하다 보면 차별의 능동적 수동적 주체가 되는 인간을 놓치게 된다. 언제나 문학의 무게 중심은 인간에게 있음을 잊어선 안 된다. 인권 유린을 지탄하는 데 그치지 말고, 그런 행위를 정당화하는 가치관이 과연 어떻게 형성된 것인지를 아이가 탐구할 수 있도록 생각의 물꼬를 터 주자. 그들만 비난받아 마땅하고 우리가 친구에게 행하고 있는 일상적인 독선은 면죄부를 받을 수 있을까. 뿌리를 추적해 보면 그것 또한 편파적인 잣대가 낳은 산물이 아닐는지. 이번 기회에 만델라의 위인전에까지 손을 뻗어 보면 더욱 유익할 것이다.

이제는 인도로 흥미진진한 여행을 떠날 차례다. 란지트 랄은 『기탄잘리의 전설』을 통해 아이들을 전설적인 코끼리 기탄잘리가 살고 있는 칼라가트 밀림으로 초대한다. 타고르의 시집 제목에서 따온 기탄잘리는 곤궁에 처한 코끼리를 구하려다 목숨을 잃은 코끼리의 이름이기도 하고, 코끼리를 열광적으로 사랑하는 소녀의 이름이기도 하다. 울창한 밀림 속 전설과 맞물린 두 기탄잘리의 운명적인 만남을 통해 아이들은 더 나은 세상을 만드는 비결을 한 수 배우게 될 것이다. 새 전문가이기도 한 작가의 해박한 지식 덕분에 인간과 동식물의 교감을 진하게 느낄 수 있는 작품이다.

대상 독자 : 『기탄잘리의 전설』은 10세 이상, 『남아프리카 공화국 이야기』는 13세 이상의 어린이와 제3세계 문학의 별미 기행을 꿈꾸는 엄마들.

• **남아프리카 공화국 이야기** 베벌리 나이두 글, 이경상 옮김 | 생각과느낌
• **기탄잘리의 전설** 란지트 랄 글, 재키 모리스 그림, 홍인기 옮김 | 다림

우리가 미처 몰랐던 것

아이하고 철석같이 약속했다. 박물관에도 가고, 동물원도 가고, 내친 김에 수족관도 가자고. 그래 놓고는 엄만 바쁘니 이모하고 가라고 등 떠밀고, 독립심을 길러야 하니 친구들끼리 가라며 우르르 쫓아보냈다. 조금만 더 자라면 같이 가자고 졸라도 엄마를 '따' 놓을 걸 알면서도 공사다망 동동거리다가 어느새 방학 끝! 부도 수표 남발에 양심의 가책을 느끼고 있을 양치기 엄마들을 위해 꼼짝 안 하고도 아이와 함께 외유를 떠날 수 있는 책을 소개한다.

잔 마크는 『안녕, 난 박물관이야』를 통해 숙제 때우려고 마지못해 가던 지루한 박물관을 새로운 시각에서 조명해 준다. 그리스 신전처럼 멋지게 생긴 건물로 들어서니, 우와, 마치 호텔 같다. 방도 무지많고 화려한 침대도 근사하다. 박제된 동물들을 보니 이건 동물원보다 더 흥미진진하다. 로마 시대 물건들까지 빼곡하다. '호기심 상자와 신비의 방'에서 가짜 유물 소동의 전말을 밝혀 보고, 속내를 알 수 없는 연금술사를 만나 보고 돌아서면 세상의 신기한 것들은 죄다 모아야 직성이 풀리는 별난 수집가들이 기다리고 있다. 그런 사람들 덕분에 희한한 유물들이 오늘까지 남아 있으니 얼마나 감사한지 모르겠다. 우리가 무심히 지나치고 있는 오늘 이 순간도 먼 미래에는 박물관에서 만나 볼 수 있는 역사 속의 하루가 된다고 생각하면, 세상 곳곳의 멋진 박물관을 통해 세계 일주를 하는 감회가 더욱 각별할 것이다.

최종욱의 『동화 속 동물들의 진실 게임』은 명작 동화 속의 동물 주인공을 180도 다른 시각에서 볼 수 있도록 이끈다. 백조는 정말로 미운 오리 새끼로 찍혀서 괄시를 당했을까? 동물 생태학적으로는 그렇지 않단다. 부지런한 개미와 비교당하느라 게으름뱅이로 전락했던 베짱이도 비로소 누명을 벗을 수 있게 된다. 겨울을 준비하지 않다니? 베짱이는 수명이 짧아 아예 겨울을 맞을 수도 없단다. 여름에 노래만 하고 노는 게 아니라 잠깐 사는 동안 자손을 남기기 위해 최선을 다하는 거란다. 문학과 수의학이 만나니 책 읽는 즐거움이 배가된다.

『놀라운 과학이 담겨 있는 물고기』는 물속 구경이다. 신이 나서 구경하다 보면 왜 쏘가리 두 마리를 한꺼번에 그리면 역적으로 몰리는지도 알게 되고, 부성애의 대명사가 된 큰가시고기의 장엄한 새끼 사랑도 만나 볼 수 있다.

대상 독자: 달콤한 공휴일에 외출 시위를 벌이는 9세 이상의 어린이와 최소한의 동선으로 최대의 효과를 누리고픈 엄마들.

• 안녕, 난 박물관이야 잔 마크 글, 리처드 홀랜드 그림, 박은미 옮김 | 비룡소
• 동화 속 동물들의 진실 게임 최종욱 글, 임승현 그림 | 아롬주니어
• 놀라운 과학이 담겨 있는 물고기 하늘매발톱 글, 백일수 그림 | 가교

상상력의 카타르시스

유치원 시절, 나는 언니가 다섯이라고 허풍을 치고 다녔다. 몽땅 시집을 갔다고 한 것까지는 좋았는데, 언니들은 어디 사느냐, 형부는 뭘 하느냐, 조카는 몇 살이냐는 구체적인 호구 조사에는 말문이 막혀 결국은 들통이 나고 말았다. 언니 가진 친구가 부러운 나머지, 한꺼번에 너무 많은 '이브'를 대책 없이 날조했던 탓이다. 아이들의 공상은 어른의 의도적인 거짓말과는 달리 무공해의 상상력으로 면책 특권을 받는다. 그것은 때론 훌륭한 교육이 되기도 한다. 거짓말과 상상의 차이를 배우는 도덕 수업이 될 수도 있고, 공상과 현실의 차이를 깨우치는 자기 계발의 원전이 될 수도 있기 때문이다. 물론 최초의 문예 창작 수업이 되기도 한다.

어느 날인가부터 아이가 황당무계한 얘기를 지어내 고민에 빠진 엄마들을 위해 에벌린 네스의 『고양이 뱅스가 사라진 날』과 로이스 로리의 『최고의 이야기꾼 구니버드』를 소개한다. 허풍선이 주인공 사만다는 고양이 뱅스밖에 없는 집에 사나운 사자와 아기 캥거루가 있다고 뺑을 쳐 댄다. 현관 깔개가 용이 끄는 이륜마차라고 우기니

말 다 했다. 덜커덩 휙휙 하늘과 땅을 오가는 요란한 공상을 펼치다가 급기야 유일한 친구 토마스와 사랑하는 뱅스를 잃을 뻔한 사만다. 가슴 철렁한 대가를 치렀으니 깨달은 바가 있을 법도 한데, 과연 그게 무엇일까?

천연덕스러운 이야기꾼 구니버드 또한 보통내기가 아니다. 입심 덕분에 인기 짱이 된 구니버드가 풀어놓는 이야기들은 진실 같은 거짓말인지, 거짓말 같은 진실인지 알쏭달쏭하기만 하다. 성급한 어른 독자들은 거짓말임을 입증하려 덤빌 테고, 어린이 독자라면 환상적인 이야기가 끊이지 않고 계속되기를 소원할 것이다.

두 책은 우선 재미있다. 상상과 거짓말이 가진 미덕이 바로 즐거움의 카타르시스 아니던가. 그러니 책을 통해 특정한 교훈을 배워야 한다고 믿는 엄마들이여, 부디 모든 일을 사실과 거짓의 경직된 잣대로 판단하는 감수성 조로증에서 벗어나 느긋해지라!

75

모두가 책에서 똑같은 진리를 깨우쳐야 한다고 주장한다면 그건 문학 작품이 아니라, 신이 선사한 멋진 상상력의 뇌세포를 사장시키는 월권 행위다. 사만다와 구니버드는 읽는 이의 상황과 연령대에 따라 각기 다른 색깔의 선물 상자를 건네줄 것이다. 아이와 함께 찬찬히 포장을 풀어 보는 즐거움을 맛보기 바란다.

대상 독자 : 선량하고 맹랑한 거짓말 지어내기에 재미를 붙인 8세 이상의 어린이와 야단을 쳐야 할지 노벨상 감이라고 박수를 쳐야 할지 혼란스러운 엄마들.

• 고양이 뱅스가 사라진 날 에벌린 네스 글·그림, 엄혜숙 옮김 | 문학동네어린이
• 최고의 이야기꾼 구니버드 로이스 로리 글, 미디 토마스 그림, 이금이 외 옮김 | 보물창고

역사와 환상 사이의 줄타기

"판타지를 공상으로의 도피라고 생각하는 건 오판이다. 판타지는 오히려 현실에 대한 도전을 의미한다." 심리학자 가와이 하야오의 말이다. 그에 의하면 판타지란 망상이나 공상의 중간쯤에 존재하는 어떤 것이 아니라, 독자적인 목적과 가치를 지닌 장르다. 가상공간이나 까마득한 미래를 넘나드는 공상의 산물이라고만 생각해 온 독자라면 생각해 볼 말이다.

누구에게도 뒤지지 않을 만큼 판타지를 섭렵했다고 자부하는 책벌레들에게 랄프 이자우의 『잃어버린 기억의 박물관』을 소개한다. 고풍스럽고도 아리송한 제목이 말하듯 이 작품은 판타지 문학의 색다른 별미다.

어느 날 제시카와 올리버의 아버지는 박물관의 고대 유물과 함께 감쪽같이 사라진다. 쌍둥이 남매는 아버지를 찾기 위해 시간의 알리바이를 요구하는 깐깐한 과거를 향해 떠난다. 현실에 남아 바빌로니아의 흔적을 캐는 제시카와 환상 세계를 헤매 다니는 올리버. 그들에게 판에 박힌 안일한 우주여행을 기대했다면 이쯤에서 안전벨트부터 단단히 매기 바란다. 신화와 고고학, 상상과 역사가 절묘하게 결합된 대장정에 얼이 쏙 빠질 테니까. 과거의 역사에서부터 오싹한 상상의 세계까지 쉴 새 없이 곤두박질쳤다 치솟는 환상의 청룡열차에는 멀미약도 없다. 아무리 흥미진진한 판타지라고 해도 이 정도 분량의 책을 진득하게 읽어 낸다면, 어린 독서가로서 대단한 일보를 이룬 셈이다. 거기에 신화와 고고학의 지식까지 덤으로 얻게 되니, 꿩 먹고 알 먹는 만찬 중의 만찬에 다름 아니다.

내친 김에 고고학의 기초 지식부터 다지고 싶은 욕심쟁이 아이들에게는 라파엘 드 필리포의 『어린이 고고학의 첫걸음』을 소개한다. 고고학이 어떤 학문인지부터 설형문자, 상형문자, 파피루스, 호모사피엔스 등의 기본적인 고고학 어휘까지 익힐 수 있다. 각 시대의 유물을 꿰뚫는 시간 여행을 통해 역사가 건네는 지혜를 배우는 좋은 경험이 될 것이다.

대수롭지 않게 묻어 버린 과거가 모이면 한 사람이 살다 간 흔적이 되고, 개개인의 발자취가 모여 역사와 고고학이 된다. 두 권의 책을 통해 내가 살고 있는 어제와 오늘의 중요성을 깨우친다면, 아이들에게 그보다 근사한 보너스가 어디 있으랴.

대상 독자 : 묵직한 책 덤벨로 독서 근력을 키우고 싶은 13세 이상의 청소년과 맛과 영양을 동시에 채워 주고픈 엄마들.

• 잃어버린 기억의 박물관 랄프 이자우 글, 유혜자 옮김 | 비룡소
• 어린이 고고학의 첫걸음 라파엘 드 필리포 글, 롤랑 가리그 그림, 조경민 옮김 | 상수리

두 번 읽게 되는 책

독서는 소개팅과 비슷하다. 속을 알고 만날 수는 없다. 광고나 추천에 끌려 "그럼 어디 한 번?" 하고 펼치게 된다. 그런데 이렇게 반신반의로 만나 두 번 읽게 되는 책들이 있다. 머잖아 헌책방으로 숙청당하는 대다수 책들의 운명을 피해 책장지킴이로 만수무강하는 책. 평생 첫 만남의 흥분이 고스란히 간직된 책.

루이스 캐럴의 『이상한 나라의 앨리스』만큼 이 조건을 완벽하게 만족시키는 책도 드물다. 앨리스를 모른다면 그야말로 이상한 나라의 외계인 아닌가. 그런 앨리스가 최고의 일러스트레이터 헬린 옥슨버리의 손에 의해 헤어스타일과 옷차림을 싹 바꾸고 나타났다. 옛 친구와 다시 한 번 데이트할 명분이 생긴 것이다. 어른이 되면 그림과 색에는 둔감해지고, 활자 속 스토리에만 관심을 쏟기 쉽다. 이번 기회에 존 테니얼 그림의 앨리스와 옥슨버리가 공들여 치장한 앨리스가 어떻게 다른 느낌을 주는지, 아이와 의견을 나누며 읽어 보자. 앨리스를 처음 만나는 아이라면 더욱 각별한 시간이 될 것이다. 마지막 장을 덮을 때쯤엔 초면이든 구면이든 예외 없이 앨리스에게 이렇게 탄성을 발하리라. "어떤 그림, 어떤 번역으로든 매력 만점인 앨리스야, 나의 평생 친구가 되어 줘!"

　구로야나기 테츠코의 『창가의 토토』 또한 언제 다시 읽어도 사랑스러운 명작이다. 책장을 덮은 후에도 눈에 아른거리는 토토, 세월이 지나 스토리는 희미해지더라도 또렷이 기억날 도모에 학원. 어른들에게 빼앗긴 아이들만의 시간을 오롯이 되찾아 주는 그곳은 고정된 장소가 아니다. 질서와 권위, 모범과 규율에 멍든 동심을 해방시켜 주는 파라다이스의 변형이다. 어른들로선 부럽기도 하고 샘이 나기도 한다. 그런데도 현실로 돌아오면 또다시 아이들을 내 방식대로 옭죄는 건 대체 무슨 병증일까. 이 책이 교사와 학부모의 필독서이기도 한 이유를 곰곰이 되짚으며 읽다 보면 그 답을 스스로 찾게 될 것이다.

　야메스 크뤼스의 『가재바위 등대의 요란한 손님들』도 시대를 초월해 읽는 즐거움을 주는 책이다. 몽롱한 이야기들이 꼬리에 꼬리를 물고 이어진다. 이 책의 한 구절처럼 이야기가 사실인지 아닌지는 중요하지 않다. 읽는 동안 행복하고, 달콤한 느낌과 생각이 고여 오래도록 단침을 삼키게 된다면 그게 바로 내가 찾던 책일 테니까.

대상 독자 : 평생 물리지 않는 저녁 밥상 같은 책 친구를 찾고 있는 10세 이상의 어린이와 단 한 권이라도 '찬찬히 제대로' 읽기를 가르치고픈 엄마들.

- 이상한 나라의 앨리스 루이스 캐럴 글, 헬렌 옥슨버리 그림, 김석희 옮김 I 웅진주니어
- 이상한 나라의 앨리스 루이스 캐럴 글, 존 테니얼 그림, 손영미 옮김 I 시공주니어
- 창가의 토토 구로야나기 테츠코 글, 이와사키 치히로 그림, 김난주 옮김 I 프로메테우스
- 가재바위 등대의 요란한 손님들 야메스 크뤼스 글, 김완균 옮김 I 스콜라

신화의 재구성

　신이라면 전지전능해야 한다. 위엄과 사랑을 고루 갖춰야 한다. 그런데 그리스 로마 신화 속의 신들은 어째 이상하다. 무슨 신들이 죄도 짓고, 벌도 받고, 저주에 묶이기도 한다. 인간과 흡사한 불완전한 신들! 그 친근함 덕분에 그리스 로마 신화 속의 신들은 오랜 세월 인간사의 한 자리를 차지하고 불멸의 영생을 누리고 있는 게 아닐까?

　그리스 로마 신화에서 가장 파란만장한 인생을 산 자를 꼽는다면 단연 헤라클레스다. 이윤기가 영웅 이야기 중에서 제일 먼저 다룬 것도 헤라클레스다.『헤라클레스』에서 사자 가죽을 뒤집어쓰고 몽둥이를 들고 으르렁대고 있는 헤라클레스는 질투에 눈이 먼 헤라 여신의 저주를 풀기 위해 평생을 고군분투한다. 그렇다고 자기 손으로 아내와 자식을 죽이고 툭하면 싸움질이나 일삼고 다니다니. 성질머리 한 번 고약하지 않은가. 이런 신이 어떻게 부동의 인기 투표 일위의 영웅이 된 걸까? 주어진 운명에 굴하지 않고 결국엔 '지상에서 영원으로'라는 인간 최후의 꿈을 이룬 그의 족적을 함께 밟으며 그 비밀을 캐 보기 바란다.

지금껏 신화 자체를 정면 돌파해 온 책이 대세였다면, 폴 쉽튼의 『돼지 영웅 그릴러스』는 엉뚱한 상상력을 통해 신화를 동화 속에 재연한다. 한때는 인간이었다는 분홍 돼지 그릴러스와 예언녀 시빌이 종횡무진 활약을 펼치며 우스꽝스럽기도 하고 황당하기도 한 신화를 재미 쏠쏠하게 만들어 낸다. 드디어 돼지한테까지 열린 신화의 무한한 지평을 보면 그리스 신들은 이렇게 말하지 않을까. "역시 오래 살고 볼 일이야."

서양 신화에 기우뚱 치우친 독서 풍토의 균형 잡기를 위해 『정재서 교수의 이야기 동양 신화』를 함께 읽어 보자. 동양 신화와 중국, 한국 문화와의 연관성을 다루고 있어 아이와 찬찬히 읽으면 숲과 나무를 아울러 보는 데 도움이 될 것이다.

다른 나라의 신화를 파고들수록 우리만의 이야기가 아쉽다. 우리 옛이야기를 맛보며 색다른 즐거움을 찾고픈 분들에게는 최정원의 『나무 도령』을 소개해 드린다. 이렇게 편식 없이 신화와 설화를 고루 찾아 먹었으니, 오늘 밤 꿈에 동서양 영웅들이 대거 출동하더라도 놀라지 마시길!

대상 독자 : 영웅 꿈에 부푼 12세 이상의 어린이와 은근히 내 아이가 영웅이 되기를 바라는 엄마들.

- **헤라클레스** 이윤기 글, 최용호 그림 | 아이세움
- **돼지 영웅 그릴러스** 폴 쉽튼 글, 임정희 옮김 | 주니어랜덤
- **정재서 교수의 이야기 동양 신화** 정재서 글 | 황금부엉이
- **나무 도령** 최정원 글 | 영림카디널

진지한 책이 좋은 책?

책? 더할 나위 없이 박학다식하고 주눅이 들 만큼 똑똑하다. 말은 또 얼마나 청산유수인지, 입바른 말만 줄줄 쏟아 낸다. 그런데 이상하다. 친하게 지내라면 슬금슬금 달아나는 애들이 수두룩하다. 원래 너무 완벽하고 잘난 존재한테는 거부감이 드는 법. 눈만 마주쳐도 짜증이 난다나? 아이들은 좀 편한 친구가 좋단다. 뒹굴뒹굴 따분한 날이면 아무 때고 불러내 낄낄댈 수 있는 녀석. 사사건건 잘난 척하지도 않고, 흰소리도 하고 뚱딴지 같은 짓도 곧잘 저지르는 바로 그런 재미난 친구하고 놀겠단다. 어쩌랴. 책의 잘난 점, 배워야 할 점을 아무리 세뇌해 봐도, 여전히 아이들의 마음을 사로잡고 있는 건 텔레비전과 게임이니…….

속 타는 엄마들을 위해 책에 대한 구태의연한 고정 관념을 일시에 폐기 처분해 줄 장자화의 단편 동화집 『하라바라 괴물의 날』을 소개한다. "누가 너더러 하라바라한 하라바라가 되어 하라바라하랬어?" 응? 이거 참, 외계인의 암호도 아니고 무슨 말인지 알쏭달쏭 오리무중이다. 그런데 말이 된다. 읽고 싶어지는 거다. 말려 들어가 보면 어디로 튈지 모르는 기상천외한 작가의 상상력에 저도 모르게 감탄하게 된다. 친근한 척 팔짱 끼고 엉뚱한 곳으로 끌고 다니며 독자를 무장 해제시키고는, 은근슬쩍 생각할 메시지를 던져 주고 총총히 사라진다.

이 책은 대만 작가가 쓴 흔치 않은 동양식 판타지라 더욱 반갑다. 황당하기도 하고 우습기도 한 이야기를 한 편 한 편 읽다 보니 낯선 작가가 단박에 친근하게 여겨진다. 심각한 책이라야 생각할 거리가 있다고 믿어 온 독자에게 장자화는 유쾌하게 웃으면서도 삶을 돌아볼 수 있다는 걸 가르쳐 준다. 아이들을 무겁기만 한 책으로 고문하지 않아도 되니, 참 고맙다.

눈 번쩍 뜨이는 새로운 것이 아니면 금세 싫증 내는 아이들을 위해 낯선 작품을 한 권 더 소개한다. 한국 독자에게 생소한 몽고의 대표 작가 제. 다쉬던덕의 『말을 타고 가는 이야기』는 몽골의 설화를 모태로 지어낸 유목민들의 이야기다. 가깝고도 먼 나라 몽고의 이야기 속으로 들어가면 칭기즈 칸을 키워 낸 광활한 초원의 말발굽 소리가 따가닥따가닥 들려오는 것 같다. 현명한 엄마라면 내친 김에 칭기즈 칸에 대한 책으로 연결 고리를 만들어 독서의 영토 확장을 시도해 볼 절호의 찬스다. 그동안 활자 결핍증에 걸렸던 아이의 영양 보충을 위해 오늘은 작정하고 다다익선의 단맛을 쭉쭉 누려 보자.

대상 독자 : 『하라바라 괴물의 날』의 주인공 제리처럼 책만 붙들면 웃음을 잃고 마는 11세 이상의 어린이와 책갈피에 꿀이라도 바르고픈 엄마들.

• 하라바라 괴물의 날 장자화 글, 나오미양 그림, 전수정 옮김 | 사계절
• 말을 타고 가는 이야기 제. 다쉬던덕 글, 이안나 옮김 | 이가서

책으로 떠나는 세계 여행

경제 전망이 심상치 않다고들 한다. 여기에 개의치 않는 건 철딱서니 없는 아이들밖에 없다. 살면서 이렇게 어려운 적은 없었다는 엄마의 푸념에, 태어나서 이렇게 더운 적은 없다고 맞불을 놓는다. 치솟는 물가 무서운 줄 알라고 경고하면, 치솟는 불쾌지수 운운하며 툴툴댄다. 바야흐로 피서 시즌. 놀러 가자는 아이들 성화에 엄마들은 땀띠 나는 열대야가 두 배는 길게 느껴질 법하다.

이왕 인심 쓸 바엔 쩨쩨하게 남들 다 가는 물놀이에 첨벙 덤벙 끼어들지 말고 아예 세계 일주를 떠나 보자. 그런 간 큰 소리 그만두라고 손사래를 치는 엄마들을 위해 안젤라 라구사의 『네 어린이와 떠나는 신나는 80일간의 세계 일주』 티켓을 준비했다. 14일간의 아프리카 여행, 17일간의 아시아 여행, 6일간의 오세아니아 여행, 11일간의 남아메리카 여행, 8일간의 북아메리카 여행, 24일간의 유럽 여행! 이쯤되면 호화판 크루즈 여행 부럽지 않은 화려한 일정 아닌가. 감탄사 발하며 지구 한 바퀴 휘리릭 둘러보고 오면, 어느 틈에 스트레스 지수도 제로로 뚝 떨어져 있을 것이다.

여행 초짜일 땐 낯선 곳에 눈도장만 찍고 와도 뿌듯하다. 하지만 세계 일주의 경력을 쌓은 다음에는 프로답게 마음 끌리는 곳을 골라 한 군데씩 느긋하게 돌아 보는 것도 좋지 않을까. 에밀리 버나드는 특별히 선별한 과테말라, 인도네시아 발리 섬, 콩고, 아프리카 사하라 사막, 캐나다 누나부트, 서아프리카 말리, 태국, 브라질 아마존 강, 네팔, 파푸아뉴기니, 페루 안데스 산맥 등 11개 나라의 낯선 곳으로 독자를 초대한다. 그것도 편안하게 『엄마 등에 업혀서』 다니라니, 이런 횡재가 또 있을까? 작가는 베테랑 가이드답게 독자들을 사람 풍경 속으로 데려간다. 피상적인 땅 밟기 여행이 아니다. 통상 풍경 감상이나 문화 유적 답사에 머무르던 평범한 여행이 아니라, 사람 냄새 물씬 풍기는 진정한 세계 가정 문화 탐방이다.

맘에 드는 곳은 몇 번이고 다시 갔다 올 수 있으니 꼭두새벽부터 서두르지 않아도 된다. 가다 지치면 한 곳에 머물러 나무늘보처럼 늘어져 쉬다 와도 그만이다. 각 나라의 독특한 문화를 엿보다 보면 한여름의 찜통더위가 저만치 물러나 있을 것이다.

대상 독자 : 방학만 되면 날개가 돋아 훨훨 날고픈 9세 이상의 어린이와 수영장 나들이 값으로 세계 일주 생색을 내고픈 엄마들.

• 네 어린이와 떠나는 신나는 80일간의 세계 일주
 안젤라 라구사 글, 알렉산드로 폴루치 그림, 김효진 옮김 | 영림카디널
• 엄마 등에 업혀서 에머리 버나드 글, 더가 버나드 그림, 박희원 옮김 | 비룡소

초등학교 입학 전에

올바른 독서 습관을

만들어 주세요.

아이가 책을 생활의 일부로 자연스럽게 받아들이게 되었다면 이제 아이에게 책을 한 장씩 꼭꼭 씹어 읽는 습관을 들여 줘야 합니다. 물론 과욕은 금물입니다. 권수 채우기로 승부를 걸려는 조급한 마음은 잠시 접어 두세요. 평생 아이를 따라다닐 올바른 독서 습관을 잡아 주는 것이 급선무니까요.

한국독서교육개발원의 조사를 보면 아이 혼자 그림책을 볼 때는 평균 9분, 엄마랑 같이 볼 때는 11분이 걸린다고 합니다. 책장을 획획 넘겼다는 뜻입니다. 급히 먹은 밥은 체합니다. 책도 마찬가지입니다. 이런 독서는 뇌의 대사 회로만 혹사할 뿐입니다.

아무리 노력해도 여전히 책 한 권을 읽는 데 15분을 넘기기 힘들다면 활자에 속은 탓입니다. 글자로만 이루어진 책도 마찬가지지만, 특히나 그림책은 글자를 맹종해서는 안 됩니다. 잘못하다가는 나무도 숲도 전부 놓치고 맙니다.

케빈 헹크스의 『달을 먹은 아기 고양이』는 단순하기 그지없습니다. 이 그림책은 보름달을 처음 본 아기 고양이가 달을 우유 접시로 착각해서 벌어지는 사랑스러운 에피소드를 다루고 있습니다.

달은 문학에서 다양한 메타포로 사용됩니다. 태양보다는 친근하지만 해와는 또 다른 신비함을 품고 있는, 멀고도 가까운 미지의 세계이기 때문이지요. 달을 쫓는 아기 고양이의 시선을 따라가며 그림 속의 둥글고 따뜻한 달의 이미지에 초점을 맞춰도 좋고, 기대와 실망을 반복해 가며 배우는 경험과 지혜, 그 끝에 얻는 달콤한 성취와 안식에 포인트를 두어도 좋습니다. 아니면 페이지가 넘어갈 때마다 자라는 아기 고양이의 성장을 엿봐도 좋고, 환상을 향해 까치발을 든 아기 고양이와 더불어 순수한 동심을 음미해 볼 수도 있습니다. 그 무엇이든 좋습니다. 엄마는 엉뚱한 상상이나 억측, 비약 같은 다양한 렌즈를 이용해 아이에게 다각도의 질문을 던지고 동참을 유도해 아이로부터 다양한 생각과 느낌을 끌어내야 합니다.

리자 슐만의 『달은 우유일지도 몰라』에는 달을 우유라고 믿는 야옹이가 등장합니다. 그런데 주인공 로지는 그 의견을 순순히 받아들이지 않습니다. 제각각 자기의 관심사대로 달을 상상하는 동물 친구들을 통해 로지는 호기심과 상상력을 키우고, 나와 다른 의견을 받아들이는 법까지 배우게 됩니다. 어느덧 등장인물들의 관심은 달에서 해로 옮아 갑니다. 아이들의 지적 탐구심도 그렇게 쉬지 않고 자라납니다.

세 살 버릇 여든까지 간다고 했습니다. 어떤 책을 손에 쥐든 휘리릭 앞장 뒷장 눈도장 쿡 찍고 후딱 집어던지는 고약한 독서 습관은 처음부터 절대 뿌리를 내리지 못하게 해야 합니다. 그렇게 되면 아이는 언제고 스스로 깨닫게 될 것입니다. 책이란 일방적으로 들어야 하는 교장 선생님의 지루한 훈시가 아니라, 내 손끝에서 백 가지 다른 모습으로 변하는 찰흙 반죽보다 더 재미난 놀이 친구라는 사실을요.

올바른 독서 습관이 어느 정도 몸에 배었다면, 이제는 '노세, 노세, 어려서 노세' 작전을 펼칠 때입니다. 아이에게 주인공의 성격을 잘 살려 실감나게 책을 읽어 주고, 책을 고를 때도 아이의 관심사에 관련된 책을 우선순위에 놓아 주세요.

아놀드 토인비는 "일과 놀이의 구분이 흐려졌다면 최고의 성과를 거둔 것"이라고 말했습니다. 책장을 덮는 순간 독서 효과가 반감되는 일이 없도록 아이가 좋아하는 동요나 만화 주제가에 그날 읽은 책 내용을 가사로 붙여 흥얼거리거나, 아이의 인형에 책 주인공의 이름을 붙여 불러 보는 건 어떨까요? 아이가 '책=놀이 친구'로 인식하게 된다면 독서 지도 교사로서 명예의 전당에 오른 셈입니다.

레이먼드 브릭스의 『산타 할아버지』는 그야말로 책 놀이에 적합한 책입니다. 작가는 고정 관념을 깬 유쾌하고도 재치 있는 착상으로 아이들을 즐겁게 합니다. 물론 그 속에는 생각거리도 숨어 있지요. 성탄절이면 으레 선물 보따리를 둘러메고 온다고 믿었던 산타 할아버지! 그에게도 불평이 있고 애환이 있다니? 짜증도 내고 툴툴대기도 하는 '지극히 인간적인' 산타를 만난 아이들은 어떤 생각을 할까요? 이 책 역시 해석이야 내 마음대로입니다. 아이와 함께 산타도 되어 보고 루돌프도 되어 보고 선물을 기다리는 세계 각지의 어린이도 되어 보세요. 아이에게 세상을 새롭게 보는 눈, 상대방의 입장을 보듬어 안는 마음을 선물하는 책 놀이야말로 세상에서 제일 멋진 산타의 선물이라는 사실을 깨닫게 될 겁니다.

• 달을 먹은 아기 고양이 케빈 헹크스 글·그림, 맹주열 옮김 | 비룡소
• 달은 우유일지도 몰라 리자 슐만 글, 윌 힐렌브랜드 그림, 서남희 옮김 | 좋은책어린이
• 산타 할아버지 레이먼드 브릭스 글·그림, 박상희 옮김 | 비룡소

아이의 학교생활을 엿보다

우리가 독서를 통해 지식을 늘려 나간다면,
우리의 무한한 가능성을 가로막을 사람은 아무도 없다.

-벤 카슨-

학교 가기 싫은 아이들

입학과 개학의 계절. 어른들이야 피할 수 없으면 즐긴다지만, 애들은 그런 거 모른다. 즐길 수 없으면 피하고 본다. 벌써부터 학교 가기 싫다고 떼쓰는 아이. 도대체 이 골칫덩이를 어떻게 다뤄야 할까. 그것도 하루 결석하는 게 아니라, 로렌 차일드의 『난 학교 가기 싫어』의 롤라처럼 아예 학교 다닐 필요가 없다고 우긴다면?

"학교에서 글자를 가르쳐 준다고? 쳇, 난 전화로 말하는 게 더 좋아."/"백까지 세는 걸 배운다고? 흥, 내 손가락은 열 개야."

어이없는 주장만 해대는 맹랑한 롤라. 인간이 만든 가장 위대한 제도인 동시에 파릇파릇한 동심을 파괴하기도 하는 교육 제도. 이 딜레마에 고민하는 부모라면 동생을 멋지게 회유한 찰리의 이야기에 귀 기울여 볼 만하다. 아이뿐 아니라 첫아이의 입학에 아이보다 한술 더 떠 분리 불안 증세를 보이는 엄마에게도 명약이 되어 줄 것이다. 보란 듯이 학교생활에 적응한 롤라를 만나고 나면 종일 안절부절 목 빼고 교실을 기웃거리는 증상이 말끔히 사라질 테니까.

찰리 전법도 안 통하는 아이라면, 환상의 작가 미하엘 엔데에게

묘수를 배워 보자. 그의 기발한 그림 동화 『멋대로 학교』에 나오는 '얼레꼴레 나라'의 '제멋대로 학교'에 아이를 보내는 거다. 그곳에서 아이들은 예의 없고, 지저분하고, 게으르고, 징징대는 법을 배워야 한다. 종일 발버둥치며 울고 불고 떼쓰고, 장난감을 부수고, 멱살 잡고 싸움박질을 하다가 친구의 코피를 터뜨리는 시험에 통과해야만 '멋대로 대왕' 자리에 오를 수 있기 때문이다. 교과 과정이 만만치 않다. 너무 힘이 들어 어쩌면 아이 스스로 원래의 학교로 돌아가고 싶어 할지도 모른다.

토요일 하루만이라도 아이를 '제멋대로 학교'에 풀어 놓고 인내심의 한계를 시험해 보자. 파격적인 제안에 엄마의 인기는 급상승할 테고, 직장 가기 싫어 멀쩡한 목소리 깔고 독감 흉내 내거나 빵빵한 타이어 터졌다고 거짓말한 전과까지 용서받게 될지 누가 알겠는가.

진심으로 학교라는 제도권 교육에 회의를 품고 있는 부모에게는 이종건의 『학교 탈출! 이제는 선택이다!』를 권한다. 공교육 제도의 틀을 깨트리고 나온 용감한 엄마와 아들의 도전과 성취가 생생하게 기록되어 있다.

93

대상 독자: 『난 학교 가기 싫어』, 『멋대로 학교』는 등교 거부 시위를 벌이는 6세 이상의 어린이와 이에 속수무책인 엄마들. 『학교 탈출! 이제는 선택이다!』는 홈스쿨링에 관심 있는 부모들.

- 난 학교 가기 싫어 로렌 차일드 글·그림, 조은수 옮김 | 국민서관
- 멋대로 학교 미하엘 엔데 글, 폴커 프레드리히 그림, 한미희 옮김 | 비룡소
- 학교 탈출! 이제는 선택이다! 심은희, 이종건 글 | 늘푸른소나무

우리 집 패셔니스타

운동화에 울긋불긋 만국기를 잔뜩 그려 넣은 아이를 만난 적이 있다. 스티커 문신으로는 성에 차지 않아 진짜 문신을 동경하는 아이들도 적지 않다고 한다. 아이들의 이런 돌출 행동이 당황스럽다고 무조건 제재하려 들면 역효과만 난다. 급정거는 언제나 위험천만한 법. 천천히 브레이크를 밟기 위해서는 개성과 조화에 대해 부모와 아이가 솔직하게 의견을 나눌 수 있는 텍스트가 필요하다.

로버트 먼치의 『꽁지머리 소동』에 나오는 스테파니는 꽁지머리를 하고 학교에 간다. 영락없는 '알나리깔나리' 감이다. 하지만 스테파니는 상관하지 않는다. 내 머리, 내 맘대로 하는데 무슨 참견이야? 스테파니의 꽁지머리는 다양한 변신을 거듭한다. 앞 꽁지머리, 뒤 꽁지머리, 늘어뜨린 꽁지머리, 머리 꼭대기에서 뻗친 야자수 머리……. 그런데 스테파니의 희한한 헤어스타일을 놀려 대던 친구들 사이에 이상한 모방 심리가 싹트기 시작한다. 획일주의에 길들었던 친구들이 꽁지머리를 따라하기 시작한 것이다. 급기야 선생님까지 꽁지머리를 하고 나타난다. 심술이 난 스테파니는 빡빡머리를 하겠

다는 파격 선언을 한다. 그러자 친구들도 너 나 할 것 없이 다들 빡빡
머리 추종자가 된다. 막상 다음 날 스테파니는 태연하게 꽁지머리를
하고 나타나 친구들을 골탕 먹인다.

이 책에 대한 아이들의 반응은 대개 극단적이다. 스테파니를 '또
라이'로 단정 짓는 그룹과 그의 용기를 부러워하는 그룹으로 나뉘어
입씨름을 벌인다. 그리고 이렇게 갑론을박 맞서는 동안 아이들은 세
상에는 흑백 논리만으로는 설명되지 않는 문제가 존재한다는 진리를
자연스레 깨닫는다. 그 과정에서 스스로의 정체성을 찾고 자신만의
가치관을 정립하게 되는 건 보너스다.

시선 집중을 즐기는 스테파니와는 반대로 또래들과 같지 않으면
불안해하는, 모방 심리에 짓눌린 아이는 어떻게 도와줘야 할까. 주디
블룸의 『주근깨 주스』를 읽으며 찬찬히 답을 찾아보기 바란다.

내일 아침, 아이가 스테파니처럼 해괴한 머리를 하고, 앤드루처럼
얼굴에 파란 사인펜으로 주근깨를 콩콩 찍고 학교에 간다고 해도 놀
라지 말기를. 비슷한 소재를 다룬 『엉뚱이 소피의 못 말리는 패션』의
작가 수지 모건스턴의 말처럼 "아이들에게 패션은 자기만의 '시'를
쓰는 일이고, 모자는 느낌표, 스카프는 쉼표, 레이스는 말줄임표"일
수도 있으므로.

대상 독자 : 개성에 눈뜨기 시작한 9세 이상의 어린이와 튀고 싶으나 용기가 부족
하고 동화되고 싶으나 모가 난 어른들.

• 꽁지머리 소동 로버트 먼치 글, 마이클 마르첸코 그림, 박무영 옮김 | 풀빛
• 주근깨 주스 주디 블룸 글, 정문주 그림, 지혜연 옮김 | 시공주니어
• 엉뚱이 소피의 못 말리는 패션 수지 모건스턴 글·그림, 최윤정 옮김 | 비룡소

좋은 친구 사귀기

문제아 부모들의 주장, "더할 나위 없이 착한 우리 애가 어쩌다가 못된 친구를 사귀어서……." 그럼 그 못된 친구는 어디서 생겨난 걸까. 또 그 아이를 탈선하게 만든 더 못된 친구는?

"좋은 친구 사귀어라!" 무작정 세뇌만 하기 전에 좋은 친구란 어떤 친구인지, 아이들과 이야기를 나눠 보자. 구체적으로 대답하려니 막막하다고? 그렇다면 마이클 델라니의 『새집머리 아모스』에게 조언을 구해 보면 어떨까.

아모스는 풍채 당당한 하마다. 그런데 이 크고 멋진 하마에게도 말 못할 고민이 있었으니, 바로 참을 수 없는 존재의 가벼움으로 밤낮 없이 아모스를 괴롭히는 진드기와 벌레들. 아모스는 벌레를 잡아 줄 새를 고용하기로 마음먹는다. 아모스의 광고를 보고 찾아온 쿰바는 진드기 잡는 새라는 이유만으로 아모스에게 합격점을 받는다. 그렇게 둘의 공생 관계가 시작된다.

유머 감각이라곤 찾아볼 수 없는 쿰바는 농담도, 은유도, 비유도, 상징도 통하지 않는 먹통이다. 네 집처럼 생각하고 편히 지내라는 말에 쿰바는 아모스의 머리 위에 새집을 짓고 알까지 낳는다. 졸지에 머리 위에 새집을 얹고 돌아다니게 된 아모스는 늪지의 놀림감이 된다. 그런데도 마음 약한 아모스는 결국 새끼 새 아메바의 보모 노릇까지 한다. 공생인지 천적인지 모호해진 쿰바 모녀와의 관계 속에서, 아모스는 우정이란 상대를 있는 그대로 받아들이고 끝없이 참아 주는 것임을 깨닫게 된다.

아모스의 유아적인 우정에서 한 발 더 나아가고 싶다면, 뉴베리상 수상 작가 캐더린 패터슨의 『비밀의 숲 테라비시아』 속으로 들어가 보자. 제시와 레슬리가 만든 "다른 사람들한테는 도저히 설명할 길 없는", "키가 더 커지고 힘도 더 세어지며 더 슬기로워진 듯한 느낌을 주는" 신비로운 숲 테라비시아에서 아이들은 백과사전에도 나와 있지 않은 '좋은 친구 만드는 법'을 배우게 될 것이다. 좋은 친구를 얻는 지름길은 결국 나 자신이 먼저 좋은 친구가 되는 것임을, 처음부터 좋은 친구가 따로 있는 게 아니라 서로가 참아 주고 품어 주며 좋은 친구로 함께 자라 가야 한다는 그 진리를 말이다.

대상 독자 : 하루는 아모스 같고 또 하루는 쿰바 같은 10세 이상의 어린이와 앞만 보고 달려오느라 테라비시아 숲 너머로 어릴 때의 단짝 친구를 잃어버린 쓸쓸한 엄마들.

- **새집머리 아모스** 마이클 델라니 글·그림, 양지연 옮김 | 시공주니어
- **비밀의 숲 테라비시아** 캐더린 패터슨 글, 정태련 그림, 최순희 옮김 | 대교

짝궁 때문에 속상해?

인간의 천적은 누구일까? 호랑이? 사자? 그것들은 동물원에 갇혀 있으니 걱정할 것 없다. 사실 인간의 진짜 천적은 아주 가까이에 있다. 바로 인간 자신. 아이들 세계라고 다르지 않다. 나를 괴롭히는 꼴 보기 싫은 존재가 학교와 학원 안에 있다. 인간관계에 첫발을 내딛자마자 미움을 알아 버린 아이들은 혼란스럽다. 짝궁 때문에 속이 보글보글 끓는다.

장 주베르의 『하얀 올빼미와 파란 생쥐』 속 하얀 올빼미와 파란 생쥐는 천적이다. 하얀 올빼미는 생쥐를 보기만 해도 군침이 돈다. 지금까지 잡아먹은 생쥐만도 천 마리가 넘는다. 회색 생쥐든 파란 생쥐든 닥치는 대로 먹어 치운다. 이러다간 생쥐가 한 마리도 안 남아날 판국이다. 참다 못한 파란 생쥐는 운명에 도전장을 던지기로 결심하고, 요리조리 빤질빤질 올빼미를 약 올리기 시작한다. 약이 오를 대로 오른 올빼미는 생쥐를 잡으려다 돌에 머리를 찧고, 나뭇가지에 부리가 걸리고, 늪에 빠져 엉망진창이 된다. 올빼미 체면이 영 말이 아니다. 지친 올빼미는 결국 한 상인에게 잡혀 서커스단에 팔려 가는 신세가 된다. 생쥐 마을에 고대하던 평화가 찾아온 것이다. 그런데 참 이상하다. 속이 시원해야 마땅할 텐데, 생쥐는 그토록 무자비하던 올빼미가 슬금슬금 그리워진다. 이윽고 생쥐는 올빼미를 찾아간다. 그리고 둘은 새장을 사이에 두고 친구가 된다. 아니, 친구가 되고 말았다.

하얀 올빼미와 파란 생쥐가 세상에 존재하지 않는다고, 그들의 아름다운 화해 또한 세상에 존재할 수 없는 건 아니었다. 친구가 하는 짓마다 싫다고, 얄밉다고 토로하는 아이와 함께 읽어 보자. 누가 아는가. 누군가를 미워하는 일이 결국 자기 마음을 해치는 일임을 아이가 문득 깨우칠지.

러셀 에릭슨의 멋진 동화 『화요일의 두꺼비』도 함께 권한다. 이왕이면 올빼미 조지와 두꺼비 워턴을 친구로 맺어 준 모간주차를 한 잔 마시면서 읽어 보자. 잔인한 올빼미와 포로 신세의 두꺼비가 어떻게 친구가 되는지, 그 과정을 인간사에 대입해 보면 풀리지 않는 인간관계가 없으리라. 두 책 덕분에 응어리진 마음이 노긋노긋 풀어졌다면 아니, 마음속 앙금이 부끄러워졌다면 주위 사람들과의 갈등과 반목도 어렵지 않게 해소할 수 있을 것이다. 엄마의 변화를 목격한 아이가 덩달아 친구에 대한 미움을 버리는 건 이제 시간 문제 아닐까.

대상 독자 : 적대감을 배우기 시작한 9세 이상의 어린이와 눈엣가시를 친구로 만드는 마법이 절실한 어른들.

• 하얀 올빼미와 파란 생쥐 장 주베르 글, 미셸 게 그림, 장승희 옮김 | 비룡소
• 화요일의 두꺼비 러셀 에릭슨 글, 김종도 옮김 | 사계절

왕따 없는 세상

왕따를 다룬 동화가 지천이다. 너무 쉽게, 그리고 피상적으로 손대는 게 아닌가 걱정이 될 정도로, 왕따 이야기는 이제 어린이 문학의 단골 메뉴가 되었다.

엘레노어 에스테스의 『내겐 드레스 백 벌이 있어』는 그 많은 왕따 책 중에서도 단연 압권이다. 그런데 아이들에게 이 책을 읽혀 보면, 온통 관심이 가해자인 페기와 피해자인 완다에게 쏠려 있음을 알 수 있다. 또 다른 친구인 매디에게는 눈길도 주지 않는다. 하지만 우리 대부분은 누군가에게 악을 행하거나 피해를 당하는 경우이기보다 매디처럼 악을 응징하지도, 그렇다고 악에 적극 동조하지도 않는 나약한 방관자일 때가 더 많다.

아이들이 자신을 매디와 동일시하도록 유도해 보자. 아이들은 드레스로 인해 벌어진 왕따 사건을 전혀 다르게 해석하기 시작할 것이다. 비로소 인간의 복잡다단한 내면을 응시하고, 거울 속에 비친 자신의 진정한 자아와 맞닥뜨리는 것이다. 본능적인 방어용 비겁함의 실체를 알게 된 아이는 자기 안에도 그런 나약함이 숨어 있다는 사실을 깨닫고 머쓱해한다. 자기 안의 일그러진 그림자와 맞대면한 아이는 더 이상 타인을 함부로 비판하거나 정죄할 수 없다는 사실을 깨닫는다. 융화와 관용이 무엇인지를 저절로 배우는 것이다.

어느 사회, 어느 공동체에나 소외된 자들은 존재한다. '왕따'라는 심각한 명칭으로 지칭할 정도는 아니라 할지라도, 누구나 살면서 한두 번은 고립과 단절을 경험한다. 정체성 확립이 불완전한 어린 시절에는 그 여파가 더욱 크다. 그래서 아이들에게는 친구와의 관계가 성격은 물론 가치관 형성에까지 지대한 영향을 미치는 것이다. 그렇다면 이 절실한 문제에 해답은 없는 것일까.

마틴 워델은 사랑스러운 그림책 『안녕, 해리』를 통해 왕따 문제를 색다른 관점에서 다룬다. 빨간 모자를 즐겨 쓰는 귀여운 거북이 해리. 그는 같이 놀 친구를 애타게 찾지만 토끼도, 오소리도, 생쥐도 쌩달아나 버릴 뿐이다. 외로운 해리는 대답 없는 주변 사물들을 향해 혼잣말을 건네기 시작한다. 이쯤 되면 이야기가 왕따 세계의 어둠 속으로 빨려 들어가 지나치리만큼 진지하고 무거워질 법도 한데, 작가는 달팽이 샘을 등장시켜 한 차원 높은 주제 의식을 보여 준다. 두 친구는 공통분모인 느림보 기질을 통해 서로의 고독을 보듬어 안고, 재미난 시간을 함께 보내는 단짝이 된다. 자신의 약점을 이해하고 수용해 줄 친구를 찾아 적극적이고 능동적으로 행동하는 해리는 왕따에 대한 두려움으로 홀로 칩거하는 현대의 히키코모리들에게 참으로 멋진 메시지가 아닐 수 없다.

모든 아이들이 해리 같다면 좋겠지만, 현실은 그렇지 못하다. 스스로 고립의 장벽을 뚫지 못하는 아이를 위해 야시마 타로의 『까마귀 소년』에게 조언을 구해 보자. 입학 첫날부터 학교 마룻바닥에 숨어 버린 아이. 아이는 스스로 세상에 등을 돌린 채 선생님과도 친구들과도 어울리지 않는다. 떳떳한 이름 대신 '땅꼬마'로 불리는 아이는 보기 싫은 것들을 보지 않으려고 사팔뜨기가 되어, 자기만의 세계 속에 납작 엎드려 산다. 그러나 언제까지나 관계의 동심원 밖에서 살아갈 수는 없는 법.

아이는 말없이 사물을 관찰하고 그 나지막한 숨결에 귀 기울이는 시간을 통해 세상과의 소통을 시도한다. 그리고 문득 찾아든 새벽 햇살 같은 이소베 선생님을 만난다. 도대체 이소베 선생님은 '땅꼬마'에게 어떤 위대한 교육을 행했기에, 작고 여리고 슬픈 아이를 당당한 '까마귀 소년'으로 거듭나게 만들었을까. 『까마귀 소년』은 그 비결이 아주 사소하고 작은 관심 속에 있다는 평범하고 뭉클한 진리를 우리에게 넌지시 일러 준다. 어둠의 웅덩이 속에 홀로 웅크리고 있는 아이들이 주변에 이토록 많다는 건, 바로 우리 모두의 책임이라는 사실까지도.

대상 독자 : 따돌림 당하는 건 두렵지만 왕따시키는 건 재미있어 하는 어린이와 내 아이만큼은 소외감의 깊은 내상 없이 살기 바라는 엄마들.

- 내겐 드레스 백 벌이 있어 엘레노어 에스테스 글, 루이스 슬로보드킨 그림, 엄혜숙 옮김 | 비룡소
- 안녕, 해리 마틴 워델 글, 바바라 퍼스 그림, 노은정 옮김 | 비룡소
- 까마귀 소년 야시마 타로 글·그림, 윤구병 옮김 | 비룡소

선생님, 선생님, 우리 선생님

교사가 최고 인기 직종으로 꼽히는 시대, 아이러니하게도 선생님을 향한 아이들의 존경심은 바닥을 향해 번지 점프 중이다. 교육 백년대계의 핵심은 제도가 아니라 인간에 있다. 만날 입시 정책을 손볼 게 아니라 이 모순부터 해결하는 게 급선무 아닐까. 선생님은 아이들이 많은 시간을 함께 보내며 자기도 모르는 새 벤치마킹하게 되는 최고의 역할 모델이기 때문이다.

수지 모건스턴은 『조커, 학교 가기 싫을 때 쓰는 카드』에서 아무리 세상이 삭막해져도 우리 곁에는 여전히 지식 전달자로서의 교사보다 훌륭한 스승이 더 많다는 낭보를 전해 준다. 첫 시간부터 '지각하고 싶을 때 쓰는 조커', '수업 시간에 잘 때 쓰는 조커', '숙제하기 싫을 때 쓰는 조커'를 나누어 주는 노엘 선생님. 그는 수업 시간 중에라도 춤추고 싶은 아이가 있으면 맘껏 춤추게 하는 괴짜 선생님이다. 아이들은 자유롭고 낙천적인 노엘 선생님으로부터 자신을 사랑하고 삶을 음미하는 지혜를 배운다. 또 지식이란 고지식한 백과사전 속에 갇혀 있는 게 전부가 아니라는 진리도 깨닫는다.

노엘 선생님의 소망처럼 아이들이 태어남과 동시에 자신의 생을 행복하게 즐길 수 있는 조커를 선물로 받았다는 걸 이해한다면, 건강한 자존감과 타인에 대한 배려를 갖게 될 것이 당연하다. 그리고 그것은 아이들이 앞으로 수없이 만나게 될 배타적이고 경직된 앵카르나시옹 교장 선생님 같은 사람들을 이해하고 그들과 더불어 살아갈 수 있는 힘이 되어 줄 것이다.

하이타니 겐지로의 『나는 선생님이 좋아요』에 나오는 고다니 선생님은 "가르치는 것은 배우는 것"이라는 루이 아라곤의 정신을 그대로 실천하는 존경스러운 인물이다. 고다니 선생님이 아니었다면 파리를 기르는 외톨이 데쓰조는 어떻게 되었을까. 이 작품이 왜 교육 혼란기에 함께 읽으며 생각해 봐야 할 필독서로 꼽히는지 절로 고개가 끄덕여지는 부분이다.

하늘이 헬렌 켈러에게 설리번 선생님을 선물로 주었다면, 패트리샤 폴라코의 『고맙습니다, 선생님』에 나오는 폴커 선생님은 난독증으로 깜깜한 동굴에 갇힌 트리샤에게 쏟아진 눈부신 빛과 같다. 누군가의 생을 변화시키는 일이야말로 가장 위대한 혁명! 폴커 선생님은 바로 그 혁명을 사랑으로 멋지게 이루어 낸 최고의 전사가 아닐 수 없다.

대상 독자 : 큰 소리로 "고맙습니다!" 인사드리고픈 세상의 모든 선생님들, 그리고 그 선생님들의 영원한 짝사랑 상대인 10세 이상의 철부지들.

- 조커, 학교 가기 싫을 때 쓰는 카드 수지 모건스턴 글, 달랑세 그림, 김예령 옮김 | 문학과지성사
- 나는 선생님이 좋아요 하이타니 겐지로 글, 윤정주 그림, 햇살과나무꾼 옮김 | 양철북
- 고맙습니다, 선생님 패트리샤 폴라코 글, 서애경 옮김 | 아이세움

우정의 조건

카렐 차페크는 "우정만큼 아름다운 인간의 감정은 없다."고 했다. 우정은 애정만큼 변덕스럽지도, 혈연만큼 끈적이지도 않는다. 늘 푸르고 굳건하다. 한동안 잊고 살다가도, 문득 찾아가 보면 여전히 제자리를 지키고 섰다. 산과 바다를 하루아침에 인공으로 조성해 낼 수 없듯, 우정도 그렇다. 오랜 시간이 녹아들고, 긴 사연이 쌓여야만 비로소 하나의 역사가 된다. 친구를 보면 그 사람의 발자취가 보이고, 됨됨이가 드러나는 것도 그래서일 것이다.

그렇다면 왕자는 아무리 잘못을 저질러도 매질을 할 수 없던 시절, 그 왕자를 대신해서 매를 맞던 아이와 왕자는 과연 친구가 될 수 있을까. 나의 분신을 만난 듯 편안한 동질감과 내 안에 없는 상반된 매력의 이질감. 그 두 가지의 절묘한 조화가 우정을 꽃피워 내는 거라면, 시드 플라이슈만의 『왕자와 매 맞는 아이』에 등장하는 두 친구는 상식적인 우정으로는 맺어질 수 없는 관계다. 안하무인에 매사에 우둔한 왕자와 삶의 바닥에서 배운 지혜로 눈을 반짝이는 태동! 둘은 어떻게 각별한 친구가 된 걸까. 『왕자와 매 맞는 아이』는 우정을 생각해 보기 이전에 인권을, 인권을 생각하기 이전에 삶의 이유를 생각하게 만드는 특별한 동화다.

수잔 패트런의 『행운을 부르는 아이, 럭키』는 또 다른 차원의 우정 이야기를 다룬다. 여러 등장인물이 저마다의 사연을 들려주지만, 이 책은 결국 열한 살 소녀 럭키가 자기 자신과 친밀한 친구가 되어 가는 자아 탐험의 과정이기 때문이다. 졸지에 고아 아닌 고아가 된 럭키는 내면의 강력한 힘을 찾아 답답하고 불안정한 현실을 바꾸어 보려고 발버둥 친다. 하지만 현실은 쉽사리 바뀌지 않는다. 럭키가 간절히 원했던 변화는 가까스로 모래 폭풍을 뚫고 나와 자신을 향해 진정한 비주(왕뽀뽀)를 보낸 후에야 비로소 자신의 몫이 된다. 어쩌면 우리는 모두 어린 럭키처럼, 자신을 이해하고 자신과 친구가 되기 위해 그토록 많은 외부 관계를 형성해 가는 건 아닐지.

헬메 하이네의 『친구가 필요하니?』의 외톨이 까마귀 리하르트를 통해, 세상에서 가장 잘나고 힘센 존재가 되겠다는 목표의 정당성과 우정의 기본 요소인 융화와 공감의 힘에 대해서까지 생각해 본다면 더욱 맛깔스런 시간이 될 것이다.

대상 독자 : 『친구가 필요하니?』는 5세 이상, 다른 두 권은 11세 이상의 어린이와 아이의 지란지교를 위해 기도하는 엄마들.

- **왕자와 매 맞는 아이** 시드 플라이슈만 글, 피터 시스 그림, 박향주 옮김 | 아이세움
- **행운을 부르는 아이, 럭키** 수잔 패트런 글, 맷 맬런 그림, 김옥수 옮김 | 서울교육
- **친구가 필요하니?** 헬메 하이네 글 · 그림, 김서정 옮김 | 중앙출판사

엄마는 동문서답 중

'울 아빠는 힘이 세다. 울 엄마는 걸어 다니는 검색창이다. 엄마 아빠만 있으면 만사형통이다.' 다섯 살 때의 순진무구한 환상은 학교에 들어가면서부터 쩍쩍 금이 가기 시작한다. 숙제하다 막히면 쪼르르 엄마한테 달려가 보지만, 엄마는 동문서답만 한다. 옛날에는 엄마도 공부를 무지 잘했는데, 지금은 사는 게 복잡해서 다 잊었단다. 그게 다 너 기르느라 정신이 없어서란다. 알다가도 모르겠다. 어차피 어른이 되면 몽땅 까먹을 텐데, 뭐 때문에 열심히 공부하라는 거야!

툭하면 "엄마, 이건 뭐야?", "이 문제 좀 풀어 줘." 들이대는 아이들! 모른다고 하자니 체면이 말이 아니고, 아는 척하기엔 가물가물한 기억에 모골이 송연해 온다. 옛날에 일등을 열두 번 했어도 소용없다. 해답은 하나. 아이와 더불어 새로 공부하는 수밖에.

『산대장 솔뫼 아저씨의 생물 학교』에는 꽃이 열매를 맺고 씨앗을 널리 퍼뜨리는 신비한 과정이 알기 쉽게 설명되어 있다. 찾아보기 힘든 우리나라 토종 식물에 관한 책이라서 더욱 반갑다. 꽃들도 엄마 아빠가 있고, 결혼식장에서 결혼도 한다. 밤도 팬티를 입고, 풀들은 도둑 이사를 한다. 자연 과학에 관심 없던 아이들도 이렇게 재치 있는 생태학 책을 보면 절로 산과 들의 야생초에 관심이 갈 수밖에 없다. 엄마는 엄마대로 무심히 지나치던 꽃과 풀이름을 한눈에 꿰게 되었으니, 이제 아이의 느닷없는 질문에도 기죽을 일 없을 것이다.

이왕 자연 공부를 시작했으니, 관심사를 넓혀 보자. 김정환의 『세상에 장수풍뎅이가 되다니!』에는 아이들이 좋아하는 딱정벌레 카드가 들어 있다. 찬찬히 한 마리씩 살펴보며 곤충에 대한 기본 지식을 쌓고 돌아서면, 초대장이 기다리고 있다. 나와 다른 생명체가 사는 세상으로의 흥미진진 탐험이 시작되는 것이다. 곤충의 세계에 한 발 들여놓는 순간, 지구가 인간의 전유물이 아니라는 사실을 새삼 깨닫게 될 것이다.

바다를 빼놓고는 자연 공부를 했다고 할 수 없다. 미리엄 모스의 『여기는 산호초』를 펼치면, 보기만 해도 가슴이 탁 트이는 바다가 우리를 유혹한다. 감탄사를 발하며 마지막 장에 다다르니, 위험에 처한 산호의 슬픈 사연이 마음을 아프게 한다. 이번에도 범인은 오만방자한 인간들이 아닌가. 책을 덮은 뒤에 아이들과 환경에 대한 이야기까지 나눈다면 그야말로 일석이조다.

대상 독자 : 『여기는 산호초』는 8세 이상, 다른 두 권은 10세 이상의 어린이와 아이의 무제한식 질문 공세에 진땀 흘리는 엄마들.

- **산대장 솔뫼 아저씨의 생물 학교** 솔뫼 글, 김정선 그림, 권오길 감수 | 삼성출판사
- **세상에 장수풍뎅이가 되다니!** 김정환·조윤경 글, 유진희 그림 | 사파리
- **여기는 산호초** 미리엄 모스 글, 에드리언 캐너웨이 그림, 강이경 옮김 | 시돌

학교가 서먹한 아이

3월이면 어김없이 학교 가기 싫다고 요 핑계 조 핑계 대는 아이들이 나온다. 딴에는 학교 가기 싫은 이유도 뚜렷하다. 그중 하나가 선생님이란 압도적인 존재에 대한 부적응 때문이다. 일 학년 새내기의 경우는 증상이 더욱 심각하다. 어떤 선생님은 너무 친절해서 귀찮고, 어떤 선생님은 이마에 내천 자를 북북 긋고 노려봐서 무섭다나? 아무리 설득해 봐도 같은 교실에서 함께 공부하지 않는 엄마는 모른다며 울상이다. 이럴 때는 도리 없다. 선생님 체면이 좀 손상되더라도, 인간미 물씬 풍기는 선생님의 진짜 속내를 살짝 보여 주는 수밖에.

조 외스트랑드의 『선생님, 왜 그러셔요?』의 여선생님은 안절부절 좌불안석이다. 내일이 개학이기 때문이다. 대체 어떤 괴물 같은 녀석이 일 년 내내 자신을 괴롭힐지 불안해서 견딜 수가 없다. 고집불통, 울보, 장난꾸러기에 툭하면 삐치거나 고래고래 소리를 질러 대는 문제아까지, 생각할수록 머리가 지끈거린다. 다음 날 아침, 덜덜 떨면서 간신히 교실에 들어선 선생님은 왜 서둘러 창문을 닫은 걸까? 지난밤 꿈에서 본 화성인, 흡혈귀 같은 아이들이라도 만난 걸까?

'어라, 선생님도 말썽쟁이 우리들이 무서워 바짝 졸았다고?' 책장을 덮고 난 아이들은 강무홍의 『선생님은 모르는 게 너무 많아』를 읽으며 선생님에게 동병상련의 동지애마저 느끼게 될 것이다. 선생님이 수퍼맨도 아닌데, 그 많은 아이들의 마음을 어떻게 다 알겠는가. 그러니 착한 내가 이해하고 참는 수밖에. 이제부턴 아무리 야속하게 느껴지더라도 선생님을 잘 가르쳐 드려야지. 아이는 의젓한 속다짐과 함께 어깨를 으쓱할지도 모른다.

아이의 마음속 팽팽히 조여 있던 긴장의 나사가 할가워졌으면 이제 곰곰이를 만나 보자. 도로시 마리노의 『꼬마 곰곰이의 처음 학교 가는 날』에는 신나게 등교했다가 이것저것 시키는 선생님 때문에 잔뜩 기가 죽어 삼십육계 줄행랑을 놓아 버린 겁쟁이 곰곰이가 등장한다. 더 이상 학교가 무섭지도 싫지도 않은 아이들은 교실 밖을 서성이며 친구들을 부러운 눈으로 바라만 보는 곰곰이를 자신 있게 타이르지 않을까. "곰곰아. 겁먹지 마. 그깟 공부, 별 거 아냐. 얼른 교실로 돌아가. 학교가 얼마나 재미난 곳인데 그래!"

대상 독자 : 아직 학교가 서먹한 8세 이상의 어린이와 대신 가 줄 수도 없는 학교 보내기에 진땀 빼는 엄마들.

• 선생님 왜 그러셔요? 조 와스트랑드 글, 에릭 가스테 그림, 양진희 옮김 | 교학사
• 선생님은 모르는 게 너무 많아 강무홍 글, 이형진 그림 | 사계절
• 꼬마 곰곰이의 처음 학교 가는 날 도로시 마리노 글 · 그림, 이향순 옮김 | 북뱅크

작가가 될 거야!

하루는 맹랑한 녀석을 만났다. 녀석은 인사 같은 건 생략한 채 다짜고짜 이렇게 물었다. "작가 선생님이시죠? 어떻게 하면 베스트셀러를 쓸 수 있나요?" 황당한 나의 답변. "고거야말로 내가 너한테 물어봐야 할 질문이거든? 네가 칼자루 쥔 독자잖아." 이 녀석 잠깐 고민하더니 걱정 말란다. 자기가 열심히 연구해서 그 비법을 알려 주겠다나?

요즘 아이들, 논술 준비 때문에 눈이 노래지도록 맹렬히 글짓기와 씨름하면서 산다. 그 노력이 아까워서 '차라리 작가가 되어 버릴까?' 불쑥 치솟는 마음, 백분 이해가 간다. 앤드루 클레먼츠의 『작가가 되고 싶어!』의 주인공 나탈리와 조도 작가의 꿈을 가슴에 품은 당돌한 친구들이다. 천부적인 글재주를 타고난 나탈리는 엄마가 일하는 출판사에 필명으로 첫 소설을 보낸다. 좌충우돌 겁 없는 조는 나탈리의 에이전트를 자청하고 나선다. 출판사와 밀고 당기고, 속고 속이는 대장정 끝에 나탈리는 당당하게 인세를 받는 성공적인 신인 작가의 꿈을 이룬다.

고작 열두 살에 낸 첫 작품으로 뉴욕 출판계가 주목하는 작가 반열에 들다니, 너무 황홀해서 믿을 수가 없다고? 그렇다면 "작가란 글 쓰는 것 말고는 어떤 일도 자기한테 어울리지 않는다는 사실을 받아들이고 평생 멀고도 험한 길을 걸어갈 각오를 해야 한다."는 폴 오스터의 말을 기억하며, 치열한 작가의 삶 속을 한번 들여다보자.

아이린 크리스틸로는 『작가는 어떻게 책을 쓸까?』에서 한 권의 책이 독자의 손에 쥐어지기까지의 과정을 생생하게 보여 준다. 작가들이 어떻게 아이디어를 얻는지, 출판 계약은 어떻게 맺는지, 편집자들과 어떤 긴밀한 토론 과정을 거쳐 탁월한 완성품을 만드는지, 이 책을 읽다 보면 책에 아무런 관심이 없던 아이도 베스트셀러 작가가 되고자 하는 야망에 불타오를지 모른다.

하지만 아이들이 실생활에서 작가들과 맞대면하기란 쉽지 않은 일. 그럴 때는 비벌리 클리어리의 『헨쇼 선생님께』의 리 보츠처럼 좋아하는 작가에게 편지를 써 보면 어떨까. 응어리진 마음을 순화하고 문장력을 기를 수 있을 뿐 아니라 성장기의 멋진 추억도 만들 수 있을 것이다.

대상 독자 : 『작가는 어떻게 책을 쓸까?』는 8세 이상, 그 외 두 권은 11세 이상의 작가 지망생 어린이와 아무래도 내 아이가 대한민국 첫 노벨 문학상의 주인공이 될 것만 같은 예감에 사로잡힌 엄마들.

- **작가가 되고 싶어!** 앤드루 클레먼츠 글, 남궁선하 그림, 정현정 옮김 | 시계절
- **작가는 어떻게 책을 쓸까?** 아이린 크리스틀로 글, 이순미 옮김 | 보물창고
- **헨쇼 선생님께** 비벌리 클리어리 글, 이승민 그림, 선우미정 옮김 | 보림

아름다운 우리말 바로 알기

'아침에 일어나서 학교 갔다 와서 숙제하고 잤다.' 만날 같은 소리에 고작 세 줄 쓰면 밑천 다 떨어지는 일기! 독후감도 마찬가지다. 줄거리만 줄줄 늘어놓고는 '이상 끝'이란다. 그나마 줄거리라도 제대로 요약하면 다행이다. 대세에 지장 없는 변두리 에피소드만 횡설수설 나열하고 빤히 쳐다보니 난감하기 이를 데 없다.

창의적이고 논리적인 글을 쓰려면 집중력, 이해력, 주제 집약력, 어휘력, 문장력 등 복합적인 능력을 갖춰야 한다. 글쓰기가 안 될 때는 그중 하나가 문제일 수도 있고, 두세 가지가 부족한 것일 수도 있다. 한 편의 글이 제대로 짜임새를 갖추기까지는 시간을 요하는 총체적 노력이 요구된다. 그렇다고 어디서부터 손대야 할지, 언제까지 막막해하기만 할 것인가.

비교적 단순한 노력으로 일취월장 발전할 수 있는 어휘력 증강부터 도전해 보자. 어휘력이란 되도록 많은 단어와 표현을 알고, 그걸 적재적소에 배치할 줄 아는 힘이다. 사전을 통째 꿀꺽하면 제일 좋겠지만, 누구도 그럴 순 없는 법. 박남일의 『예쁜 우리말 사전』은 평소에 아이들이 잘 쓰지 않는 생소한 말, 알지만 문장 속에 활용하지 못하고 사장시킨 단어와 표현을 고루 추려 놓았다. 날씨가 흐렸다고밖에 쓸 줄 모르던 아이는 '잠포록하다'는 표현을 배울 수 있고, 부드럽다는 한 가지 표현으로 때우던 아이는 '낫낫하다'라는 말을 눈 반짝이며 만나게 될 것이다.

이왕 새 단어와 표현을 배우기로 작정했으면 우리누리의 『그래서 이런 말이 생겼대요』을 통해 우리말의 유래와 활용법까지 익혀 보자. 상대의 사연을 알고 나면 가까워지게 되듯 단어도 그렇다. 내막을 알고 나면 쏙쏙 기억에 들어오고 언제든 유용하게 사용할 수 있게 된다.

혼용되어 우리말처럼 쓰이는 사자성어 또한 풍부한 어휘력 기르기에 반드시 필요한 포트폴리오다. 손은주의 『사자성어로 만나는 네 글자 세상』을 통해 사자성어의 유래와 적절한 활용 예를 익혀 두면, 묘사와 서술에 자신감이 붙을 것이다.

어른이 되었다고 어휘력이 자동으로 보강되는 건 아니다. 이번 기회에 엄마들도 어휘 창고를 체계적으로 정돈하고 재고를 늘려 보면 어떨까. 아름다운 우리말에 대한 자부심까지 덤으로 얻게 될 것이다.

대상 독자 : 달랑달랑 어휘력 단벌 신사인 11세 이상의 어린이와 점점 난이도 높아지는 아이의 질문에 종종 곤욕을 느끼는 엄마들.

- **예쁜 우리말 사전** 박남일 글, 류성민 외 그림 | 파란자전거
- **그래서 이런 말이 생겼대요** 우리누리 글, 심심스쿨 그림 | 갈벗스쿨
- **사자성어로 만나는 네 글자 세상** 손은주 글, 조선경 그림 | 시공주니어

마음의 빗장을 걸기 전에

사람은 누구나 나이가 들면 부정적인 경험이 쌓이고 편견의 굳은 살이 박인다. 그 퇴적물들 덕분에 매사에 소심하고 방어적으로 변한다. 인간관계는 더하다. 다들 어른이 되고 나면 흉금을 터놓을 친구 만나기가 하늘의 별따기라고 쓸쓸해한다. 상대에게 상처받지 않을 만큼만 다가서기 때문이다. 그래서 한때 어린 시절 친구 찾기의 열풍이 유행처럼 번졌던 것이리라.

아이들은 다르다. 티격태격 맞붙어 싸우고 삐쭉빼쭉 토라지기도 잘하지만 화해도 빠르다. 한두 번의 상처에 앙심을 먹기엔 아직 청량하다. 아이들의 마음에는 빗장이 걸려 있지 않다. 아이들은 누구하고든 친구가 될 수 있다.

아네스 드자르트는 『으시시 대왕 페르디낭 1세』에서 어른들이 샘낼 만한 아이들만의 동화 같은 우정 이야기를 들려준다. 동화니까 동화 같다고? 맞다. 동화만이 할 수 있는 예쁘고 흐뭇한 이야기다. 어떻게 된 우정이기에 이렇게 각별한지 우히히 원숭이 오마르에게 들어 보자.

사형을 놀이쯤으로 여기는 포악한 페르디낭 1세는 심심해 죽을 지경이다. 지겨운 것조차 지겨울 정도로 몸이 배배 꼬인다. 우히히 원숭이 오마르라도 사형시켜야 직성이 풀릴 것 같다. 곤궁에 처한 오마르는 왕에게 재미난 이야기를 들려주겠다고 꼬드겨서 간신히 사형을 면한다. 일단 목숨은 건졌지만 무자비한 임금을 즐겁게 해 주는 일이 어디 그리 녹록하랴. 급기야 입도 없고 눈도 없는 늑대, 발 속에 든 독이 백만 킬로미터 밖까지 퍼진다는 상어 이야기를 날조하며 만담에 나선 오마르. 오마르는 도대체 어떤 마술을 부려 그 무시무시한 페르디낭 1세를 하야시켜 친구로 만들어 버린 걸까?

로빈 클레인의 『앨리슨 미워하기』에는 앙숙 중의 앙숙들이 절친한 친구가 되어 가는 과정이 사랑스럽고도 유쾌하게 그려져 있다. 빈민가에 살아도 자존심 하나만큼은 하늘을 찌르는 에리카와 무엇 하나 부족한 게 없는 앨리슨이 사사건건 부딪히며 벌이는 자존심 대결이 흥미진진하다. 그중에서도 압권은 에리카의 시선으로 쫓은 6학년 소녀들의 심리 묘사. 두 주인공 덕분에 뻥 차서 우주로 날려 버리고 싶은 내 곁의 앙숙을 다시 생각해 보는 시간을 갖게 된다면 에리카와 앨리슨은 이 땅에 태어난 사명을 다한 게 아닐까.

116

대상 독자 : 『으시시 대왕 페르디낭 1세』는 아직 무공해 청정 지역의 어린 마음을 잃지 않은 8세 이상, 『앨리슨 미워하기』는 고약한 '끼리끼리' 증세를 보이기 시작한 12세 이상의 어린이. 그리고 끝내 불화한 채 헤어진 옛 친구가 가물가물 그리운 엄마들.

• **으시시 대왕 페르디낭 1세** 야예스 드자르트 글, 마르졸렌 카롱 그림, 최윤정 옮김 | 바람의아이들
• **앨리슨 미워하기** 로빈 클레인 글, 백지원 그림, 신혜경 옮김 | 좋은책어린이

엄마 노릇에 지칠 때

학원 하나 안 보내고 명문대에 척척 합격시킨 장한 엄마들 이야기가 연일 언론에 오르내린다. 팔방미인 엄마, 경제력과 열의로 무장한 엄마, 거기에 극성스러운 헬리콥터 엄마까지 가세해 과잉경쟁을 부추기는 무시무시한 시대! 이래저래 평범한 아이의 평범한 엄마는 갈팡질팡 속만 상한다.

낙제 엄마라는 자괴감에 새 학기가 두렵기만 한 마음 약한 보통 엄마들을 위해 가와구치 만 에미의 『엄마가 적성에 맞지 않는 엄마의 자녀 교육법』을 소개한다. 이 책은 아이들의 심리를 분석해 한 수 일러 주지도, 교육학 전문 이론을 가르쳐 주지도 않는다. 실용적인 학습 조언서도 아니다. 독일인과 결혼해 세 딸을 기르는 일본 엄마의 신변 에세이다. 그런데 이 천하태평 엄마의 인생 철학에 귀 기울이다 보면 신기하게도 어깨에 짱짱하게 들어갔던 긴장이 스르르 풀어진다. 조기 교육 열풍이었다가, 결국엔 유전자의 책임이라고 했다가, IQ보다 EQ를 중시해야 한다는 식으로 하루가 멀다 하고 바뀌는 교육 이론 따위 콧방귀를 끼라고 부추기기 때문이다. 인생의 황금기를 언제까지 안달과 조바심으로 탕진할 거냐고 반문한다. 완벽한 부모? 그런 건 태초 이래 없단다. 생긴 대로, 하고픈 대로 '조금은 이기적이고' 편안한 엄마가 되란다. 그래야 아이도 행복하단다. 이 책이 모든 독자의 동의를 받을 순 없을 것이다. 그렇다 해도 애들 교육 얘기만 나오면 전투하듯 두 주먹 움켜쥐던 엄마들에게 느긋한 휴식을 주는 책임엔 틀림없다.

한숨 돌려 과도한 자책감에서 벗어났다면 EBS의 다큐멘터리 〈동기〉를 책으로 엮은 『스스로 도전하는 아이의 인생에는 막힘이 없다』를 읽어 보자. 이 책은 목표를 달성하고 성취하는 데 가장 중요한 건 '문제 해결 능력'이 아니라 스스로 하려는 '동기'와 실패를 이겨 낼 수 있는 '자기 통제력'이라고 주장한다. 자발적으로 학습에 임하고 고비고비 좌절을 만날 때마다 불끈 일어서는 의지력을 갖춘 아이를 바라는 엄마라면 책갈피에 숨은 노하우를 눈여겨볼 필요가 있다.

그밖에도 초등학교에 막 입학한 아이에게 해리엇 지퍼트의 『학교는 즐거워』가, 새내기 중학생에게는 박신식의 『중학교, 이것만은 꼭 알고 가라!』가 신학기 멀미예방약이 되어 줄 것이다.

대상 독자 : 새 학년 진급 때마다 스트레스 호르몬이 팍팍 분비되는 엄마와 아이.

• 엄마가 적성에 맞지 않는 엄마의 자녀 교육법 가와구치 만 에미 글, 한양심 옮김 | 한즈미디어
• 스스로 도전하는 아이의 인생에는 막힘이 없다 EBS기획다큐멘터리-동기 글 | 거름
• 학교는 즐거워 해리엇 지퍼트 글, 아만다 헤일리 그림, 이태영 옮김 | 키다리
• 중학교, 이것만은 꼭 알고 가라! 박신식 글, 김재일 그림 | 살림어린이

아이의 읽기 수준을 고려해
맞춤별 독서 지도를 해 주세요.

많은 엄마들이 독서 지도의 출발점을 '책 읽는 환경을 만들어 주는 것'이라고 생각합니다. '좋은 책을 골라 주는 것'을 독서 지도의 출발점이라고 생각하는 엄마들도 많습니다. 그런데 아무리 독서실 뺨치는 독서 환경을 조성해 주고, 좋은 책을 산더미 같이 쌓아 놓아도 책을 사랑하기는커녕 더 멀리 달아나는 아이가 생겨납니다.

　아이들의 신체 조건은 대부분 표준 체중과 키의 오차 범위 내에 있습니다. 하지만 독서 수준은 그렇지 않습니다. 신체 나이는 열 살이라도 독서 능력은 열세 살을 뛰어넘는 아이가 있는가 하면, 중학생인데도 초등학생들이 읽는 책조차 이해하지 못하는 아이도 있습니다.

　여기에 연령별 권장 도서, 추천 도서의 함정이 있습니다. 내 아이의 독서 수준을 제대로 알지 못하는 상태에서 무조건 학년별 필독서 목록에만 의존하다가는 역효과가 날 수밖에 없습니다. 따라서 독서 지도는 아이의 정확한 독서 수준을 아는 일, 바로 거기서부터 시작해야 합니다.

　전문적인 방법에 의지하지 않고도 아이의 독서 수준을 간단히 자가 진단해 볼 수 있는 좋은 방법이 있습니다. 기승전결이 뚜렷한 동화를 읽히고 줄거리 요약을 시켜 보는 것입니다. 독서 수준을 파악하기 위해 읽히는 책은 절대 환상적이고 몽환적인 글이어서는 안 됩니다. 시나 에세이도 줄거리 요약에는 적당하지 않습니다. 문학의 향취를 높이기 위해 시적이고 감각적인 문체를 동원한 동화 역시 곤란합니다. 날짜순으로 모험이 나열된 책도 마찬가지입니다. 그런 책은 모든 모험이 다 흥미진진하고 중요해 보이는 데다, 날짜 순으로 펼쳐져 있는 탓에 어떤 사건을 빼고 어떤 사건을 요약해야 할지 아이들이 혼란스러워 할 수 있기 때문입니다. 같은 이유에서 에피소드가 연속되는 연작 소설 형식의 동화 역시 피해야 합니다.

'갑돌이와 갑순이가 언제 어디서 어떻게 만나 어떤 일을 겪었고, 그로 인해 이러저러하게 되었다.'라는 식으로 주인공이 확실하고 기승전결이 뚜렷하며 마무리가 야무지게 오므려지는 이야기가 좋습니다.

예를 들면 저학년 아이들에게는 다니엘 포세트의 『칠판 앞에 나가기 싫어』 같은 책이 좋고, 고학년 아이들에게는 사실주의 작품을 쓰는 주디 블룸이나 페터 헤르틀링, 구두룬 멥스 같은 작가들의 작품이 좋습니다. 엄마가 먼저 읽어 본 후, 이 정도면 아이가 줄거리 요약을 할 수 있겠다 싶은 책을 고르면 됩니다.

아이가 중심 내용과 주변 얘기를 가려내서 줄거리를 잘 요약했다면, 듬뿍 칭찬해 주고 다음 단계로 넘어가세요. 하지만 대부분의 아이들은 엄마의 바람과는 달리 잘 따라오지 못할 겁니다. 바로 이때가 독서 지도사로서 엄마의 역량이 검사대에 오르는 시발점입니다.

그동안 열심히 책을 읽었다고 자부하는 엄마로서는 줄거리 요약조차 제대로 못하는 아이에게 화가 뻗치는 게 당연합니다. 하지만 지금은 아이의 횡설수설에 귀를 기울여야 할 때입니다. 횡설수설에도 종류가 있기 때문입니다.

1.이야기를 집중해서 읽지 않고 대강 읽어서 줄거리 요약을 하지 못하는 경우
2.자기 깐에는 집중해서 읽었는데, 이해력이 부족해서 내용을 파악하지 못하는 경우

3.이야기 전반을 이해하긴 했지만 주제를 파악하지 못하는 경우

4.이야기를 이해하고 주제도 파악했지만, 그것을 표현할 어휘가 딸리는 경우

5.표현력이 없어서 문장으로 쓰지 못하는 경우

　자기 또래의 수준을 따라가지 못하는 아이들은 대부분 이 다섯 가지 중 하나나 두세 가지 문제를 중복으로 갖고 있습니다. 그러니까 집중력, 이해력, 주제 집약력, 어휘력, 문장력 중에 어디가 문제인지 진단을 제대로 해야 합니다.

　만약 집중력이 떨어지는 아이라면, 혼자 책을 읽게 해서는 안 됩니다. 엄마가 함께 책을 읽으면서 중간 중간 허를 찌르듯 "그래서 갑돌이가 어떻게 되었다고?" 하고 확인용 질문을 던져 아이의 주의를 환기시켜 줘야 합니다. 물론 그렇게 한다고 당장 집중력이 좋아지는 것은 아닙니다. 그러니 아이가 몸을 비틀고 달아날 궁리를 하더라도 절대 평정심을 잃어서는 안 됩니다. 다음 페이지에 무지무지 재미난 이야기가 나올 것 같은 기대에 찬 표정으로 마지막 장까지 넘겨야 합니다.

　아무리 질문을 던져도 도무지 그 질문에 답할 만한 이해력이 없는 아이라면 "그래서 갑돌이가 내일 서울에 간다는 거로구나, 그렇지?" 하고 답을 포함한 질문을 요약해서 자주 말해 주는 게 좋습니다. 아이에게 책 내용을 스스로 생각하고 수긍할 수 있는 기회를 만들어 주는 것이지요. 한 박자 늦은 형광등일지언정 아이는 "아, 그게 그렇게 된 거로구나." 하고 고개를 끄덕일 것입니다.

이렇게 해도 제대로 따라오지 못할 경우에는 엄마가 단락 단락 요약한 내용을 아이가 따라 말하도록 해 보세요. 엄마가 요약한 내용을 복창하는 동안, 아이는 다시 한 번 책 내용을 되새기게 될 것입니다.

어휘력이 떨어지는 경우에는 책에 나오는 단어를 열 개쯤 선별한 후, 반대말과 비슷한 말을 아울러 찾아보면서 진도를 나가면 도움이 됩니다.

이런 식으로 아이의 나이에 맞는 동화를 열 권쯤 함께 읽었는데도 여전히 진전이 없다면, 특단의 조치를 취해야 합니다. 엄마의 자존심을 접고 아이의 나이보다 두 단계쯤 낮은 책으로 수준을 낮추어 다시 시작하는 것입니다.

아이가 고학년일 경우에는 엄마도 마음이 급해서 독서 수준을 낮추기가 쉽지 않을 겁니다. 그래도 어쩔 수 없습니다. 지금 바로잡지 않고 얼렁뚱땅 넘어가면 나중에는 격차가 엄청나게 벌어져 만회할 수가 없으니까요.

이렇게까지 했는데도 아이가 책에 흥미를 못 느낀다면, 통상 읽히는 책에서 잠시 벗어나 보세요. 아이가 좋아하는 자동차, 연예인, 패션 같은 특정 분야의 잡지를 동원해서 일단 활자와 친밀해지는 시간부터 가지는 겁니다. 무조건 책이어야 한다는 강박 관념을 버리고 여러 종류의 읽을거리를 이용해 활자에 익숙해지도록 해야 합니다. 아이가 최소한 하루에 한 시간 정도는 활자에서 눈을 돌리지 않을 정도로 친밀감이 형성되기 전까지는, 내용에 대한 어떤 이해도 요구하지 마세요. 그냥 아이가 활자와 친구가 될 수 있을 때까지 시간적 여유를 갖고 기다리는 게 좋습니다.

책을 자기 나이보다 낮춰 볼 정도는 아닌데 줄거리 요약을 못하는 아이라면, 책 내용을 시간 순서대로 적어 보게 해 보세요. 책 속의 사건을 시간의 흐름을 따라 적어 보면 전체 줄거리를 보다 효과적으로 이해할 수 있기 때문입니다. 그런 식으로 몇 권을 거듭해 읽다 보면 눈에 띄게 아이의 집중력과 이해력이 좋아질 겁니다. 그러면 요약해야 할 중요한 이야기와 소도구로 사용된 주변 이야기를 가려내는 능력도 자연스레 향상됩니다.

아이의 속마음을 들여다보다

세상 도처에서 쉴 곳을 찾아보았으나

책이 있는 구석방보다 나은 곳이 없더라.

-움베르트 에코-

너는 특별해!

이성적이고 합리적인 여성도 엄마가 되면 아리스토텔레스의 중용 철학을 갖기란 불가능한 걸까? 엄마들은 하루에도 몇 번씩 허황된 환상과 섣부른 실망의 양극을 오간다. 아침에는 자기 아이가 피카소나 에디슨 같은 천재의 조짐을 보인다고 흥분하다가, 오후에는 '누굴 닮아' 저런 건지 속 터진다고 머리를 싸맨다. 아이들이 카멜레온도 아닌데 참 신기한 노릇이다.

다른 아이와 비슷하면 실망하면서도, 조금만 유난스럽다 싶으면 가슴이 철렁 내려앉는 엄마를 둔 아이는 혼란스럽다. 갈피를 못 잡고 피곤하다. 문제는 세상의 모든 아이가 둘 중 하나에 해당한다는 데 있다.

엘리자베스 쇼의 『까만 아기 양』에는 혼자만 까만 털을 가진 아기 양이 나온다. 까만 아기 양은 양치기 개 폴로의 말을 듣지 않는다. 다른 양이 왼쪽으로 갈 때 혼자만의 생각에 잠겨 오른쪽으로 간다. 이해받지 못하고 동화되지 못하는 까만 양은 언제나 외롭다.

양치기 개 폴로는 폴로대로 불만이다. "양들은 생각할 필요가 없어. 내가 하라는 대로만 하면 되니까!" 이 대사, 어디서 많이 들어 본 말 아닌가. "도대체 넌 왜 그 모양이니? 엄마가 하라는 대로만 하라 니까!" 양치질하듯 정기적으로 아이에게 던져 온 말은 아닌지.

다른 사람에게는 관대하면서 유독 내 아이한테는 일관성 없고 가혹한 부모 노릇을 해 왔다면, 오늘 아이와 함께 까만 아기 양 이야기를 읽어 보자. 책장을 덮을 때쯤이면, 까만 양의 소외감을 덜어 주기 위해 하얀 양들에게 까만 털옷을 짜 입힌 할아버지처럼 아이를 위한 이해와 관용의 털옷을 준비하게 될 테니까.

그리고 오늘 밤 아이에게 맥스 루케이도의 『너는 특별하단다』에 나오는 멋진 말로 사랑을 속삭여 보면 어떨까. "남들이 어떻게 생각하느냐가 아니라, 내가 어떻게 생각하느냐가 중요한 거야. 난 네가 아주 특별하다고 생각해!"

129

자신감을 얻은 아이는 레오 리오니의 『서서 걷는 악어 우뚝이』 속의 외톨이 악어를 만나면 이렇게 위로해 줄 것이다.

"다른 악어랑 달라도 걱정 마. 넌 아주 근사한 악어야."

대상 독자 : 남과 다른 6세 이상의 어린이와 특별한 아이를 둔 행복을 막 발견한 엄마 아빠들.

• **까만 아기 양** 엘리자베스 쇼 글, 유동환 옮김 | 푸른그림책
• **너는 특별하단다** 맥스 루케이도 글, 세르지오 마르티네즈 그림, 아기장수의날개 옮김 | 고슴도치
• **서서 걷는 악어 우뚝이** 레오 리오니 글 · 그림, 엄혜숙 옮김 | 마루벌

아이들만의 내밀한 공간

"엄마. 이건 왜 이래? 저건 왜 저래?" 종일 질문 세례를 퍼부으며 졸졸 따라다니던 아이가 어느 틈에 슬슬 방문을 걸어 잠그기 시작한다. 어찌나 비밀 주머니가 찰찰 넘치는지, 속맘을 캐 보려고 아무리 애를 써도 돌아오는 한마디는 늘 똑같다. "엄만 몰라도 돼!"

이제 남은 방법은 우회로를 통해 아이의 은밀한 내면을 들여다보는 것뿐. 리지아 보중가 누니스의 『노랑 가방』이 엄마들에게 도움이 될 것이다. 그곳엔 어른이라면 누구나 눈이 휘둥그레질 만한 아이만의 세상이 숨어 있다.

라켈은 어른들을 이해하기가 너무 어렵다. 그래서 결국 포기한다. 대신 라켈은 자기 안에서 불쑥불쑥 커지는 욕망의 세계 속으로 숨는다. 그러고는 자신이 쓴 소설에 나오는 수탉 알퐁소를 통해 세상과 대화하는 법을 배워 간다. 그렇게 마음의 키가 자란 라켈은 정체성을 찾고, 자신이 진정으로 원하는 삶을 향한 이정표에 성큼 다가서게 된다.

라켈 덕분에 알 듯 알 듯 붙잡을 수 없었던 아이의 마음 한 자락을 보듬어 안았다면, 또 다른 은밀한 세계인 김진경의 『고양이 학교』의 문을 두드려 보자. 고양이 학교는 사람의 손길을 벗어나 '발 털기'를 한 고양이들이 자기만의 삶을 구축해 가는 환상의 장소이다. 부모의 영향력에서 벗어나 자기들의 세계로 비상하려는 사춘기 아이들의 발 털기와 비슷하다. 발 털기를 제대로 하지 못한 고양이가 사람 세상에도 고양이 세상에도 속할 수 없듯, 부모와의 관계에서 발 털기를 건강하고 지혜롭게 해내지 못한 아이는 힘겨운 성장기를 보내게 될지 모른다. 물론 이렇게 멋진 책을 함께 읽어 주는 엄마를 둔 아이라면 걱정할 필요 없을 것이다. 마음의 그림자가 없는 책 속의 고양이들처럼 빛나는 수정을 당당히 다루게 될 테니까.

학업의 부담감과 과잉 경쟁의 압박에 짓눌린 요즘 아이들에게 안식처가 되어 주는 환상의 세계! 재충전의 내밀한 시간을 필요로 하는 사춘기 아이들에게 그런 가상공간은 실로 절실한 욕구가 아닐 수 없다. 그 심리의 기저를 이해한다면 아이와의 현실 결속력은 금세 강력 접착제 수준으로 고양될 것이다.

긴 글도 소화할 수 있는 아이라면 「해리 포터」 시리즈에 버금가는 호평을 받은 테일러의 『섀도맨서』를 아울러 권한다.

대상 독자 : 『고양이 학교』와 『노랑 가방』은 11세 이상, 『섀도맨서』는 13세 이상, 그리고 부모님 몰래 숨곤 하던 어린 시절 비밀 다락방이 그리운 엄마들.

• **노랑 가방** 리지아 보중가 누니스 글, 에스페란자 빌레주 그림, 하윤신 옮김 | 비룡소
• **고양이 학교** 김진경 글, 김재홍 그림 | 문학동네어린이
• **섀도맨서** G.P. 테일러 글, 강주헌 옮김 | 생명의말씀사

엄마가 빚는 대로 자라는 아이

태교 책은 대개 임신 중에 읽는 책이라고들 알고 있는데 꼭 그런 건 아니다. 아이를 기르다가 딜레마에 부딪혔을 때 읽어야 하는 태교 책도 있다. 토마스 버니의 『태아는 알고 있다』가 그렇다.

대개 사람들은 네 살 이전의 일은 기억하지 못한다고들 한다. 하물며 태중의 일을 어찌 기억하겠는가. 하지만 토마스 버니는 단호하게 말한다. 최면을 걸어 보면 누구나 태아 시절 일어난 일을 기억해 내는데, 당시 아기를 임신했던 임산부의 진료 기록과 일치한다고. 유산시키려고 뜨거운 물에 들어갔던 엄마의 아기가 자라 태중에서 뜨거운 기운 때문에 무서웠던 기억을 떠올린다든가, 아빠의 성폭행에 가까운 성 행위에 의해 조산된 아기가 엘리베이터가 심하게 흔들리는 것 같은 느낌을 통해 최면 중에 그 일을 연상해 낸다든가 하는 식이다. 그러므로 아이를 기르다가 어디서 비롯된 건지 모를 언행에 당황한 적이 있다면, 강압적으로 교정하려고만 들지 말고 임신 중의 기억을 떠올려 보자. 아이를 이해할 수 있음은 물론 치료의 실마리를 잡는 데도 큰 도움이 될 것이다.

이제는 구체적으로 아이의 성품을 이상적으로 다듬기 위한 방법론을 연구해 볼 차례이다. 존 버닝햄은 『에드와르도 세상에서 가장 못된 아이』에서 교육학의 기본이 되는 '피그말리온 효과'에 대해 이야기한다. 첫 페이지에서 보통 꼬마로 등장한 에드와르도는 곧 세상에서 제일 못된 말썽꾼으로 전락한다. 에드와르도가 점점 눈치 없고, 사납고, 시끄럽고, 지저분하고, 버르장머리 없는 아이가 되어 가는 과정은 그 어마어마한 결과에 비해 단순하기 그지없다. 부정적인 기대에 단정적인 말을 버무린 다음 반복해서 읊어 주기만 하면 되기 때문이다. 이 순간에도 줄기차게 아이의 귀에 부정적인 후렴구를 연속 재생하고 있는 엄마라면 가슴 철렁할 소리 아닌가.

하지만 언제나 희망은 있는 법. 비판과 꾸지람 대신 격려와 칭찬의 말을 받아 먹더니 녀석은 공중회전하는 청룡열차만큼이나 드라마틱한 변화를 보인다.

오늘도 곳곳에서 제2, 제3의 에드와르도가 만들어지고 있다. 세상에서 가장 사랑스러운 에드와르도냐, 최고의 말썽꾼 에드와르도냐가 오로지 엄마 손에 달려 있는 셈이다. 이러니 이래저래 '탓' 신세 면할 길 없는 엄마들만 진땀 날 수밖에.

대상 독자 : 세상에서 가장 사랑스럽고도 미운 8세 이상의 어린이와 배 속에 도로 넣어 다시 빚어 내고픈 말썽쟁이와 씨름하고 있는 엄마들.

• 태아는 알고 있다 토마스 버니 글, 김수용 옮김 | 샘터사
• 에드와르도 세상에서 가장 못된 아이 존 버닝햄 글·그림, 조세현 옮김 | 비룡소

거짓말하는 아이

"여보게 친구, 진실이란 그런 거야. 아무도 거짓말을 하면서 완전히 거짓말만 하지는 못하는 걸세." 파스칼 키냐르의 소설에 나오는 말이다.

상대방의 반응을 예상할 만큼 추리력이나 인지력이 발달하지 않은 아이들은 완벽한 거짓말을 꾸미지 못한다. 아이의 거짓말 같지 않은 거짓말에 화를 내야 할지, 웃어야 할지 가늠이 가지 않을 때도 한두 번이 아니다.

카트린 돌토의 「돌토 감성학교」 시리즈 7권 『거짓말이 아니야』를 보면 거짓말에 대한 어른들의 과도한 반응에 어리둥절한 아이의 심리가 적확하게 표현되어 있다. "곰 인형이 나와 얘기한 것 같은데, 사람들은 나보고 거짓말을 한대요. 나는 뭐가 뭔지 잘 모르겠어요."

누구나 어린 시절 이런 경험을 한다. 순진무구한 환상과 상상력을 거짓으로 분류해 버리면 아이들은 분출구를 찾지 못한다. 어른들의 진실 강박증은 아이들의 습관적 거짓말만큼이나 유해한 셈이다.

그렇다면 도대체 어떻게 진실과 거짓, 그리고 환상을 구별해서 선악을 가르칠 수 있을까. 「돌토 감성 학교」 시리즈를 읽다 보면 짧은 글 안에 수많은 질문과 대답이 씨실과 날실처럼 교직되어 있음을 발견하게 된다.

"엄마가 아빠한테 말하면 안 된다고 하면 나는 거짓말을 하게 돼요.", "할아버지가 돌아가셨을 때처럼 나쁜 일이 생기면 어른들은 사실을 감추기도 해요. 그건 내가 너무 슬퍼할까 봐 그런 거예요."

아이들이 예리하게 포착해 낸 상황 윤리의 딜레마다. 어른들도 이런 경우에는 하얀 거짓말을 할 수밖에 없다는 사실을 겸허하게 인정하는 것에서부터 출발해야 하지 않을까. 물론 그것이 거짓말에 대한 합리화의 발판을 마련해 주는 것은 아님을 확실히 해야 할 것이다. 이 두 가지 상반된 진실 사이에서 균형을 잡는 것이 바로 엄마들 앞에 놓인 과제이기도 하다.

정작 문제가 되는 것은 자라면서 늘어가는 자기 과시용, 자기 보호용 거짓말이다. 이건 환상이나 상상과는 본질적으로 다른 의도적인 거짓말이다. 부모의 기대치가 압박감으로 내리 누를 때, 아이들은 스스로 지어낸 완벽한 자아 속으로 숨게 된다. 그리고 급기야 그걸 자신의 정체성으로 믿어 버린다.

이참에 아이와 함께 울프 스타르크의 『거짓말쟁이 천재』, 플로랑스 세이보스의 『파스칼의 실수』, 크리스 도네르의 『거짓말을 먹고 사는 아이』 등 거짓말을 주제로 한 책들을 읽으며 토론을 벌여 보자. 가벼운 책 감상으로 시작해서 상상과 환상, 상황 윤리의 딜레마와 고의적 거짓말, 거짓말의 폐해 등으로 수준을 높여 가며 이야기를 유도해 가는 것이다.

어느새 아이들은 "거짓말을 하면 들킬까 봐 가슴이 두근두근 뛰어요. 사실대로 말하면 혼날 수도 있지만 마음이 새털처럼 가벼워져요."라는 「돌토 감성 학교」 시리즈의 주인공의 깨달음을 마음으로부터 받아들이게 될 것이다.

대상 독자 : 애교 수준을 넘어서는 빨간 거짓말을 지어내기 시작한 어린이와 종종 가슴 뜨끔한 엄마들.

- **거짓말이 아니야** 카트린 돌토 외 글, 조엘 부셰 그림, 이세진 옮김 | 비룡소
- **거짓말쟁이 천재** 울프 스타르크 글, 히다 코시로 그림, 햇살과나무꾼 옮김 | 크레용하우스
- **파스칼의 실수** 플로랑스 세이보스 글, 미셸 게 그림, 최윤정 옮김 | 비룡소
- **거짓말을 먹고 사는 아이** 크리스 도네르 글, 필립 뒤마 그림, 최윤정 옮김 | 비룡소

문제는 엄친아

세상에서 가장 까마득한 고도(高度)는 무엇일까. 까치발을 열두 번 들어도 가 닿을 수 없는 엄마의 눈높이 아닐까. 그런 아이 맘을 아는지 모르는지, 엄마는 입만 열면 '전봇대를 향해 쏜 화살보다 하늘을 향해 쏜 화살이 더 높이 날아간다.'는 잔소리를 되풀이한다. 엄마의 야심만만한 화살은 옆집 딸도 되고 엄마 친구의 아들도 되었다가 때로 텔레비전에 나온 신동이 되기도 한다. 애초에 승산 없는 비교 평가에 주눅 든 아이는 엄마의 화살을 팍 꺾어 버리고 싶을 수밖에 없다.

베아트리체 바비의 『야옹 하고 쥐가 울었습니다』의 회색 꼬마 쥐도 그런 압박감에 눌려 '나보다 거대한 나'로 변신하고픈 소원을 품었던 건 아닐까? 어느 날 꼬마 쥐는 쥐가 꿈꿔 볼 수 있는 최고 권력자의 자리에 오른다. 고양이의 눈으로 바라본 세상은 참으로 살맛 나고 눈부시다. 두려울 게 없으니 걸음걸이도 당당해진다.

작가는 쥐 한 마리를 꿀꺽한 꼬마 쥐가 꿈에서 깨어나 다시 쥐로 돌아왔다고 행복하고 안이한 결말을 맺지만, 우리의 고민은 바로 지금부터다. 섣불리 고양이가 되었다가 쥐를 잡아먹고서야 도로 쥐로

환원한 회색 쥐처럼, 우리 아이들도 하루 24시간을 몽땅 옆집 고양이처럼 되는 데 바치고 있는 건 아닌지 되돌아볼 일이다. 친구와의 우정이 무엇인지, 자신이 정말로 바라는 게 무엇인지도 모르는 채 말이다.

에곤 마티센의 『푸른 눈의 아기 고양이』 역시 비교 평가에 대해 생각해 보게 하는 책이다. 눈 색깔이 다르다는 이유로 놀림과 무시를 당하던 파란 눈 고양이는 노란 눈 고양이들이 발견하지 못한 생쥐 나라를 발견하는 쾌거를 이룬다. 작가는 말한다. 파란 눈도 노란 눈과 다를 바 없이 멋지다고. "맞는 말이야." 끄덕끄덕 공감하며 책장을 덮기 전에 조금 더 파고 들어가 보자. 어쩌다가 눈 색깔이 능력의 우열을 가리는 기준으로 작용하게 된 건지, 그 허무맹랑한 편견의 뿌리까지 훑어봐야 한다. 아무런 근거 없이 형성된 판단의 잣대를 곱씹다 보면, 부지불식간에 우리가 타인에게 들이대는 자기중심적인 힐난의 정체가 알몸을 드러낼 것이다.

138

대상 독자 : '나 아닌 나'가 되기 위해 헉헉대고 있는 9세 이상의 어린이와 파란 눈으로 낳아 놓고 노란 눈이 되라고 강요하는 엄마들.

• **야옹 하고 쥐가 울었습니다** 베아트리체 바비 글, 필립 에임스 그림, 김시내 옮김 | 문학수첩
• **푸른 눈의 아기 고양이** 에곤 마티센 글 · 그림, 엄혜숙 옮김 | 다산기획

최고의 개구쟁이를 찾아라!

사람들이 스포츠에 열광하는 건 목이 터져라 응원하는 자기 팀이 있고, 마음을 빼앗긴 스타 플레이어가 있기 때문이다. 승패가 갈리고 챔피언이 탄생하니 흥미 만점일 수밖에 없다. 독서라고 언제나 고요하고 밋밋해야 할 이유는 없다. 책 읽기의 의무에 눌린 아이를 위해 기분 전환도 할 겸 '개구쟁이 챔피언 선발 대회'를 열어 보는 건 어떨까. 심판석에는 말괄량이 삐삐라도 앉히면 딱이겠다.

1번 선수는 빅토리아 빅터가 탄생시킨 『악동일기』의 주인공 조지 하케트. 조지의 몸속에는 장난꾸러기 요정의 피라도 흐르는 걸까. 세 누나들은 조지 덕분에 하루도 편할 날이 없다. 누나들의 연애 전선에는 항상 전운이 감돌고, 조지 때문에 낭패 본 사람들은 여름의 파리 떼만큼이나 바글바글하다. 그래도 조지는 뻔뻔하게 주장한다. "어린 소년을 그렇게 부당하게 다루면 안 되는 거잖아요?" 그러면서 자기가 아버지가 되면 절대로 골칫덩이 아들에게 매질을 하거나, 말썽 피운 벌로 집에 가두는 일 같은 건 안 하겠단다. 후, 그래. 기숙사에서는 쫓겨나고, 다른 사람을 위험에 빠트리는 일은 다반사, 물에 빠져

죽을 뻔하고도, 기구를 타고 무인도까지 날아가는 아이한테 무슨 말을 더 하리요.

2번 선수는 프란체스카 사이먼의 『헨리, 벼락부자가 되다』의 악동 헨리다. 헨리에게는 세상이 전부 자신의 놀이터이자 말썽 피울 무대다. 시리즈로 이어지는 헨리 이야기를 읽다 보면, '이 녀석, 도대체 언제나 철이 들려나?' 식은땀이 다 난다. 속 빤히 들여다보이는 가출 소동에 이어 헨리는 부자가 될 야망에 사로잡힌다. 필요 없는 물건은 내다 팔아도 된다는 엄마의 말에 얄밉기 짝이 없는 동생 피터를 친구 마거릿에게 팔아넘기는 헨리. 동생을 되찾기 위해 헨리가 만만찮은 적수 마거릿과 협상에 나선 장면에서는 웃음이 절로 난다.

3번 선수는 디미테르 잉키오프의 『나와 클라라 누나』에 등장하는 사고뭉치 남매. 금붕어라고 날마다 죽은 물벼룩만 먹으란 법 있나. 자비로운 마음으로 금붕어에게 소시지를 먹이는 못 말리는 아이들이다. 허리 긴 닥스훈트 강아지 스누피를 절반씩 사이좋게 나눠 갖고는 좀 더 멋지게 꾸며 주기 위해 각각 다른 색으로 반씩 염색을 하기도한다. 부디 스누피가 굳세게 견디어 주기만을 조마조마한 마음으로 바랄 뿐이다.

140

대상 독자 : 『나와 클라라 누나』는 8세 이상, 『악동일기』와 『헨리, 벼락부자가 되다』는 10세 이상의 말썽꾸러기들, 그리고 말괄량이 길들이기에 지친 엄마들.

• **악동일기** 빅토리아 빅터 글, 전영애 옮김 | 두레
• **헨리, 벼락부자가 되다** 프란체스카 사이먼 글, 토니 로스 그림, 홍연미 옮김 | 그린북
• **나와 클라라 누나** 디미테르 잉키오프 글, 트라우들 빌터 라이너 외 그림, 유혜자 옮김 | 중앙출판사

우리는 모두 불완전한 존재

어느 날 독자로부터 절망적인 이메일 한 통이 도착했다. 통성명도 없이 터져 나온 탄식. "왜 내 아이가 이렇게 된 걸까요?" 그녀는 폐쇄적이고 배타적인 한국 사회에서 정서 장애를 가진 아이를 키우는 힘겨움을 토로했다. 편견이 두려워 선뜻 문제를 드러낼 수도, 감출 수도 없는 비정상의 주홍 글씨가 붙은 딱한 아이들을 생각하니 나 역시 가슴이 저릿했다.

언제 무슨 일을 저지를지 알 수 없는 위험천만한 아이를 붙들고 고독한 사투를 벌이고 있는 엄마들을 위해 토리 헤이든의 『한 아이』와 버지니아 액슬린의 『딥스』를 소개한다. 아동 교육학의 필독서로 불리는 두 책에 등장하는 쉴라와 딥스는 산만하고 폭력적이며 자폐 성향의 돌출 행동을 보이는 아이들의 대명사다. 충격적인 건 두 책이 모두 실화라는 점이다.

토리 헤이든이 가르쳤던 쉴라는 몽둥이로 교실을 때려 부수고 다른 아이에게 불을 지를 정도로 분노에 가득 찬 아이다. 액슬린이 가르쳤던 딥스는 부모에게 받은 상처로 마음의 문을 닫은 채 달팽이처럼 교실을 기어 다닌다. 그러나 이 아이들은 변한다. 정상아를 위한 교육 시스템에서는 철저히 배제되었던 아이들이, 희망의 끈을 놓지 않은 스승의 고군분투 덕분에 다시 세상으로 나올 수 있게 되는 것이다. 읽는 동안 고통과 희열을 동시에 느끼게 만드는 두 권의 아름다운 책 속에는 절망을 소망으로 변화시키는 힘이, 불가능을 가능케 하는 기적이 숨어 있다.

몸과 마음이 불편한 친구를 무조건 따돌리는 철없는 아이들을 위해 이금이의 『나와 조금 다를 뿐이야』를 아울러 권한다. 주인공의 엉뚱한 언행은 어찌 보면 그저 또래보다 조금 더 순진하고 사랑스러운 것일 뿐인데, 그게 손가락질당해야 할 장애라니……. 세상에 존재하는 최악의 장애는 상대를 있는 그대로 받아들이지 못하는 굳은 마음이란 걸 깨우쳐 준 주인공들에게 빚을 진 것만 같아 마음이 무겁다. 우리 모두는 저마다의 한계를 넘어서기 위해 일생 투쟁하는 불완전한 존재이다. 그것을 기억한다면 특별한 캠페인 없이도 따뜻한 공동체를 이룰 수 있지 않을까. "왜 내 아이는 이상한 행동을 하는 걸까요?" 이 순간에도 절규하고 있는 엄마들! 엄마란 애초에 절망할 권리를 박탈당한 존재임을 잊지 말고 불끈 용기 내시길!

대상 독자 : 몸이 아픈 친구들의 마음까지 거리낌 없이 후벼 팠던 11세 이상의 어린이와 어떤 상처나 장애도 사랑으로 치유될 수 있음을 굳게 믿는 모든 가족들.

• 한 아이 토리 헤이든 글, 이희재 옮김 | 아름드리미디어
• 딥스 버지니아 M. 액슬린 글, 주정일 외 옮김 | 샘터사
• 나와 조금 다를 뿐이야 이금이 글, 원유미 그림 | 푸른책들

쉬쉬할수록 위험한 성

어느 날 난데없이 아이가 묻는다. "엄마, 애기는 어떻게 만들어져?" 대략 난감한 엄마 왈, "나중에 크면 말해 줄게." 과거 지향 답습형 엄마라면 "다리 밑에서 황새가 물고 왔단다.", 순발력 만점 엄마는 "아빠한테 물어봐.", 운명 순응형 엄마의 무덤덤한 대답, "엄마랑 아빠랑 결혼하면 자연히 생긴단다."

요즘 세상에 이런 주먹구구식 대답에 순진하게 넘어가 주는 아이는 없다. 배빗 콜의 『엄마가 알을 낳았대!』의 엄마 아빠처럼 괜히 얼토당토않은 허풍을 떨다가는 "엄마 아빠는 아기가 어떻게 생기는지 모르는 것 같아요. 우리가 가르쳐 드릴게요."라고 거꾸로 한 수 배우는 불상사가 생길지도 모른다. 언제고 이 질문이 터질 때를 대비해서 솔직 담백한 해결책을 미리 모색해 놓는 게 최선일 터. 이런 주제의 그림책을 보며 아이와 자연스럽게 생명 탄생의 신비에 대해 이야기를 나누어 보자.

하지만 아이가 유치원이나 초등학교에 입학한 뒤라면 보다 적극적인 성교육이 필요하다. 특히 어른 말은 무조건 잘 들어야 하는 줄 아는 착한 어린이 신드롬에 사로잡힌 아이에게는 마리 – 프랑스 보트의 『이럴 땐 싫다고 말해요』로 철저한 자기 보호 능력을 길러 줄 필요가 있다. 누군가 함부로 내 몸을 만질 때, 가고 싶지 않은 곳에 억지로 끌고 갈 때 "싫어요!" 라고 말하는 게 정당한 자기 권리라는 걸 아이가 주지할 때까지 엄마들은 방심할 수 없다. 가르치기 섬뜩하다고 진실을 방치하다간 괴물 같은 현실이 먼저 아이에게 접근할지도 모르기 때문이다.

이미 불가항력적인 불행을 당했다면 분노하거나 쉬쉬하느라 일을 키우지 말고 재빨리 대응책을 세워야 한다. 티에리 르냉의 『운하의 소녀』는 믿고 싶지 않지만 우리 주위에 버젓이 존재하는 성폭력의 비극을 담담하게 그린 작품이다. 아이와 이 책을 읽고 허심탄회한 토론의 시간을 가져 보자. 부모의 냉담과 무관심이 주인공에게 얼마나 큰 치명상을 입혔는지 각성한다면, 그 이상 가는 성폭력 예방책은 없을 것이며 그보다 빠른 치유제도 없을 것이다.

이미 아이들도 알 것 다 아는 인터넷 시대에 성에 대한 기본 지식을 전수하는 걸로 성교육을 시켰다고 손 탁탁 털 수는 없다. 아이가 무슨 일이든 숨기지 않고 털어놓을 수 있는 엄마가 되는 것이야말로 소 잃기 전에 외양간을 손보는 최고의 지혜 아닐까.

대상 독자 : 『엄마가 알을 낳았대!』, 『이럴 땐 싫다고 말해요』는 5세 이상, 『운하의 소녀』는 12세 이상의 어린이와 불행한 이야기를 들을 때마다 머리카락이 쭈뼛쭈뼛 솟구치는 엄마들.

- **엄마가 알을 낳았대!** 배빗 콜 글 · 그림, 고정아 옮김 | 보림
- **이럴 땐 싫다고 말해요** 마리–프랑스 보트 글, 파스칼 르메트르 그림, 홍은주 옮김 | 문학동네어린이
- **운하의 소녀** 티에리 르냉 글, 조현실 옮김 | 비룡소

나는 나를 사랑할까?

하버드 대학의 데이비드 맥클랜드 교수는 "준거 집단이 개인의 성공과 실패의 95퍼센트를 결정한다."고 했다. 누구와 어울리느냐, 누구의 영향을 받느냐가 성패의 핵심이란 뜻이다. 이쯤 되면 내 아이가 훌륭한 친구들과 사귀고 성공인의 그룹에 속하기를 바라는 마음은 비단 맹자 어머니만의 희망 사항은 아닐 것이다.

그렇다면 성공의 열쇠는 외부 환경에만 존재하는 걸까. 사전적 의미를 벗어나 준거 집단이란 단어를 숙고해 보면, 절대적인 준거 집단의 한 사람인 나를 발견하게 된다. 피를 나눈 부모 형제와도, 일심동체라고 일컫는 배우자와도 평생을 함께하지는 못한다. 하지만 그 누구도 '나'와 헤어질 수는 없다. '나'와 사귀지 않을 재간이 없고, '나'의 영향을 받지 않을 도리가 없다. 그래서 로버트 슐러는 "나 자신이야말로 평생 함께해야 할 친구"라고 했는지도 모른다. 내 아이는 자신을 사랑할까? 자신과 평화롭게 공존하고 있을까? 자녀의 교우 관계에 신경 쓰기 전에 제일 먼저 물어야 할 원초적인 질문이 아닐 수 없다.

스스로에 대한 실망에서 비롯된 내적 갈등에 지친 아이들을 위해 '나를 사랑하는 법'을 가르쳐 주는 그림책 세 권을 권한다. 필리스 레이놀즈 네일러의 『놀이터의 왕』에는 배트맨 팬티를 입고 스파이더맨 티셔츠를 입었지만, 조금도 용감하지 않은 케빈이 나온다. 케빈은 완력을 행사하는 새미 때문에 놀이터 한번 맘 놓고 가지 못한다. 야마무라 안지의 『못생긴 강아지의 고민』은 산책길에 만나는 덩치 큰 개 때문에 자괴감에 빠진 처량한 강아지의 이야기다. 캐리 베스트의 『부끄럼쟁이 바이올렛』은 타인의 시선을 견디지 못해 연극 연습이 고행이 되어 버린 바이올렛이 주인공이다.

이들은 전부 겁쟁이다. 부끄럼쟁이다. 성격 탓? 아니다. 자신감을 상실한 탓이다. 자신감이란, 단어 그대로 자신에 대한 믿음의 정도이다. 자신이 내린 자기 평가다. 자신이 못생겼다고 느끼고, 무슨 일이든 부딪혀 보기도 전에 겁부터 집어먹고 얼굴을 붉히는 한, 자신감은 절대로 누릴 수 없는 사치다. 다행히 바이올렛은 친구 덕분에, 케빈은 아빠 덕분에, 그리고 못생긴 강아지는 아이러니하게도 자신을 주눅 들게 한 바로 그 개 덕분에 부자유의 감옥에서 탈출한다. 우리 역시 아이들이 무기력한 옛 자화상을 폐기 처분할 수 있도록 도와야 할 터, 세 그림책에서 그 방법을 찾아봄직하다.

146

대상 독자 : 7세 이상의 겁쟁이, 부끄럼쟁이 아이와 소심한 아이 때문에 늘상 조마조마 철렁철렁한 엄마들.

- **놀이터의 왕** 필리스 레이놀즈 네일러 글, 놀라 랭그너 멀론 그림, 이옥용 옮김 | 보물창고
- **못생긴 강아지의 고민** 야마무라 안지 글 · 그림, 김난주 옮김 | 나무생각
- **부끄럼쟁이 바이올렛** 캐리 베스트 글, 지젤 포터 그림, 하연희 옮김 | 문학동네어린이

속내를 알 수 없는 아이

"내 속으로 낳은 아이지만 머릿속에 무슨 생각이 들은 건지 알 수가 없단 말야." 사춘기 초입의 아이를 둔 엄마치고 이런 생각 한두 번쯤 안 해 본 엄마는 없을 것이다. 하루는 언제나 철이 들는지 한심하고, 또 하루는 속에 애늙은이가 들어앉은 것 같아 섬뜩하다. 이렇게 알 수 없는 아이의 속내를 정밀 촬영해 보려면 무엇보다 엄마의 일방통행식 사고에서 벗어나 아이의 마음 속으로 들어가야 한다.

한스 도메네고의 『세 시 반에 멈춘 시계』의 주인공 에버하르트는 고작 세 살이다. 그렇다고 코흘리개로 얕봤다가는 어퍼컷 한 대 정통으로 얻어맞기 십상이다. 녀석은 가슴을 서늘하게도 만들고 요절복통하게도 만들면서 그 어떤 장난감보다도 재미나게 어른들을 가지고 논다. 뇌스틀링거를 발굴한 에디터라는 작가의 약력이 무색하지 않을 만큼, 입심은 뇌스틀링거와 비금비금하고 시치미 뻑 뗀 유머는 한 수 위다. 인간사 갈피갈피에 숨은 생의 페이소스와 아이러니, 무릎을 치게 만드는 통찰력이 사금파리를 빛나는 보석으로 둔갑시키는 6월의 햇살처럼 활자 위로 작열한다.

이 책은 단순한 가족 동화가 아니다. 오히려 나쓰메 소세키의 『나는 고양이로소이다』가 연상되는 적나라한 인간 군상의 해부도에 가깝다. 에버하르트의 장단에 유쾌하게 웃다가 퍼뜩 생각해 보시라. "혹시 내 아이도 이렇게 순진무구한 얼굴로 내 머리 꼭대기에 앉아 나를 관찰 분석하고 있는 건 아닐까?"

머리칼이 쭈뼛 솟았다면 데보라 엘리스의 『엑스를 찾아서』를 읽어 보자. 이 책은 불행과 열등감만을 안겨 준 본명을 거부한 채 '카이버'라는 가명 속에 숨어 버린 맹랑한 소녀의 세상 읽기 리포트다. 스트립 댄서 출신의 엄마를 바라보는 어린 딸의 삐딱하지만 사랑 가득한 시선에 독자는 점점 혼란스러워진다. 환경이 안 좋고 태도가 불량하면 무조건 '문제아'의 딱지를 붙여 온 편견에 찌든 뇌세포가 반란을 일으킨 탓이다.

이 작품을 정학, 퇴학, 가출이라는 정형화된 성장 동화의 틀로 해석하면 곤란하다. 그보다는 어쩔 수 없는 환경의 한계 속에서도 저항하고, 도전하고, 부대끼며 노력한 한 인간의 이야기에 초점을 맞춰야 한다. 그럴 때 구제불능의 문제 소녀 카이버를 감수성 풍부하고 사랑스러운 소녀로 기억하게 될 것이다.

대상 독자 : 내시경으로도 안 찍히는 속내를 꽁꽁 숨긴 13세 이상의 어린이와 내 아이가 철딱서니가 없는 건지, 없는 척하는 건지 아리송한 엄마들.

• 세 시 반에 멈춘 시계 한스 도메네고 글, 이미옥 옮김 | 궁리
• 엑스를 찾아서 데보라 엘리스 글, 권학정 옮김 | 나무처럼

첫사랑의 설렘

첫사랑! 문학의 영원한 테마다. 『첫사랑』의 작가 투르게네프는 "사랑은 죽음보다도, 죽음의 공포보다도 강하다. 우리는 오직 사랑에 의해서만 인생을 버티어 나가며 전진을 계속한다."고 사랑 예찬을 펼쳤다. 초등학생 때의 설익은 연습용 첫사랑을 졸업하고 진짜 첫사랑을 꿈꾸는 예비 청소년들은 그래서 더욱 설렌다.

아이 입에서 사랑이란 단어만 나와도 도끼눈을 치뜨게 되는 엄마라면 클라우스 코르돈의 『유리병 편지』를 아이와 함께 읽으며 안도하기 바란다. 세상이 어떻게 돌아가든 아직은 풋풋하고 순진한 아이들이 더 많다. 불신하면 속게 되고, 단속하면 반발이 따를 뿐이다. 마체와 리카도 그랬다. 이데올로기가 독일을 사로잡고 있던 시절, 동독과 서독에 나뉜 그들은 호기심에 띄운 유리병 속의 편지로 인연을 맺게 된다. 베를린 장벽처럼 완고한 부모의 편견은 그들이 넘어야 할첫 번째 장애물이다. 반대? 몰이해? 그런 걸 겁낸다면 십 대가 아니다. 조마조마 알콩달콩 편지와 전화로 서로에 대한 환상을 키워 가던둘은 부모를 속이고 모험을 감행한다. 국경을 넘은 첫 만남에 사랑이란 단어는 동원되지 않았지만, 분명 그들은 서로에게 핑크빛 첫사랑으로 각인되리라.

"우리는 섬처럼 흩뿌려져 서로를 부르기에 너무 멀리 있고 서로를 보기에 너무 멀리 떨어져 있구나." 이창래의 소설 구절처럼 인간은 국경만큼이나 배타적인 방어선 뒤에 도사린 채 서로를 만난다. 마체와 리카가 국경을 넘어 상대를 향해 성큼 다가선 것처럼, 존재들 사이의 경계선을 허무는 게 사랑이 아니던가. 이 책은 마지막 하나 남은 분단 국가인 한국의 아이들에게도 의미심장한 작품이다. 그렇다고 경직된 이데올로기의 색안경으로 작품을 해석할 필요는 없다. 그게 바로 덜 여문 풋사랑 같은 이 이야기의 또 다른 매력이다.

크리스티앙 그르니에의 『내 여자친구 이야기』, 『내 남자친구 이야기』에도 음악을 매개로 단절과 환상을 거쳐 진정한 만남으로 승화되는 첫사랑이 나온다. 서로에 대해 절반씩 알고 있다면 그건 사랑일까, 환각일까. 두 권으로 나뉜 이야기가 하나의 완벽한 스토리로 완성되는 과정은 두 영혼이 하나의 사랑으로 결속되는 과정과 흡사하다. "우리는 그 길, 따로 걸어왔지만 결국은 만나게 되는 길을 다시 함께 걸어 나갔다." 사랑을 이보다 멋진 말로 상징할 순 없으리라. 사랑의 달콤함에 감미로운 클래식 선율까지 덤으로 얹어 주니, 이보다 더 좋을 순 없다.

대상 독자 : 이제나저제나 고개 빼고 첫사랑을 꿈꾸는 13세 이상의 소년 소녀와 어차피 맞을 매(?)를 관용으로 맞아야 할 엄마들.

• 유리병 편지 클라우스 코르돈 글, 강명순 옮김 | 비룡소
• 내 여자친구 이야기/내 남자친구 이야기 크리스티앙 그르니에 글, 김주열 옮김 | 사계절

말 잘하는 아이

"말을 잘한다고 해서 그 사람을 써서는 안 되며, 문제 있는 사람이라고 해서 그의 좋은 말을 버려서도 안 된다."『논어』에 나오는 공자의 가르침이다. 그는 또 "더불어 말할 만한데도 말하지 않으면 사람을 잃는 것이고, 더불어 말할 만하지 않은데도 말하면 말을 잃는 것이다. 지혜로운 사람은 사람을 잃지도, 말을 잃지도 않는다."고 덧붙였다. 말은 이처럼 인간을 판단하는 데 중요한 요소다.

요즘 아이들, 진짜 말 잘한다. 하고 싶은 말이 있으면 위아래 가리지 않고 서슴없이 마구 쏟아 낸다. 이길 장사가 없다. 그런데 희한하다. 정색을 하고 앉혀 놓으면 사정이 달라진다. 특정한 주제가 등장하고, 논리 정연한 생각이 요구되는 자리에선 좌불안석이다. 횡설수설, 좌충우돌, 동문서답이 줄을 잇는다. 말대꾸는 잘하지만 대화는 안 되며, 나불대기는 잘해도 토론에는 젬병인 셈이다.

아나운서 이정숙은『말 잘하는 아이가 공부도 잘한다』고 주장한다. 근거 있는 주장일까? 그렇다. 이 책에서 그녀는 말 잘하는 아이의 성적이 왜 좋을 수밖에 없는지 조목조목 짚어 준다. 선진국 아이들이 어떻게 '말 공부'를 호되게 하는지도 들려준다. 읽을수록 가슴이 철렁한다. 언변의 재주를 타고 나지 못한 아이는 어떻게 해야 하나 걱정도 든다. 하지만 절망은 금물이다. 해답은 성공한 유명인의 이야기 속에 들어 있다. 그들이라고 처음부터 말을 잘한 건 아니었단다. 말도 다른 재능처럼 연구하고 연습하면 조리 있고 재미나게 할 수 있단다. 내친 김에 왕따 대신 짱이 되려면 어떻게 말해야 하는지까지 가르쳐 준다. 말이 곧 성적표라는 등식에 주눅 들었던 아이라면 희망이 불끈 솟아날 듯하다.

히구치 유이치의 『우리 아이의 말하는 힘 듣는 힘이 자란다』는 듣는 요령, 말하는 요령을 세세하게 가르쳐 준다. 질문의 중요성과 질문하는 요령을 비롯해 대화의 심리학까지 다룬다. 말 때문에 애먹는 아이를 위한 실용적인 가이드북으로 적합하다. 아이의 말발에 일방적으로 밀리거나, 툭하면 아이의 말을 가로막고 윽박지르는 엄마라면 일상생활 속에서 건져 낸 예시를 당장 활용할 수 있어 퍽 유익할 것이다. 아울러 말을 잘하는 것만큼이나 말을 거르고 참는 것도 중요하다는 것까지 가르친다면 백점 엄마는 떼어 놓은 당상이다.

대상 독자 : 지지배배 재잘대기는 잘해도 쓸 만한 말은 건질 게 없는 10세 이상의 어린이와 글쓰기 공부에만 정신 팔려 말하기 공부는 등한시해 온 엄마들.

• **말 잘하는 아이가 공부도 잘한다** 이정숙 글, 김승준 그림 | 나무생각
• **우리 아이의 말하는 힘 듣는 힘이 자란다** 히구치 유이치 글, 이세진 옮김 | 뜨인돌

울보 떼쟁이 버릇 고치기

새해 벽두마다 어김없이 다짐하는 엄마 선서! '올해는 고상하고 나긋나긋한 엄마가 되어야지, 언제나 웃는 얼굴로 아이의 창의성과 자발성을 키워 주는 현모가 되어야지.' 하지만 웬걸? 옛말 그른 것 하나 없다. 아침부터 밤까지 애들 밥 먹이고 이 닦이고 재우는 형이 하학적 명제에 매달려 악을 쓰다 보면 작심삼일이 되기 십상이다. 아무리 평생 교육이 중요한 시대라지만, 언제까지 쪼끄만 애를 상대로 '인내는 쓰나 열매는 달다'는 진리를 되뇌어야 한단 말인가.

처녀 시절 꿈꾸던 고매한 모성을 육아 책 속에 박제시켜 버린 고단한 엄마들을 위해 세 권의 그림책을 소개한다. 제인 욜런의 『아기 공룡은 밥도 잘 먹는대요!』에는 아이들이 좋아하는 공룡이 나온다. 그런데 이 공룡들이 밥상 앞에서 하는 짓이 누구누구를 딱 닮았다. 누구인지는 책장 넘기며 깔깔대는 아이들이 더 잘 알 테니 단수 낮게 "너도 이랬지?" 하고 힐문하지는 말자. 곧 엄마들이 기다리던 '밥 잘 먹는 착한 어린이'로 유도하는 교육적인 메시지가 등장하니까. 보고 좀 배우라는 잔소리는 꾹 참자. 대신 반전 효과를 노려 이쯤에서 홀류한 식탁 매너를 가진 꼬마 공룡 그리기 시간을 가져 보는 건 어떨까. 이건 어디까지나 공룡 얘기일 뿐, 아이한테 속 보이는 압력을 행사할 의사는 전혀 없다는 의연한 얼굴로 말이다. 공룡의 위력이 얼마나 대단한지는 내일 아침 밥상에서 확인하게 될 것이다.

잘 먹었으니 착착 칫솔질도 잘하면 좋으련만, 동서고금에 그런 아이는 흔치 않다. 노르웨이 작가 토르뵤른 에그네르도 그래서 『이가 아파요』를 썼을 것이다. 악당은 반드시 주인공한테 혼이 나야 하는 법인데 어째 요건 얘기가 좀 다르게 진행된다. 악당을 잡기 위해 주인공이 멋진 활약을 펼치기는커녕 입속에 사는 두 악당보다 먼저 혼쭐이 나지 않는가. 아이들이 최상의 병법은 선제 공격이란 걸 깨달아 준다면 더 이상 희한한 향의 새 치약 사는 데 헛돈 쓸 일은 없을 텐데…….

154

잘 시간이 훌쩍 넘었는데도 말똥말똥한 아이에게는 조프리 클로스크의 『옛날 옛날에, 끝』을 읽어 주자. 난생처음 보는 책 구성에 어리둥절해하다가, 작가의 짓궂은 해학에 슬그머니 웃음이 나는 재미난 책이다. 당분간 아이의 잠자리 독서 목록은 책 속에 등장하는 책을 읽어 주는 걸로 대신해도 좋겠다. 단, 이야기를 잠자기보다 더 좋아하는 아이라면 더 초롱초롱해질 수 있으니 그때는 아이더러 책을 읽어 달라고 지혜로운 선수를 치도록.

대상 독자 : 매일 엄마의 인내심을 시험하는 6세 이상의 어린이와 덕분에 목청만 커진 엄마들.

• **아기 공룡은 밥도 잘 먹는대요!** 제인 욜런 글, 마크 티그 그림, 보리 옮김 | 꼬마Media2.0
• **이가 아파요** 토르뵤른 에그네르 글 · 그림, 이철호 옮김 | 가교
• **옛날 옛날에, 끝** 조프리 클로스크 글, 배리 블리트 그림, 김서정 옮김 | 열린어린이

아이의 숨은 재능 찾기

하워드 가드너는 『다중지능』에서 누구나 7가지 이상의 다중지능을 갖고 있으며, 이는 다양한 교육을 통해 개발될 수 있다고 주장한다. 우타 라이만 휜 역시 『내 아이 숨은 재능 찾기』에서 아이의 재능을 속단해서는 안 되며, 한 가지 이상의 분야에 관심을 보인다면 조합 형태의 더 나은 재능으로 개발될 길도 열어 줘야 마땅하다고 말했다. 물론 능력이 닿는 한 아이에게 두루두루 예체능 교육을 시켜 주고 싶은 건 모든 부모들의 인지상정이다. 하지만 뚜렷한 목표 의식 없는 마구잡이식 학원 순례는 돈, 시간, 노력의 삼중 탕진에 불과한 법. 우선 한 가지씩 상견례를 시키면서 아이가 자발적인 의욕을 가질 수 있도록 발동을 걸어 보자.

베아트리체 마시니는 『사뿐사뿐 나풀나풀 발레 이야기』를 통해 어린 숙녀라면 누구나 한번쯤 동경해 보는 발레리나 이야기를 들려준다. 기본 복장 설명을 듣고 나니, 멋진 발레 선생님이 나와서 파드샤, 글리사드, 러닝 같은 핵심 동작을 친절하게 가르쳐 준다. 세계적인 명 발레곡을 들으며 꿈길처럼 아늑한 발레의 세계로 들어서면, 안나 파블로바나 미하일 바리슈니코프 같은 역사적인 발레리나와 발레리노들이 등장해 아이들의 역할 모델이 되어 주기 위해 분투한다. 다수의 아이들에게는 발레가 한때의 취미로 남겠지만, 그중에는 분명 마사 그레이엄을 능가할 군계일학도 존재할 것이다. 그렇게 발레를 운명적인 사랑으로 만난 아이들을 위해, 이 책은 세계적인 발레 학교의 입학 전형까지 소개한다.

피아노 학원 문을 두드리기 전에는 수잔 L. 로스에게 『도레미-최초로 악보를 만든 구이도 다레초 이야기』를 듣고 가자. 세상에 존재하는 모든 것들은 처음부터 당연지사로 있었던 게 아니다. 누군가의 상상력과 부단한 노력으로 비로소 세상에 자리 잡은 것이다. 악보 또한 그렇다. 악보가 없었다면? 우리는 부르고픈 노래, 연주하고픈 곡을 몽땅 외워야 한다. 수백 년이 흘러도 베토벤과 모차르트 선율이 우리 귀에 살아 있는 것은 모두 악보 덕분 아닌가. 아는 만큼 보인다는 진리대로, 악보 이야기를 알고 나면 지긋지긋하게만 보이던 콩나물 음표가 기특하고도 고맙게 생각될 것이다.

마지막으로 화실로 달려가기 전에는 콜린 캐롤의 「화가는 어떻게 보았을까」 시리즈를 봐 두자. 예술가의 시선으로 세상을 바라보는 훈련을 해 두면, 붓질 한 번에도 열정이 담뿍 담길 테니까.

대상 독자 : 8세 이상의 예술가 지망생 어린이들과 효율적인 예체능 학습을 위해 고심하는 엄마들.

• 사뿐사뿐 나풀나풀 발레 이야기 베아트리체 마시니 글, 사라 노트 그림, 이현경 옮김 | 중앙북스
• 도레미-최초로 악보를 만든 구이도 다레초 이야기 수잔 L. 로스 글 · 그림, 노은정 옮김 | 미래아이
• 화가는 어떻게 보았을까 콜린 캐롤 글, 윤자영 옮김 | 함께읽는책

멋진 인생 설계도 그리기

요즘 대한민국 출판계는 온통 '계발' 붐이다. 국토 어딘가는 항상 개발 중이고, 도로 어딘가는 늘 공사 중인 나라답다. 재정, 인간관계, 승진, 건강에 이르기까지 전 국민이 인생의 비포장도로마다 아스팔트를 까느라 분주하다.

봇물 터진 어른용 계발서는 곧장 어린이 버전으로 출간된다. 대체 내 아이를 언제부터, 어떻게, 얼마나 계발시켜야 이상적인 건지, 엄마들에겐 숙제 한 가지가 더 늘어난 셈이다. 다행스러운 건 시행착오의 굳은살이 켜켜이 앉은 어른들과 달리 눈부신 여백이 가득한 아이들은 흉측한 기존 건물을 철거하는 수고를 거칠 필요가 없다는 사실이다. 그래서 어린이용 자기 계발서에는 회의적인 엄마들도 내 아이를 향한 계발의 희망에는 마음이 설렌다.

새 땅에 새 건물을 올리는 경이로운 기대감은 꿈의 주춧돌을 놓는데서부터 시작된다. 고도원은 『어린이를 위한 꿈 너머 꿈』에서 케이트 윈슬렛으로 시작해서 반기문, 테레사 수녀에 이르기까지 꿈을 이룬 사람들의 발자취를 쫓으며 꿈의 중요성을 설파한다. 그리고 진정한 꿈이란 이기적인 개인의 목표를 넘어 더불어 잘 사는 세상을 위한 사랑의 비전이란 사실을 일러 준다. 1,008번의 거절을 경험한 KFC 의 샌더스 대령, 301번의 퇴짜를 경험한 월트 디즈니 등 이야기 사이 사이 작가의 개인적인 아픔이 녹아 있어 더욱 실감난다.

『어린이를 위한 꿈 너머 꿈』이 꿈을 품도록 격려해 준다면, 존 고 다드의 『존 아저씨의 꿈의 목록』은 꿈에 대한 실행 의지를 발동시켜 준다. 존 고다드는 열다섯 살에 127가지 꿈의 목록을 작성하여 베스 트셀러 『영혼을 위한 닭고기 스프』에 등장했던 인물이다. 나태한 킬 링 타임을 일삼던 이들에게 각성의 불씨가 되었던 그는 "꿈이란 실 천해서 이루기 전까지는 환상에 지나지 않는다."는 명료한 메시지를 전해 준다. 어떤 난관에도 물러나지 않고 도전하고 성취하는 그의 삶 에 감명 받은 아이라면 "오랫동안 꿈을 간직한 사람은 마침내 그 꿈 을 닮아 간다."는 앙드레 말로의 말을 이해하리라.

또래보다 성숙한 예비 청소년에게는 에릭 체스터의 『인생이 맛있 어지는 17가지 레시피』를 권한다. 자기 계발의 에센스가 절묘하게 버무려진 이 책을 읽고 나면 멋진 인생 설계도를 그리고픈 의욕이 물 씬 솟아날 것이다.

대상 독자 : 자고 깨면 꿈이 바뀌는 10세 이상의 어린이와 인생 2막의 꿈을 부화 하고픈 엄마들.

- **어린이를 위한 꿈 너머 꿈** 고도원 글, 에듀팅 그림 | 나무생각
- **존 아저씨의 꿈의 목록** 존 고다드 글, 임경현 옮김, 이종옥 그림 | 글담어린이
- **인생이 맛있어지는 17가지 레시피** 에릭 체스터 글, 김경숙 옮김 | 뜨인돌

아이의 눈, 어른의 잣대

아이들은 노상 어른을 흉내 낸다. 그러면서 어른 말은 죽어라 안 듣는다. 시대가 변해도 아이들의 고약한 심보는 그대로다. 그러니 아이들이 어른 맘 몰라주는 건 원래 그런 거라 치자. 어른! 아이들이 보기엔 그들이 항상 문제의 주범이다. 그들도 한때는 아이였다면서 왜 이다지도 우리 맘을 몰라주는 걸까? 도대체 어른들한테는 후한 점수를 줄 수가 없다. 벽창호에 고집불통에 권위주의에 신경질쟁이들.

질 아비에의 『구름을 삼켰어요』의 주인공 엘리오의 심정이 딱 이렇다. 엄마 아빠하고는 말이 안 통한다. 한참 파리 연구에 골몰해 있는 위대한 공상가에게 그렇게 입을 벌리고 있다가는 파리 잡아먹겠다고 비아냥거리다니. 입을 항상 다물고 있어야 한다면 태초에 조물주께서 아예 꿰매 놓았을 것 아닌가. 엘리오는 입을 벌려야 상상의 나래가 펼쳐지니 다물고 싶어도 다물 수 없고, 엄마 아빠는 입이나 헤벌리고 있는 바보 같은 아들을 용납할 수가 없으니 종일 시끄러울 수밖에. 그러던 중 기상천외한 일이 벌어진다. 엘리오가 그만 구름을 삼켜 버린 것이다. 과연 엘리오의 배 속에 떡하니 자리 잡은 구름은 어떻게 될 것인가. 천둥이라도 치고 비라도 내리면 어쩐다?

엘리오가 우회로를 통해 어른들의 일방적 몰이해에 항의 편지를 보냈다면, 제니 오필의 『내게 금지된 17가지』는 단도직입적이다. 분명 다 맞는 말인데도 왠지 지키고 싶지 않은 게 어른들이 정해 놓은 질서와 규범이란다. 아이는 여과 장치 없이 본능이 시키는 대로 반항한다. 동생의 머리카락을 스테이플러로 찍어 놓고, 신발에 불을 붙인다. 아이는 결국 오 분도 못 돼 '어른들의 나라'로 끌려가지만, 그래도 꽤나 통쾌했을 거다.

작가의 작의가 무엇일까, 자꾸 생각해 보게 되는 책이다. 아이들한테 옳고 그른 것을 가르치는 책이라고 생각하는 단순한 엄마라면 이보다 더 반가운 책은 없을 테지만, 마지막 구절을 읽고 가슴이 섬뜩해진 엄마라면 얘기가 달라진다. 이 녀석, 이제부턴 진짜로 하고 싶은 것과 정반대의 말을 하겠단다. 그러면 어른들의 칭찬을 얻어 낼 수 있을 뿐 아니라, 속여 먹는 재미까지 누릴 수 있다는 걸 알아챈 거다. 아뿔싸! 시커먼 그 속을 알았으니 아무리 배포 좋은 엄마라도 사사건건 내리던 일방통행 금지령에 수정을 가하지 않을 수 없겠다.

대상 독자 : 단 하루라도 말 통하는 쿨한 엄마를 갖고 싶은 8세 이상의 어린이와 24시간 만이라도 말씨름 없는 고요한 망중한을 즐기고픈 엄마들.

• **구름을 삼켰어요** 질 아비에 글, 키티 크라우더 그림, 백수린 옮김 | 창비
• **내게 금지된 17가지** 제니 오필 글, 낸시 카펜터 그림, 홍연미 옮김 | 열린어린이

두려움이란 괴물

　루즈벨트 대통령은 우리가 두려워할 것은 두려움 외엔 없다고 했다. 얼마나 멋진 말인가. 하지만 두려움이란 괴물은 근사한 명언으로 무장했다고 순순히 물러나는 만만한 상대가 아니라는 게 문제다.

　아이들의 두려움엔 실체가 없다. 첫 경험은 몰라서 두렵고, 한 번 혼쭐이 난 일은 또 그럴까 무서워 다시 해 볼 엄두를 내지 못한다. 어두움 같은 원초적인 공포는 기본이고, 외톨이가 될까 봐, 실수할까 봐, 경쟁에서 뒤처질까 봐, 아이들은 모든 것이 두렵기만 하다. 호기심 수치가 두려움의 눈금보다 높은 아이라면 좌충우돌 어떻게든 극복해 나갈 테지만, 아예 발조차 떼지 못하는 겁쟁이는 어떻게 해야 하나.

　에밀리 그래빗의 『겁쟁이 꼬마 생쥐 덜덜이』는 천지 사방에 무섭지 않은 게 없다. 벌레도 끔찍하고 침대 밑에 괴물이 있는 건 아닌지 잠들기도 두렵다. 높은 곳도 무섭고 자기 그림자도 무섭다. 덜덜이에게 공감하며 책장을 넘기는 겁보라면 분명 책이 친절하게 해결책을 일러 줄 거라고 기대할 것이다. 그런데 어쩌나. 책에는 답이 없다. 덜덜이가 여차저차 두려움을 극복하고 엄청 용감한 생쥐가 되었다는 승전가는 어디서도 들을 수 없다. 하지만 실망하지 말고 마지막 장을 꼼꼼히 다시 보자. 쥐 공포증이라니? 생쥐로선 고양이보다 훨씬 더 무서운 게 사람이다. 그런데 그 사람들이 생쥐를 보고 달아난다지 않는가. 그토록 대단해 보이는 상대에게도 두려움이 존재한다니! 생쥐를 통해 두려움을 극복하는 일이 나 혼자만의 '미션 임파서블'이 아니라는 사실을 깨달은 아이는 분명 가슴을 활짝 펴게 될 것이다.

마사 알렉산더의 『안 무서워, 안 무서워, 안 무서워』에는 곰 인형에게 자신의 감정을 이입시켜 두려움을 극복하는 현명한 꼬마 주인공이 등장한다. "아무도 널 해치지 못하게 내가 지켜 줄게." 진땀 부쩍부쩍 나는 무서운 숲길을 걸으며 꼬마는 자기가 듣고픈 말을 인형에게 들려준다. 단지 옆에 있어 주는 것만으로도 용기의 동력이 되는 곰 인형 덕분에 새삼 엄마의 역할이 무엇인지 돌아보게 된다.

심리 묘사의 압권은 마지막 그림이다. 벌벌 떨며 의지할 땐 그토록 커 보이던 곰이 무사히 집에 오자 다시 자그마한 솜 인형으로 돌아간다. 성장한 아이가 자기 삶을 찾아 훌훌 떠나는 날, 사사건건 의지하던 부모의 존재감 또한 이렇게 스러져 갈 것이다. 아이가 부모의 그늘을 털어 버리더라도 기꺼이 박수 쳐 줄 수 있는 멋진 엄마가 될 자신이 있는지, 곰 인형이 조용히 묻고 있는 것만 같다.

대상 독자 : 겁쟁이 딱지가 지긋지긋한 6세 이상의 어린이와 가장 친밀한 엄마마저 두려워하게 만든 겁 없는 엄마들.

• **겁쟁이 꼬마 생쥐 덜덜이** 에밀리 그래빗 글, 이정주 옮김 | 어린이작가정신
• **안 무서워, 안 무서워, 안 무서워** 마사 알렉산더 글·그림, 서남희 옮김 | 보림

내 안의 또 다른 나

독서의 중요성, 책 읽어 주기의 효과! 여기까지는 누구나 인지하고 있는 국민 상식이다. 그런데 짐 트렐리즈는 『하루 15분, 책 읽어 주기의 힘』에서 특이한 주장을 편다. 꼬맹이들뿐 아니라 십 대 아이들에게도 책 읽어 주기가 필요하다는 것이다. 이 주장을 독서에만 국한할 게 아니라 자녀 교육 전반에 확대 적용해 보면 어떨까. 열 살만 넘어도 엄마와 대화 단절을 선언하는 요즘 아이들. 아이들에게 책 읽어 주는 시간을 통해 잔소리나 훈계로는 불가능한 부모 자식 간의 돈독한 관계를 다져 보자.

그림책을 읽어 주던 나이가 지난 후로는 책 읽으라는 잔소리만 퍼부었지 책을 읽어 준 기억이 가물가물한 엄마들에게 코닉스버그의 『내 안의 또 다른 나 조지』를 권한다. 이 책은 동화와 청소년 소설의 경계선 위에 있다. 그래서 초등 고학년 아이들에게 혼자 읽으라고 하기보다는 엄마가 읽어 주면서 대화를 유도하기에 안성맞춤이다.

주인공 벤은 또 다른 자아인 조지와 더불어 살고 있다. 정신 분열이니, 다중 인격이니 하는 정신학적인 말은 쏙 지나치자. 구태여 병

163

적인 상황을 들먹이지 않더라도 인간은 누구나 자기 안에 또 다른 자아를 지니고 있기 마련이다. 사춘기 초입에 들어선 아이라면 말할 것도 없다. 아이들은 상처를 받을 때, 자신감을 잃을 때, 옳고 그름을 판단하기 애매할 때 자기 안의 도피처로 숨는다. 그 은밀한 자기 안의 성에서 안식을 얻고, 용기를 충전하고, 또다시 세상과 맞대면할 힘을 기른다. 그러나 정도를 넘어서면 곤란하다. 또래 사회에 제대로 적응하지 못할 수 있기 때문이다. 그러므로 이 시기의 아이들에게는 남에게 드러난 나와 숨어 있는 나 사이의 균형을 잡아 줄 지혜로운 손길이 필요하다.

이 책을 차분히 읽어 주며 아이들의 내면에서 일어나는 미세한 변화, 자아의 충돌과 갈등에 대해 이야기를 나눠 보자. 아이들은 엄마를 최고의 카운슬러로 믿고 마음의 문을 열게 될 것이다.

미리암 프레슬러의 『쓸쓸한 초콜릿』은 자아에 민감해지는 시기에 자존감을 화두로 읽어 주기 좋은 책이다. 사춘기 예행 연습을 하고픈 아이에게는 차오원쉬엔의 『사춘기』도 읽어 줄 만하다.

대상 독자 : 히말라야보다 가파른 사춘기 등반에 나선 13세 이상의 어린이와 대견함 반 두려움 반으로 가슴 졸이며 자녀의 청소년기 진입을 지켜보는 엄마들.

- **하루 15분, 책 읽어주기의 힘** 짐 트렐리즈 글, 눈사람 옮김 l 북라인
- **내 안의 또 다른 나 조지** E. L. 코닉스버그 글, 햇살과나무꾼 옮김 l 비룡소
- **쓸쓸한 초콜릿** 미리암 프레슬러 글, 정지현 옮김 l 낭기열라
- **사춘기** 차오원쉬엔 글, 김택규 옮김 l 푸른숲

독서 토론을 통해 아이의
사고력과 창의력에
날개를 달아 주세요.

아이가 책을 읽고 줄거리 요약을 잘한다는 건, 먹은 것을 소화하고 배뇨 배변하는 데 문제가 없다는 증거입니다. 하지만 책에 쓰여 있는 사실을 이해하고 잘 추려 내기만 한다고 되는 건 아닙니다. 그 책에 대한 자기 생각과 느낌이 없다면, 잘 먹고도 영양으로 흡수하지 못하는 대사 이상 신호가 떨어진 것과 마찬가지이기 때문입니다.

이제부터는 은유와 비유, 상징이 풍부한 동화를 선택해서 아이의 생각과 느낌을 끌어내 줄 차례입니다. 유머와 풍자에 강한 윌리엄 스타이그나 터키의 풍자 작가 아지즈 네신 같은 작가의 책들이 좋습니다. 이외에도 풍자, 은유, 비유, 상징을 즐겨 쓰는 작가들은 많습니다. 엄마의 취향과 아이들의 정서에 맞는 책을 선택하되, 처음부터 너무 두꺼운 책은 피하는 게 현명합니다.

자기 느낌과 생각을 묻는 질문에는 정답이 없습니다. 엄마가 미리 이 책에서는 이런 걸 생각하고 느끼고 배워야 한다는 가이드라인을 정해 놓으면, 아이들에게 질문을 던지는 의미가 없습니다. 아이들이 날아가고 싶은 곳으로 마음껏 날아갈 수 있게 해 줘야 합니다.

"넌 책을 읽고도 아무 생각이 없니?" 이런 말이 반복되면 아이들은 자기 생각을 말하기보다 엄마가 좋아할 법한 대답을 찾아 하게 됩니다. 독서 지도라는 이름 아래 아이들의 상상력을 죽이는 최악의 상황이 벌어지는 것입니다. 그럴 바에야 차라리 독서 지도를 관두고 아이 멋대로 아무 책이나 읽게 내버려 두는 편이 낫습니다.

엄마는 아이가 아무리 엉뚱한 말을 하더라도 '와, 정말 새로운 생각이구나!' 하고 진지하게 들어 줘야 합니다. 브레인스토밍의 4대 원칙은 아이와 독서 토론을 할 때도 도움이 됩니다.

1.자유자재로 사고한다.

2.비판은 절대 금한다.

3.의견의 질보다 양을 중요시한다.

4.여러 정보와 의견을 결합해 본다.

엄마는 섣부른 비판을 하거나, 교통경찰처럼 아이의 생각을 일방적으로 정리해 주어서는 안 됩니다. 대개 우리는 아이들에게 결과보다는 과정이 중요하고, 양보다는 질이 중요하다고 가르칩니다. 그러나 이 경우에는 엉터리 같은 생각이 수두룩하더라도 그냥 두세요. 아이가 이런 저런 생각과 의견을 말하도록 가만히 내버려 두면, 반드시 무릎을 칠 만큼 창의적인 생각이 나올 것입니다. 새로운 생각과 다른 사람의 의견, 기존의 관념들을 서로 연계해 보는 것도 잊지 마세요. 십자가처럼 각각의 생각을 서로의 연결 고리에 걸어 보면 또 다른 탁월하고 획기적인 생각이 튀어나올 수도 있습니다.

『다산 선생 지식 경영법』에 나오는 다산 정약용의 공부 방법 또한 독서 토론에 활용하기에 좋은 지침입니다. 엄마들에게 도움이 될 만한 항목 몇 개를 소개합니다.

1.생각이 떠오르면 수시로 메모하라.

2.생각을 정돈하여 끊임없이 살펴보라.

3.질문하고 대답하며 논의를 수렴하라.

4.유용한 정보들을 비교하고 대조하라.

5.선입견을 배제하고 주장을 펼쳐라.

6.자료를 참작하여 핵심을 뽑아내라.

7.발상을 뒤집어 깨달음에 도달하라.

　한 가지 질문을 던지더라도 여러 가지 좋은 방법론을 참고하고 조합해서 최대치의 효과를 거둘 수 있는 질문을 만들어 보세요. 엄마와 아이 스스로 대화를 통해 '나만의 사색 노하우'를 개발해 나가는 겁니다. 동화 한 권을 읽을 때마다 짧은 '생각 메모'를 남기는 습관을 들이면 나중에 긴 글을 쓰는 근력을 기르는 데 큰 도움이 됩니다.

　이렇게 노력해도 도무지 아이가 자기만의 사유 세계를 가지지 못했다고 판단되면, 서둘러 진도를 나가려는 욕심을 접고 한동안은 풍자와 비유, 상징이 강한 동화책을 집중적으로 읽히는 것이 바람직합니다.

　또 그림 동화를 찬찬히 읽으며 여백에서 상상력을 낚아 올리는 것도 좋은 방법입니다. 그림 동화는 유아기 때나 읽는 거라고 오해하는 분들이 많은데, 활자가 많은 책을 읽어야지만 사고력을 키울 수 있는 건 아닙니다. 그림 동화를 지혜롭게 활용하면 나이에 상관없이 상상력과 사고력의 향상을 꾀할 수 있습니다.

　이렇게 기초, 심화 단계를 거쳐 아이의 독서 수준이 어느 선에 이르면, 본격적으로 자기 수준에 맞는 책을 선택해서 읽혀야 합니다.

　"어떤 종류의 책을 어느 비율로 읽히는 게 좋을까요?" 엄마들의 빈번한 질문 중 하나입니다. 원칙이나 정답이 없는 문제이긴 하지만, 학업의 부담이 덜한 저학년 때까지는 열 권 중 다섯 권 이상을 동화로 하는 게 좋다는 게 제 생각입니다.

어릴수록 동화의 비중이 높아야 하는 이유는 이야기 속에 등장하는 다양한 인물과 사건 때문입니다. 경험의 폭이 적은 아이들에게 동화 속의 세계는 단순한 이야깃거리가 아닙니다. 그곳은 간접 경험의 훌륭한 장소입니다.

아이들은 동화 속에 등장하는 여러 가지 인물의 다양한 캐릭터와 그들이 빚어내는 수많은 사건을 통해 입체적으로 사고하는 훈련을 하게 됩니다. 여러 종류의 인간상을 만나면서 용기와 오만, 의분과 무모함, 겸손과 비굴의 미묘한 차이를 분간하는 혜안을 열고, 나름의 가치관을 형성해 가는 것입니다. 또한 나와 다른 환경에 있는 등장인물을 통해 상대방의 입장에 서 보는 폭넓은 경험도 할 수 있습니다. 시공을 넘나들며 상상력의 지경을 무한히 넓힐 수도 있습니다.

동화를 통해 얻어진 이 모든 영양분은 자기주장을 설득력 있게 펼치고 잘못된 이론을 반박하는 논술을 쓰는 기본이 됩니다. 타인의 눈으로 나를 바라보고, 타인의 입장에서 세상을 보는 힘이 없는 아이는 오만과 독선에 사로잡혀 반대 이론을 맞받아칠 수 있는 합리적인 논리가 취약해지기 십상이기 때문입니다.

한국인이니 한국 작가 책을 주로 읽어야 한다든가, 선진국의 유명 문학상 수상 작품이니 무조건 좋을 거라는 식의 치우친 잣대를 버리고, 책의 국적과 소재에 상관없이 열린 마음으로 두루 읽는 것만이 사고의 폭을 넓히고 지적 포용력을 기르는 비결입니다.

공부에 주력해야 하는 고학년이 되면 학습서와 학습 동화의 비중을 높일 수밖에 없습니다. 동화와 더불어 위인전, 과학책, 역사책, 철학 관련 서적 등으로 적절하게 균형을 맞춰 주어야 합니다.

가족의
사랑을
깨닫다

어느 날 한 권의 책을 읽었다.
그리고 나의 인생은 송두리째 바뀌었다.

-오르한 파묵-

엄마도 외로워

아이들은 동물원을 좋아한다. 책 읽기 싫어하는 아이들을 유인하는 데는 동물이 나오는 책만 한 게 없다. 안 로카르의 『뭐든지 무서워하는 늑대』를 내밀면 아무리 산만한 아이도 초롱초롱한 눈빛을 빛내며 바짝 다가앉는다.

174

주인공 가루가루는 겁쟁이 중의 겁쟁이다. 어둠도 무섭고 두꺼비도 무섭고 달팽이도 무섭다. 이런 속사정도 모른 채 다른 동물들은 사납게 생긴 가루가루가 지나가면 허둥허둥 달아나기 바쁘다. 두려움을 꽁꽁 숨기고 거들먹거려야 하는 가루가루는 이중으로 피곤하다.

친구 하나 없는 가루가루에게 어느 날 노에미가 찾아온다. 어린 소녀는 무시무시한 송곳니를 가진 늑대를 도무지 무서워할 줄 모른다. 가루가루의 등에 올라타고도 의기양양하다. 숲 속의 동물들은 비로소 가루가루가 겉보기와 달리 외로운 겁쟁이라는 사실을 깨닫는다.

겉모습만 보고 상대를 판단하는 고정 관념의 오류를 납득하기에 아이들의 이해력은 아직 얕다. 그럴 때는 아이들에게 가장 친밀한 엄마를 화두로 던져 보자.

"울 엄마도 슬플 땐 외할머니가 보고 싶어 몰래 운다고?"

"깜깜한 골목길을 종종걸음 칠 땐 머리카락이 곤두선다고?"

"바퀴벌레를 잡을 때도 속으로는 벌벌 떤다고?"

아이들은 강한 줄만 알았던 엄마를 색다른 프리즘으로 바라보는 경이로운 경험을 통해, 가루가루가 먼 숲 속뿐 아니라 가까운 곳에도 있다는 사실을 깨닫게 될 것이다.

만능 수퍼우먼 노릇에 지친 고독한 엄마들에게 가루가루 이야기를 권한다. 오늘 아이들과 함께 외로운 늑대 이야기를 나눠 보자. 가루가루가 다름 아닌 자신임을 솔직히 털어놓는다면, 말썽만 부리던 아이에게서 연민의 포옹을 해 주는 노에미를 발견하게 될 것이다. 아이들은 아이들대로 가루가루 엄마들 덕분에 고정 관념을 깨트리는 통쾌한 사고의 전환을 경험해, 상대방의 내면을 보듬을 수 있는 이해심을 선물 받게 될 것이다.

기왕 동물원에 발을 들여놓았으니, 보너스로 늑대 한 마리를 더 만나 보자. 호세 마리아 플라사의 『훌륭한 꼬마 의사』에는 스파게티를 좋아하는 가엾고 외로운 늑대가 등장한다. 늑대 체면은 좀 구겨졌을지 몰라도, 덕분에 세상의 고정 관념을 멋지게 깨트리는 동화가 왜 아이들의 성장 촉진제인지에는 의문의 여지가 없다.

대상 독자 : 동물원이라면 사족을 못 쓰는 8세 이상의 아이들과 고정 관념에 발목 잡힌 어른들, 그리고 세상의 모든 외로운 가루가루들.

• 뭐든지 무서워하는 늑대 안 로카르 글, 염혜원 그림, 김현주 옮김 | 비룡소
• 훌륭한 꼬마 의사 호세 마리아 플라사 글, 에밀리오 우르베루아가 그림, 김수진 옮김 | 크레용하우스

할머니가 그리운 날

'할머니'는 모든 이에게 향수를 불러일으킨다. 할머니는 엄마와는 또 다른 모성의 원천이기 때문이다. 할머니 안에는 인류 공통의 정서가 흐르는지도 모른다. 무미건조한 정서에 단비가 갈급할 때는 페터 헤르틀링의 『할머니』가 특효약이다. 고아가 된 다섯 살 꼬마 칼레는 욕쟁이에 다혈질인 할머니와 산다. 험한 세파를 헤쳐 온 거친 할머니와 칼레는 서로에게 적응하기가 쉽지 않다. 사사건건 부딪힌다. 그럼에도 칼레에게는 할머니가 세상의 전부다. 칼레는 차츰 오랜 세월 할머니를 지탱해 온 삶의 방식을 이해하게 되고, 두 사람은 아름다운 공존의 파트너가 된다.

책 읽기에서 중요한 건 '무엇을 생각하느냐' 이전에 '무엇을 느끼느냐'이다. 할머니가 구덩이에 빠진 장면에선 아이들과 요절복통 마음껏 웃어 보자. "넌 내가 내 비밀을 한꺼번에 다 가르쳐 줄 줄 알았니? 어림없어!"라고 선언하는 할머니처럼 아이들과 서로의 비밀을 딱 한 가지씩만 털어놓아 보는 것도 좋겠다. 아이들의 나이와 이해력의 수준이 들쭉날쭉해도 염려할 필요 없다. 신통하게도 아이들은 저마다의 방식으로 느낀다.

현명한 작가는 글 속에 죽음을 등장시키지 않는다. 그럼에도 아이들은 글 곳곳에 녹아 있는 쓸쓸함과 죽음에 대한 불안을 직관적으로 간파해 낸다. 그러고는 자기 할머니의 죽음을 기억하거나 할머니와 단 둘이 사는 외로움에 대해 철학자처럼 생각에 잠긴다. 그렇게 아이들은 고독이 비단 소설의 영원한 변주 테마인 노인과 소년과의 관계뿐 아니라, 유한한 인간사의 모든 관계를 대변하는 키워드라는 사실을 은연중에 깨닫는다. 앞마당의 감나무처럼 푸근한 할머니와의 추억을 가슴에 품고 있는 엄마라면 이참에 할머니를 가지지 못한 아이, 혹은 할머니와 소원하게 살아가는 아이와 함께 할머니의 사랑을 음미해 보면 어떨까.

과보호로 자기중심적이 된 아이들에게 이 작품이 다소 무겁게 여겨진다면 또 다른 할머니에게로 시선을 옮겨 보자. 시종일관 유쾌하고 즐거운 미라 로베의 『사과나무 위의 할머니』의 할머니는 삶의 활력소 같은 존재다. 크리스티앙 그르니에는 "할머니는 때로 많은 슬픔을 위로해 준다. 할머니에게는 무슨 말이든 할 수 있다."고 했다. 책에서 만난 할머니들로 인해 그 말이 진리임을 깨달을 때쯤이면, 메마른 아이들의 마음도 어느새 촉촉한 행복감에 젖어 들 것이다.

대상 독자 : 할머니를 사랑하는 10세 이상의 아이들과 할머니를 그리워하는 모든 어른들.

• **할머니** 페터 헤르틀링 글, 페터 크노르 그림, 박양규 옮김 | 비룡소
• **사과나무 위의 할머니** 미라 로베 글, 수지 바이겔 그림, 전재민 옮김 | 중앙출판사

애쓰셨어요, 아버지

옛날에는 노는 데 정신이 팔려 해가 꼴딱 넘어간 날이나, 창피한 성적표에 부모님 도장을 받아야 하는 날이면 아버지한테 혼날까 봐 전전긍긍했다. 요즘 아이들은 다르다. 부모의 허락이 필요한 일이 있으면 지체 없이 엄마한테 달려간다.

"도대체 아빠가 왜 필요한 거예요?"/ "아빠들은 돈을 번단다."

"우리 집 돈은 전부 엄마가 버는걸요."/ "아빠는 운전을 하지."

"그건 울 엄마도 할 수 있어요."/ "아빠는 고장 난 물건을 고친단다."/ "그런 건 엄마도 할 수 있다니까요."

랑힐 닐스툰의 『아빠가 길을 잃었어요』에 나오는 가슴 뜨끔한 대목들이다. 행글라이더도 타고, 자동차 경주도 하고, 사막까지 헤매다가 간신히 자기 자리를 찾아온 동화 속의 아빠. 직장에서도, 가정에서도 설 자리를 잃은 채 위축된 현대 아빠들의 서글픈 모습이 아닐지. 아빠 부재의 시대를 살아가는 아이들은 '권위'에 대해 알지 못한다. 세상에는 부정적인 의미의 권위주의뿐 아니라, 질서를 잡아 주는 건전한 권위도 있다는 사실을 모르는 것이다.

아빠의 존재 이유에 대해 깊이 생각해 본 적이 없는 아이에게 강정규의 『다섯 시 반에 멈춘 시계』를 쥐어 주자. 아무나 손목시계를 찰 수 없던 시절, 인규는 경호의 손목시계가 부러워 빌려 찬다. 그런데 그만 시계는 재래식 변소에 빠지고, 인규는 시계를 빼돌렸다는 누명을 쓴다. 억울해서 병이 난 아들을 보다 못한 아버지는 똥지게를 지고 나간다. 시계를 찾을 때까지 몇 날 며칠이고 똥을 퍼내는 우직한 아버지. 웃음이 날 것 같은데 코끝이 찡한 건 웬일일까. 우리 모두의 내밀한 기억 한 편에는 인규가 어른이 되도록 간직한 고장 난 시계가 하나씩 숨어 있다. 그런 든든한 아버지의 사랑으로 아이들은 뼈가 굵어 가는 것이다.

윌리엄 암스트롱의 『아버지의 남포등』에는 아들이 비루한 삶을 딛고 아름답게 성장하는 원천이 되어 준 슬픈 아버지가 등장한다. 가족을 먹여 살리기 위해 도둑이 된 아버지. 감옥에서 간신히 풀려나 쓸쓸하게 죽어 간 아버지에게 아이는 속삭인다. "애쓰셨어요. 애쓰셨어요, 아버지." 자식들 입에 넣을 세 끼 양식을 벌기 위해 고단한 삶을 살다 간 남루한 시절의 이름 없는 아버지들. 어쩌면 사랑한다는 달콤한 말이 없기에 부성은 그토록 깊은 울림으로 남는 것인지도 모르겠다.

대상 독자 : 아빠에게 한 번도 사랑한다고 말한 적 없는 12세 이상의 어린이와 디딜 자리를 잃어버린 고단한 아빠, 그리고 그 자리를 채우느라 고달픈 엄마들.

• **아빠가 길을 잃었어요** 랑힐 닐스툰 글, 하타 고시로 그림, 김상호 옮김 | 비룡소
• **다섯 시 반에 멈춘 시계** 강정규 글 | 문원
• **아버지의 남포등** 윌리엄 암스트롱 글, 김종도 그림, 서미현 옮김 | 한길사

엄마는 포기하지 않는다

어느 날 아이에게 소리소리 지르는 엄마를 목격했다. "머린 왜 달고 다녀? 너, 돌이야?" 오죽 화가 났으면 그랬을까마는 행인들이 흘끔거리는 길거리에서 너무 심했다. 자기 아이가 머리는 좋은데 노력을 안 한다고 주장하는 엄마도 문제지만, 툭하면 아이더러 돌 운운하는 엄마도 문제다. 배우는 것마다 뇌가 말랑말랑 유연하게 흡수하는 천재는 아니라도, 한 걸음 한 걸음 묵묵히 노력하는 아이 또한 충분히 칭찬 받을 만하다. "내가 수석 채집가도 아닌데 어쩌다가 아무리 공을 들여도 돌 신세를 면치 못하는 아이를 낳았을까?" 낙심천만인 엄마들이여! "창조성과 천재성은 인간의 의식 세계에 본래부터 존재하는 것"이라는 데이비드 호킨스 박사의 말에 희망의 돛을 올리길 바란다.

위인전 들이밀고 아이더러만 본받으라고 종용하는 엄마들을 위해 오늘은 엄마용 위인전 한 권을 소개한다. 벤 카슨 박사의 자서전 『하나님이 주신 손』을 엄마용 위인전이라고 한 까닭은 바로 세계 최초로 삼쌍둥이 분리 수술에 성공한 벤 카슨 박사의 엄마 때문이다. 그녀는 일자무식 싱글 맘에 지독하게 빈한한 흑인이었다. 그보다 더 나쁠 수는 없을 악조건을 고루 갖춘 그녀의 불행을 부채질이라도 하듯 아들은 전학 간 학교에서 '꼴찌'를 한다. 하지만 그녀는 낙심하지 않는다. 일주일에 세 가지 프로그램 이외에는 텔레비전 시청을 금지시키고 도서관으로 아들의 등을 떠민다. 그리고 일주일에 두 권 이상의 책을 읽고 독후감을 써 내게 한다. 이웃 사람들은 그녀를 비웃고, 아들은 반발한다. 그래도 그녀는 포기하지 않는다.

그녀가 아들에 대한 긍정적인 신념을 확고하게 붙들지 않았다면, 흑인 소년 벤 카슨은 이리저리 발에 차이는 돌멩이, 그것도 가장 볼품없는 새까만 돌로 일생을 마감했을 것이다. 역사에 길이 남을 위대한 신경외과 의사는 결코 탄생할 수 없었을 것이다.

어머니란 이렇게 위대하다. 돌로 무엇을 조각하느냐, 그것을 결정할 수 있는 힘을 가진 존재인 것이다. 저능아 소리를 들었던 에디슨과 미술 과목 외에는 낙제생이었던 피카소, 교육의 가능성이라고는 1퍼센트도 보이지 않았던 헬렌 켈러까지, 천재와 둔재는 종이 한 장 차이이며 그 결정적인 종이 한 장을 손에 쥔 것이 엄마라는 사실은 우리를 절로 숙연하게 만든다.

대상 독자 : 대한민국의 미래에 반석이 될 모든 어린이와 그 아이들의 튼실한 주춧돌인 엄마들.

- **하나님이 주신 손** 벤 카슨 글, 엄성옥 옮김 | 은성
- **에디슨** 햇살과나무꾼 글 | 랜덤하우스코리아
- **피카소** 실비 지라르데 글, 최윤정 옮김 | 길벗어린이
- **헬렌 켈러** 베아트리스 니코뎀 글, 마리 로르 비네이 그림, 김주경 옮김 | 대교

가족의 소중함

'가정의 달'이라고 말썽꾸러기들이 갑자기 천사가 될 리 만무하다. 여전히 아이들의 비공개 희망 사항 1위는 엄마로부터의 독립 만세다. 아이라면 누구나 쌍방향 스테레오로 들려오는 잔소리에서 해방되어 독야청청하기만을 꿈꾼다. 동화 주인공들은 어쩜 그렇게 용감하고 멋진 가출의 모험을 즐기는지, 아이들의 꿈은 날로 야무져 간다. 이런 시커먼 꿍꿍이로 반항심을 키워 가고 있는 아이들에게 "엄마가 너 때문에 얼마나 고생하는데.", "엄마 아빠 그늘처럼 행복한 곳은 없다."고 백날 말해 봐야 약효 떨어진 공치사가 될 뿐이다.

흔들흔들 결속력이 헐거워져 서로에 대한 마음이 빛바랜 가족을 위해 그레고리 E. 랭의 사진 에세이집 『우리가 너를 선택한 이유』를 권한다. 가만가만 책장을 넘기다 보면, '이게 바로 가족'이라고 믿어 왔던 것이 대물림한 편견의 세뇌에 지나지 않는다는 생각이 든다. 핏줄이기 때문에, 내 유전자를 물려받은 판박이 분신이기 때문에 일생을 걸고 쏟아붓는 맹목적인 사랑. 그 전투적인 일방통행식 사랑에 서로 지친 가족들에게 이 아담한 책은 고요한 의식 혁명을 일으킨다.

입양이라는 신비한 단어를 통해 인간에게 본능적인 가족 이기주의를 넘어서는 위대한 사랑이 잠재되어 있음을 일러 주는 것이다.

아이와 함께 한 장 한 장 책장을 넘기며 침묵의 시간을 가져 보자. 더 이상 가족의 소중함을 빈약한 언어로 설교할 필요가 없다. 그토록 전력 질주해서 가르쳐도 깨우치지 못하던 '가족 사랑'의 진리를 아이는 순식간에 깨닫게 될 것이다. 그리고 인생이란 반드시 정형화된 틀 속에만 존재하는 게 아님을, 나와 다른 것을 무조건 백안시하는 편견으로는 다양성의 21세기를 살아갈 수 없다는 귀중한 진리까지 터득하게 될 것이다.

아이의 마음이 차분해졌다면 프란시스코 지메네즈의 『프란시스코의 나비』를 슬쩍 쥐어 줘 보자. 멕시코 불법 이민자인 꼬마 판치토의 눈물겨운 생존 투쟁기를 읽다 보면, 살아 있는 모든 사람을 향한 연민이 울컥 솟으니 가족에 대한 감사의 마음이야 두말할 나위 없다.

분위기가 너무 진지해졌다면, 스에요시 아키코의 『노란 코끼리』를 타고 달려 보자. 인생의 울퉁불퉁한 비포장도로에서 펑크 난 타이어 위에 주저앉은 싱글 맘. 위태롭게 홀로 선 그녀의 고독을 엿본 아이라면 마음의 키가 한 뼘쯤 쑥 자라나지 않을까.

대상 독자 : 가족에 대한 감동 지수가 마이너스로 뚝 떨어진 11세 이상의 어린이와 짜증 지수가 위험 수위로 치솟고 있는 엄마들.

• **우리가 너를 선택한 이유** 그레고리 E. 랭 글, 재닛 랭포드 모란 사진, 이혜경 옮김 | 나무생각
• **프란시스코의 나비** 프란시스코 지메네즈 글, 노현주 그림, 하정임 옮김 | 다른
• **노란 코끼리** 스에요시 아키코 글, 정효찬 그림, 양경미 외 옮김 | 이가서

할아버지의 선물

요즘 아이들에게 '핵가족'은 생경한 단어다. 대가족이 뭔지 모르니 핵가족도 모르는 게 당연하다. 머잖아 사촌이 뭔지 모르는 아이들도 생겨날 것이라고 한다.

나이가 벼슬이던 시절, 할아버지들은 위풍당당했다. 하지만 21세기의 할아버지들은 외롭다. 할아버지 혼자 받으시던 독상과 할아버지 외엔 앉지 못하던 아랫목 상석은 사라진 지 오래다. 옛날 할아버지들보다 젊고 부유하고 말끔한데도 아이들한테는 왕따 신세다.

야엘 하산의 『하늘에서 뚝 떨어진 할아버지』도 마찬가지다. 그는 아무한테도 포옹을 받아 본 적 없는 고슴도치와 닮았다. 누가 다가오면 찔러 대기부터 한다. 할아버지는 손녀딸 레아의 옷차림이나 행동거지를 못마땅해하고, 레아는 할아버지를 흉보고 안경을 감추며, 심통을 부린다. 그러던 어느 날, 레아는 할아버지의 팔뚝에 새겨진 숫자의 진실을 알게 된다. 할아버지는 나치의 유태인 학살 때 사랑하는 첫 아내와 딸을 잃었다. 그리고 그때 입은 상처 때문에 새 인생을 시작하고도 스스로 냉담의 철창 속에 고립된 것이다.

읽어 갈수록 책이 속을 알 수 없는 주인공 할아버지를 닮았다는 느낌이 든다. 유머러스한 줄 알았더니 코끝이 찡하고, 그 보늬 속엔 삶의 지혜가 꼭꼭 숨어 있다. 그래서 사람은 깊이 사귀어 봐야 알고, 책은 끝까지 읽어 봐야 안다. 생의 마지막 날까지 성실히 산 자만이 '사랑이 사람을', 그리고 '희망이 상처를' 어떻게 어루만지고 치유할 수 있는지에 대해 이야기할 수 있다는 걸 아이들이 깨닫는다면, 이 퉁명스런 할아버지를 통해 최고의 선물을 받은 것이다.

반면 롭 루이스의 『할아버지와 숨바꼭질』에 등장하는 할아버지는 엉뚱하다. 귀엽기까지 하다. 손자는 할아버지가 심심할까 봐 친구와 놀고 싶은 유혹도 뿌리치고 할아버지를 찾아간다. 그런데 할아버지는 번번이 바쁘다. 이번에는 미안해진 할아버지가 손자를 찾아가지만, 둘은 숨바꼭질처럼 엇갈리기만 한다. 재미있는 장면을 읽는데도 마음이 숙연해지는 건 왜일까. 할아버지와의 숨바꼭질이 영원히 지속될 수 없다는 사실 때문일 것이다. 아이들이 이 책을 통해 유한한 생의 허망함과 그렇기에 더욱 절실하고 아름다운 관계의 본질에까지 사유의 폭을 넓힌다면 할아버지가 남긴 최고의 정신적 유산을 받은 셈 아닐까.

185

대상 독자 : 『할아버지와 숨바꼭질』은 8세 이상, 『하늘에서 뚝 떨어진 할아버지』는 11세 이상의 어린이, 그리고 사막의 로뎀 나무처럼 고독한 21세기의 할아버지 할머니.

• **하늘에서 뚝 떨어진 할아버지** 아엘 하산 글, 트루옹 그림, 조현실 옮김 l 바람의아이들
• **할아버지와 숨바꼭질** 롭 루이스 글·그림, 박향주 옮김 l 보림

형이, 동생이 다 뭐람

나라에서 아이를 더 낳으라고 성화다. 다다익선이란다. 세금도 깎아 주고 출산 장려비도 주겠단다. 아이를 낳는다는 건 소우주 하나가 생성되는 것인만큼 생각해야 할 것도 많은 법인데, 그 정도 쩨쩨한 혜택에 선뜻 마음이 동할 예비 엄마들이 아니다. 게다가 진짜 막강한 훼방 세력은 내부에 숨어 있다. 어느 틈에 '기득권'과 '선점권'을 내세우게 된 맏이의 저항이 만만치 않은 것이다. 동생? 그런 거 필요 없다는데 눈치코치 없는 엄마가 덜컥 일을 저질렀으니, 불만이 이만저만 아니다.

마사 알렉산더의 그림책에는 "내가 언제 동생 낳아 달랬어!"라고 항의하는 오빠 올리버가 나온다. 올리버는 여동생을 남에게 줘 버리려고 호시탐탐 기회를 엿보고 다니지만, 다들 귀엽다고만 할 뿐 도무지 임자가 나서지 않는다. 간신히 한 아줌마를 만나 협상에 성공했나 했더니 아뿔싸! 여동생은 빽빽 울다가 퇴출당하고 만다. 결국 오빠를 알아보고 방글거리는 밉고도 예쁜 동생을 떠맡을 수밖에.

이노우에 요코의 『엄마 아빠는 나만 미워해!』에는 전형적인 샘쟁

186

이 형이 등장한다. 잘못은 동생이 저질렀는데 노상 혼나는 건 형이다. 뭔가 단단히 잘못되었다. 까짓 것, 가출해 버리면 그만이다. 포부도 당당하게 집을 나가 보지만, 갈 데가 없다. 마당에 쪼그리고 앉아 별 바라기를 하고 있자니, 이건 또 뭐야! 동생이 불쑥 나타난다. "형이 없으니까 외로워서 나도 집을 나왔어." 쳇, 속이나 썩이지 말 것이지. 그래도 아주 싫진 않다. 조금 있으니 엄마가 맛있는 걸 싸들고 곁에 앉는다. 배 속이 든든해진다. 아빠까지 텐트를 가지고 나와, 온 가족이 야영 기분에 젖어 달구경을 한다. 이런 '집단 가출'이라면 적극 권장해야 하지 않을까.

그렇다면 반대로 형을 바라보는 동생의 마음은 어떨까. 리즈 피츤의 『우리 형 보리스는 사춘기래요!』에는 싱숭생숭 이상해진 사춘기의 형에게 배신감을 느끼는 동생 악어가 나온다. 형은 유치한 동생이 귀찮기만 하다. 쿵쿵짝짝 요란한 음악도 들어야 하고, 유행하는 코걸이도 해야 하고, 반항적인 사색에도 잠겨야 하니 젖비린내 나는 동생하곤 놀 시간이 없단다. 동생 악어는 요란한 사춘기의 폭풍에 휩쓸린 형을 어떻게 슬기롭게 대할까.

대상 독자 : 『내가 언제 동생 낳아 달랬어』는 5세 이상, 『엄마 아빠는 나만 미워해!』와 『우리 형 보리스는 사춘기래요』는 6~7세 이상의 어린이. 그리고 인구 증가의 역사적 사명을 충실히 이행한 덕분에 바람 잘 날 없는 엄마들.

• 내가 언제 동생 낳아 달랬어 마사 알렉산더 글 · 그림, 서남희 옮김 | 보림
• 엄마 아빠는 나만 미워해! 이노우에 요코 글, 쓰치다 요시하루 그림, 이정선 옮김 | 베틀북
• 우리 형 보리스는 사춘기래요! 리즈 피츤 글 · 그림, 김수희 옮김 | 어린이작가정신

가족의 진화

　운명을 중시하는 동양적 사고 때문일까. 대개 한국인들은 원망하고 아우성치면서도 부모 자식 같은 '운명적 관계'는 끝까지 함께하는 반면, 입양이나 위탁모 같은 '선택적 사랑'에는 인색하다. 혈연의 속박 없이 자유 의지로 사랑하고 헌신하는 것이야말로 한층 고차원적인 사랑이라는 걸 알면서도 실행하기는 쉽지 않은가 보다.

　『위풍당당 질리 홉킨스』는 '엄마 찾아 삼만 리' 류의 스토리가 갖는 모성 회귀의 진부함을 훌쩍 뛰어넘어, 눈부시게 진화한 사랑의 세계를 펼쳐 보인다. 사랑도 용서나 배려처럼 누군가에게 배우는 후천적 체험 학습의 결과물이라면, 버림받은 질리에게 사랑이 부족한 건 당연한 일. 온갖 형태의 사건 사고로 분출되는 질리의 위악은 그 애만의 고독한 사랑의 암호다. 성이 나면 시속 40킬로미터로 맹렬히 돌격한다는 코뿔소처럼 질리는 아무에게나 덤벼든다. 문제는 질리가 휘두르는 적대감의 칼날에 베인 바람 속에 그토록 찾아 헤매던 달짝지근한 훈풍이 들어 있었다는 사실.

　아무리 떼밀어 봐도 새 위탁모 트로터 아줌마는 꿈쩍도 하지 않는다. 아줌마는 거대한 엉덩이만큼이나 사랑의 저장 탱크도 큼지막한 모양이다.

　불쌍한 윌리엄 어니스트는 미워하기엔 너무 사랑스럽고, 랜돌프 아저씨는 멸시하기엔 너무 존경스럽다. 이들 속에서 질리는 예전에 듣지 못한 것을 듣고, 보지 못한 것을 보게 된다. 그리고 마침내 깨닫는다. '말로는 서로를 알 수 없는 거'라는 걸, '좋은 일이든 나쁜 일이든 그 사람의 인생 속으로 들어가 함께 겪어 봐야 한다'는 진리를. 이 책은 일방적으로 고조된 갈등이 양방 간의 사랑으로 변환되는 작품에서 종종 맞닥뜨리게 되는 어색한 봉합이 전혀 보이지 않는다. 도리어 촉촉한 해빙의 감동에 오래도록 잠겨 있게 된다.

　질리가 무지개 너머 또 다른 사랑의 세계를 보여 준다면, 구두룬 멥스의 『그 여자가 날 데려갔어』는 깨진 운명의 사랑에 집착하는 모성의 아픔을 이야기한다. 아이 잃은 슬픔에 유괴라는 자각도 없이 한 아이를 납치 감금한 여인. 그런데도 아이는 그녀를 증오의 대상이 아닌, 연민의 대상으로 감싸고 자기가 아끼는 미키마우스 시계를 선물하고 돌아온다. 아이가 가진 사랑의 눈금자는 상실감을 극복하지 못한 그녀의 폐쇄적인 사랑보다 더 높은 곳에 있었던 것이다.

189

대상 독자 : 우리가 당연하게 누리고 있는 사랑의 은총이 누군가에게는 필사적으로 쫓아야 할 파랑새라는 사실에 둔감한 11세 이상의 어린이와 가족 이기주의를 넘어서고픈 엄마들.

・**위풍당당 질리 홉킨스** 캐서린 패터슨 글, 이다희 옮김 | 비룡소
・**그 여자가 날 데려갔어** 구두룬 멥스 글, 이자벨 핀 그림, 문성원 옮김 | 시공주니어

엄마의 자리

　헌신적이고 다정하고 언제나 내 편인 엄마! 엄마는 지금껏 동화의 넘버원 등장인물이었다. 그런데 요즘 들어 동화 속 엄마들이 심상치 않다. 단역도 마다않고 묵묵히 글을 빛내 주던 그녀들이 "엄마의 변심은 무죄"를 선언하고 나선 것이다. 파업은 기본이고 가출까지 불사한다. 김희숙의 『엄마는 파업 중』의 엄마는 머리에 빨간 띠를 둘렀고, 루스 화이트의 『엄마가 사라진 어느 날』과 수 코벳의 『엄마가 사라졌다』의 엄마는 사이좋게 자취를 감추었다.

　이참에 곰곰 생각해 보니 엄마라는 자리만큼 모호한 것도 없다. 어엿한 프로 직업이라고 주장하자니 수입보다 지출이 더 많은 직업이라 말발이 안 서고, 각별한 모성애를 내세워 보지만 그건 모든 생명체의 공통분모여서 목청 돋우기가 힘들다. 애초에 인류 공헌의 숭고한 정신을 품고 아기를 낳은 것도 아니니, 힘들다는 항변도 개인의 푸념으로 묻힐 뿐이다. 누적되는 피로와 아무도 알아주지 않는 억울함에 슬슬 휴직 생각이 나는 엄마가 있다면, 우선 마음을 가라앉히고 루스 화이트의 작품에 나오는 시 한 편을 읊어 보기 바란다.

"새벽의 미풍이 그대에게 말해 줄 비밀이 있다네/ 다시 잠자리로 돌아가지 마/ 그대는 정말로 원하는 것을 바라야 하네/ 다시 잠자리로 돌아가지 마/ 사람들은 돌아서서 문지방을 넘네/ 두 세계가 서로 맞닿는 곳을/ 문은 둥글고 열려 있다네/ 다시 잠자리로 돌아가지 마."

13세기 이슬람 시인 루미의 시에는 무슨 마법이라도 있는 걸까. 책 속에 나오는 시를 읽고 나니 마음이 가라앉기는커녕 어째 어깨가 근질근질하다. 이 시 때문에 날개 달고 훨훨 날아간 동화 속 엄마의 심정을 이해할 것만 같다. 하지만 잠깐! 수 코벳의 작품에 등장하는 엄마처럼 열두 살이 되어 아들의 삶 속으로 금의환향할 자신이 없다면 섣부른 가출은 자제하는 게 현명할 듯.

들끓던 마음을 녹여 정좌하고 찬찬히 세 권의 책을 다시 보자. 이건 단지 엄마들만의 이야기가 아니다. 성장하는 아이들의 통과의례에 대한 서사시이기도 하고, 영원히 끊을 수 없는 질긴 탯줄이 어떻게 서로의 삶을 엮어 가는지에 대한 고찰이기도 하다. 품에 안은 아기의 핑크빛 볼과 사랑에 빠졌던 엄마는 결국엔 그 아이의 짙푸른 성장통의 멍까지 사랑할 수밖에 없다. 그 과정에서 우왕좌왕 일어나는 생의 에피소드들은 지나고 보면 벗어나지 못해 발버둥 치던 고향의 아련한 저녁노을 같은 것 아닐까.

대상 독자: 엄마 없는 해방 전선을 꿈꾸는 12세 이상의 어린이와 자유 선언서 낭독을 꿈꾸는 엄마들.

• **엄마는 파업 중** 김희숙 글, 박자영 그림 | 푸른책들
• **엄마가 사라진 어느 날** 루스 화이트 글, 이정은 그림, 김경미 옮김 | 푸른숲
• **엄마가 사라졌다** 수 코벳 글, 고정아 옮김 | 생각과느낌

우리 가족만의 특별한 책

『어린 왕자』에는 오천 송이나 되는 장미가 나온다. 하지만 그중 어린 왕자에게 각별한 꽃은 까다롭기 이를 데 없는 장미 한 송이뿐이다. 함께한 시간이 피상적인 만남을 유일무이한 관계로 승화시킨다는 진실을 어린 왕자가 깨달은 까닭이다.

어떤 책을 읽든 우리는 여러 가지 간접 경험과 통찰력, 지식을 얻을 수 있다. 그럼에도 시간이 흐르면서 어린 왕자의 장미처럼 유독 가슴에 남는 책은 따로 있다. 도란도란 책을 읽어 주던 엄마의 목소리, 창을 뒤흔드는 세찬 바람조차 훼방 놓지 못했던 따뜻한 시간, 엄마와 눈을 맞추며 나눈 책 이야기. 이런 친밀한 결속감과 함께 기억된 책은 아무리 많은 세월이 흘러도 다른 기억으로 대체되거나 소멸되지 않는다. 그렇게 정서적인 속살이 포동포동 올라 어른이 된 아이는 자기 아이에게 그 사랑을 고스란히 전한다. "옛날에 할머니가 읽어 주신 책인데, 이제 엄마가 너한테 읽어 줄게." 한 권의 책에 대물림한 사랑이 아로새겨져 그 가족만의 특별한 책이 탄생하는 것이다.

이쯤에서 책 좋아하는 엄마라면 한 번쯤 푹 빠져 보았을 빌헬름

하우프의 『카라반 이야기』를 소개한다. 이 책으로 엄마들이 지상에 존재하지 않는 그날에도 유산으로 이어질 아름다운 독서의 기억을 만들어 보자. 카라반은 사막을 횡단하는 상인 무리를 말한다. 지역의 특수성 때문에 이 책은 무궁무진한 상상력의 보고다. 옛이야기에 으레 등장하는 황당무계한 스토리 덕분에 인류가 지향해 온 문학의 보편성도 확인할 수 있다. "같은 것을 여러 번 보는 일은 언제나 새로운 것을 보게 해 준다."는 존 업다이크의 말은 이런 책을 두고 한 말 아닐까. 다양한 등장인물을 통해 사막같이 끝 모를 생의 속내를 짚어 내려가다 보면, 오래전 읽을 때 느꼈던 감상과는 또 다른 느낌을 갖게 될 것이다. 문학이 활자 속에 갇힌 박제물이 아니라 매번 부활하고 영생하는 창조물이라는 걸 증명하듯 오늘의 그 느낌은 다음 세대에서는 또 다른 감상을 낳게 되리라.

193

　미하엘 엔데의 『렝켄의 비밀』, 오스카 와일드의 『행복한 왕자』, 톨스토이의 『사람은 무엇으로 사는가』 등도 부모 자식 간에 사랑의 시간을 각인하기에 멋진 명작들이다.

대상 독자 : 감미로운 정서에 목마른 10세 이상의 어린이와 무심히 잊힐 한 권의 책을 귀중한 가문의 책으로 승격시키는 현명한 엄마들.

- **카라반 이야기** 빌헬름 하우프 글, 이지 트른카 그림, 박민수 옮김 | 비룡소
- **렝켄의 비밀** 미하엘 엔데 글, 베른하르트 오버딕 그림, 유혜자 옮김 | 보물창고
- **행복한 왕자** 오스카 와일드 글, 마이클 헤이그 그림, 지혜연 옮김 | 시공주니어
- **사람은 무엇으로 사는가** 톨스토이 글, 이만익 그림, 이종진 옮김 | 창비

가까이하기엔 너무 먼 아빠

아버지가 밥상에 앉기 전에는 수저를 들지 못하던 때가 있었다. 그 시절의 아버지는 아이들의 우상이었다. 하지만 '추락하는 것은 날개가 있다'고 하던가. 난공불락이라 믿었던 가부장제의 위력이 한 세기 만에 이렇게 맥없이 무너질 줄이야. F 학점 낙제 아빠로 낙인찍힌 아빠들에게 가쿠다 미츠요의 『납치 여행』을 소개한다. 아무리 현실을 반영한다 해도 부모의 모습이 미화되게 마련인 동화와 달리, 현대의 무기력한 아빠를 바라보는 어린 딸의 시각이 적나라하게 투시되어 있다. 소설이지만 읽기 내공이 단단한 고학년 아이라면 함께 읽어도 큰 무리 없는 가족 소설이다.

납치 여행이라! 제목 한번 희한하다. 무슨 아빠가 자기 딸을 유괴하나. 유괴범 주제에 여행은 또 무슨 여행? 엄마하고 협상할 게 있어서 딸을 인질로 잡은 거란다. 어이가 없지만 딸 하루는 쫄레쫄레 아빠를 따라간다. 가출했다 불쑥 나타난 아빠가 그리웠던 거다. 하지만 실망 연발. 아빠는 믿음직한 구석이라곤 요만큼도 없다. 계획성은커녕 철딱서니조차 없다. 즉흥적이고 감상적이기까지 한 한심한 유괴범과의 정처 없는 여행길이니, 당연히 좌충우돌 시행착오의 연속일 수밖에.

그런데 길 위에서 함께 한 시간이 마법을 부린 걸까. 처음에는 집에 못 갈까 봐 걱정이던 하루가 이제는 헐렁헐렁한 아빠하고 달아나자고 한다. "엄마가 처음 아빠를 만났을 때도 아마 저랬을 것이야. 많은 사람들 속에 혼자만 유독 반짝거렸겠지." 딸을 집에 보낼 기차표 한 장 살 수 없는 가난뱅이 아빠가 좋아진 딸의 독백이다. 꾀죄죄한 아빠가 딸에게만은 반짝반짝 빛나는 존재가 되어 가는 과정이 유쾌하고도 가슴 찡하다.

드물게 만나는 스페인 작가 마누엘 알론소의 『남쪽으로』 역시 오랫동안 떨어져 살던 아빠와 딸의 여행을 다룬 작품이다. 도둑질도 개의치 않는 전과자 아빠와 함께 히치하이크로 희망의 바다를 찾아 떠난 클라라가 마침내 바다에서 발견한 건 무엇이었을까? 작가는 특유의 무뚝뚝한 문장으로 부녀 관계를 이렇게 정의한다. "내가 네 친아빠라는 사실이 중요한 게 아니라, 네 추억을 간직하고 있는 사람이란 게 중요한 거라고."

"아빠, 다음에 또 유괴하러 와야 해." 하루의 사랑스럽고도 가슴 아픈 마지막 말이다. 내 아이도 아빠와의 농밀한 추억에 목말라 이렇게 애원하고 있는 건 아닌지, 한 번쯤 생각해 볼 일이다.

대상 독자 : 이벤트성 소나기 사랑을 주는 아빠가 낯설기만 한 12세 이상의 어린이와 함께 한 일이 해준 일보다 중요하다는 걸 모르고 산 아빠들.

• 납치 여행 가쿠다 미츠요 글, 김난주 옮김 | 해냄
• 남쪽으로 마누엘 알론소 글, 엘레나 오드리오솔라 그림, 김정하 옮김 | 다림

그늘 없는 집은 없다

아이들이 무한대의 사랑을 경험하는 최초의 파라다이스는 가정이다. 그럼에도 어린 시절의 상처는 정신 분석의 단골 메뉴로 꼽힌다. 파고들면 어느 집이고 그늘 없는 집이 없다. 차라리 앙숙이었다면 훌훌 털어 내기 쉬우련만, 가족에게 받은 상처는 회복이 더디다. 앙금이 오래간다.

배봉기는 『명희의 그림책』에서 응달에 옹크린 한 아이의 슬픔을 이야기한다. 그 슬픔 뒤에는 해체되어 가는 가족이 원죄로 도사리고 있다. 삶은 애들이라고 너그럽게 봐 주지 않는다. 작가 또한 아이들의 그림책이라고 현실을 미화하지 않는다. 엔딩 자막이 올라갈 때쯤에는 불이 환히 켜지기를 가슴 졸여 보지만, 터널 속 같은 먹먹한 어둠은 마지막 장이 끝나도록 걷히지 않는다.

명희가 꿈속에서 붙들었던 곰 한 마리. 혀끝에 사르르 녹는 솜사탕처럼 찰나의 행복을 주는가 싶더니, 결국 곰은 아린 슬픔 저편으로 저벅저벅 사라져 간다. 아무리 덩치 큰 곰이라도 엄마가 떠나 버린 지하 셋방에서 한 권밖에 없는 그림책을 보고 또 보는 아이의 그리움과 원망을 해결하기에는 역부족이었나 보다. 큰 숨 내쉬며 마지막 장을 덮은 독자에게 책은 준엄하게 묻는다. 명희처럼 낮 동안 어른의 보살핌 없이 홀로 지내는 전국의 14만 초등학생들을 어떻게 할 거냐고.

테지마 케이자부로오의 『큰고니의 하늘』은 한 바퀴 슬쩍 돌려 가족애의 적나라한 맨살을 보여 준다. 북쪽 나라로 떠나야 하는 고니 식구들은 아픈 아이 때문에 출발을 미룬다. 가족으로서 당연한 결정이다. 그렇다고 결말을 넘겨짚어선 곤란하다. 아픈 아이 때문에 온 가족이 희생했다더라 하는 식의 쉬운 해피엔딩을 기대했다가는 당황할 테니까. 결국 그들은 병든 아이를 두고 떠나간다. 그 비정함이 독자의 가슴을 울릴 때쯤, 차마 아이를 버리고 갈 수 없었던 고니 가족이 돌아온다. '가족이기에'와 '가족이지만' 사이를 오가는 번뇌와 갈등이 숨김 없이 그려져 있기에 책장을 덮고도 오래도록 생각에 잠기게 된다.

아이들은 가족의 사랑을 무조건적으로 신뢰할 수 있어야 한다. 안정된 소속감 속에서 자라나야 마땅하다. 하지만 가족 역시 한계를 가진 인간이기에 서로 상처를 주고받을 수밖에 없다. 어쩌면 어른이 된다는 것은 가족의 사랑뿐 아니라 모순까지도 이해하고 품을 수 있음을 의미하는 건 아닐까.

대상 독자 : 엄마 아빠의 무조건적인 희생을 당연시하는 10세 이상의 어린이와 매일 같이 '미워도 다시 한 번'을 다짐하는 엄마들.

• **명희의 그림책** 배봉기 글, 오승민 그림 | 보림
• **큰고니의 하늘** 테지마 케이자부로오 글 · 그림, 엄혜숙 옮김 | 창비

아이들도 우울하다

엄마들의 단골 대사, "네가 걱정할 게 뭐 있어? 먹여 주지, 입혀 주지, 학교 보내 주지, 공부만 하면 되는데 고까짓 것도 제대로 못해?" 하지만 애들도 할 말이 많다. 지들도 힘들단다. 공부 따위 때려치우고플 만큼 우울하단다. 예전 같으면 "애들이 우울증은 무슨 우울증?" 하고 일소에 붙였겠지만, 더 이상 어린이 우울증은 강 건너 불구경할 일이 아니다.

정신과 의사 덴다 겐조는 『우울한 아이 무조건 쉬어야 한다』에서 사태의 심각성을 모르는 엄마들에게 일침을 놓는다. 이 책에는 아동 우울증이 무엇인지에서부터 증상과 종류, 진찰 사례들이 자세히 소개되어 있다. 혹시 내 아이도……? 의심이 불쑥 솟는 엄마들은 숙독해 볼 필요가 있다. 우울증과 단순한 우울감을 혼동해 온 엄마라면 정신이 번쩍 들 것이다.

우울증에 대한 전반적인 지식을 쌓았다면 이젠 내 아이를 위한 특별한 어루만짐의 시간을 마련할 차례다. 미술과 음악이 심리 치료에 효과를 보인다는 건 널리 알려진 사실. 그렇다면 문학은 어떨까? 밝은 마음을 갖는 게 병 치료의 기본이라면 즐거운 책 읽기가 우울증에 긍정적인 효과를 나타낼 건 자명하다. 올 방학에는 공부 스트레스를 벗어 던지고 르네 고시니의『꼬마 니콜라』라도 읽어 보자.

개구쟁이 시리즈의 고전이 된 이 책은 등장인물 모두에게 고루 녹아 있는 친밀감이 매력 포인트다. 물론 장 자크 상페의 그림만으로도 기분 전환은 떼어 놓은 당상이다. 멀쩡하게 잘 나가다가 어김없이 하루 일과를 사고로 마무리하는 니콜라, 거기에 먹보, 주먹 대장, 꼴찌 대장, 잘난 척 대장, 고자질쟁이 등 인간 사회의 캐릭터가 총출동한 듯한 니콜라의 친구들이 폭소와 미소를 번갈아 선사한다. 사는 게 고달파 어깨 축 처진 엄마 아빠들도 간만에 눈치 보지 않고 킬킬대게 만들어 줄 효자 녀석이다.

니콜라와의 작별을 아쉬워하는 독자들을 위해「앙코르 니콜라」시리즈까지 나왔으니 한동안 우울증 따위 뻥 차 버려도 좋을 듯하다. 프로이슬러의「왕도둑 호첸플로츠」시리즈와 린드그렌의「내 이름은 삐삐 롱스타킹」시리즈, 구드룬 파우제방의『거인 산적 그랍쉬와 땅딸보 부인』도 우울증을 말끔히 날려 줄 유쾌한 이야기들이다.

대상 독자 : 재미있는 게임마저 시들해진 9세 이상의 어린이와 요즘 들어 세상이 온통 회색빛으로 보이는 엄마들.

- 우울한 아이 무조건 쉬어야 한다 덴다 겐조 글, 김주영 옮김 | 일마
- 꼬마 니콜라 르네 고시니 글, 장 자크 상페 그림, 신선영 옮김 | 문학동네어린이
- 왕도둑 호첸플로츠 오트프리트 프로이슬러 글, 요제프 트립 그림, 김경연 옮김 | 비룡소
- 내 이름은 삐삐 롱스타킹 아스트리드 린드그렌 글, 레티스 그림, 햇살과나무꾼 옮김 | 시공주니어
- 거인 산적 그랍쉬와 땅딸보 부인 파우제방 글, 레티히 그림, 김영진 옮김 | 시공주니어

깊이 있고 폭넓은 독서로
글쓰기 실력을
키워 주세요.

읽기와 쓰기는 자웅 동체입니다. 균형 잡힌 독서가 전제되지 않은 글짓기 공부란 외발로 타는 자전거만큼이나 위태롭습니다. 글을 쓰기 위한 기본이 독서임을 모르는 사람은 없습니다. 그런데도 논술이 부각될 때가 아니면 책에 대한 긴장도를 슬금슬금 풀어 버리는 학부모들이 적지 않습니다. 독서에 할당되던 시간이 영어 단어나 수학 문제에 투입되는 것이죠.

이런 근시안적인 독서 지도로는 결코 문재(文才)를 키울 수 없습니다. 교육의 전 분야가 다 그렇지만, 특히 독서와 글쓰기에서는 졸속 공사가 통하지 않습니다. 눈에 보이는 변화를 감지하기까지는 긴 시간 동안 꾸준히 물 주기와 김매기, 잡초 제거의 고된 정신노동을 참아 내야 합니다.

생각 훈련 없이 기계적으로 책장을 넘겨 '필독서'만 꿀꺽꿀꺽 먹어 치우고 고학년이 된 아이는 본인 외에는 풀 수 없는 암호 같은 비논리적이고 중구난방 리포트를 써 내는 대학생이 되기 십상입니다. 사회인이 되어서는 상사의 말을 한 번에 알아듣지 못하는 '동문서답 벽창호'로 타박받게 될지도 모릅니다.

책이란 그저 읽어야 한다는 명제를 목에 걸고 거북이처럼 미련하게 글밭을 걷고 또 걷는다고 되는 게 아닙니다. 많은 아이들이 책을 열심히 읽으려고 나름대로 노력을 하는데도 이상향에 이르지 못하는 건, 바로 '무엇을 읽을 것인가'에 국한된 초보적인 화두만을 붙들고 '어떻게 읽을 것인가'를 등한시하기 때문입니다.

사과 하나가 교탁에 놓여 있습니다. 서른 명의 학생이 똑같은 모양, 똑같은 크기, 똑같은 빛깔의 사과를 그린다면, 무엇을 그릴 것인가에만 집중한 결과입니다. 과연 이 현상을 아이들 탓으로만 돌릴 수 있을까요?

창의적인 생각이란 천부적인 선물이자, 후천적인 개발이 가능한 노다지이기도 합니다. 아이들이 동일한 시각으로밖에 사과를 보지 못하고, 사과가 품은 수많은 사연과 너울가지에는 전혀 생각이 미치지 못한다면, 그건 똑같은 결과물밖엔 생산해 낼 수 없도록 고정된 자리에 아이들을 앉혀 놓은 어른들의 잘못이기도 합니다.

남들이 빨간색 사과를 그릴 때 자신 있게 보라색 파란색 검은색 사과를 그리려면 빛의 굴절이 제각각 다른 곳에 흩어져 앉아야만 합니다. 남들과 다른 모양의 사과를 그리려면 정면 측면 후면을 다양하게 관찰하고 비약적인 열린 사고가 가능한 자리를 찾아야 합니다. 그 자리를 제대로 발견해서 선점하도록 도와주는 일, 그게 바로 독서 지도의 핵심입니다.

똑같이 열 권을 읽어도 그저 눈으로만 훑고 끝나는 아이가 있는가하면, 열 권에서 백 권을 읽은 효과를 거두는 아이가 있습니다. 책의 소화 과정이 다르기 때문입니다. 먹고 즉각 배설하면 영양분으로 축적되지 못하듯, 그저 글자만 읽어 치운 책은 시간 낭비일 뿐입니다. 한 권의 책에서 얻어 낼 수 있는 최고치의 영양분을 뽑아내려면 남과 다른 방법을 동원해야 합니다. 나만의 사과를 그리는 방법이야 열 가지도 넘게 존재하겠지만, 오늘은 그중에서 두 가지 비법을 나눠 보려고 합니다.

첫째, 독서의 효과를 극대화할 수 있는 최고의 비법은 책을 짝지어 읽는 것입니다. 엄마들의 이해를 돕기 위해 성인 단행본을 예로 들어 말씀드리겠습니다.

박현욱의 『아내가 결혼했습니다』와 빌헬름 게나찌노의 『두 여자 사랑하기』는 비슷한 발상을 상반된 입장에서 다루고 있습니다. 두 권을 연달아 짝지어 읽으면, 한 권을 읽을 때는 생각하거나 느끼지 못한 새로운 각도의 생각이 세포 분열해 가는 걸 경험할 수 있을 겁니다. 읽는 재미도 배가될 뿐 아니라, 생각이 한 권에 갇히지 않기 때문에 이야깃거리와 생각할 거리가 갑자기 풍성해집니다. 두 권이니 두 배가 될 것 같지만, 실제로는 기하급수적으로 생각이 꼬리를 물고 증폭됩니다. 무의식 중에 두 권의 주제와 캐릭터, 분위기와 등장인물의 인생관, 작가의 문학관 같은 것을 비교 분석하는 힘도 생깁니다. 감상문을 쓸 때도 달랑 한 권 읽고 그 책의 줄거리와 느낌만 적은 사람하고는 격이 다른 심도 깊은 감상이 쏟아지겠지요. 서양 작가의 관점과 한국 작가의 관점, 전통적 사랑 방식과 현대적인 일탈의 사랑, 남녀 간의 미묘한 가치관의 차이 같은 것을 포착하는 문학의 촉수가 민감해지기 때문입니다.

와타야 리사의 『발로 차주고 싶은 등짝』과 다이도 다마키의 『이렇게 쩨쩨한 로맨스』도 짝지어 읽기에 좋은 작품들입니다. 두 작품은 똑같이 일본의 최고 문학상인 아쿠다가와상 수상작이지만, 분위기는 사뭇 다릅니다. 똑같이 사랑의 쓸쓸함과 공허함, 엇갈린 감정을 다루더라도, 접근 방식과 전개 양상에 따라 전혀 다른 이야기가 나옵니다. 주인공의 나이가 다른 만큼 사랑을 바라보는 등장인물의 인생관도 대조적입니다. 이렇게 두 작품을 나란히 읽다 보면 한 권만 볼 때는 결코 집어내지 못한 가려진 부분을 확대경으로 보는 자신만의 독서 돋보기를 갖게 됩니다. 사소한 것들까지 예민한 더듬이로 감지해 내는 힘이 생기는 것이지요. 제가 독서 칼럼을 쓸 때 반드시 책을 짝지어 쓰는 것도 바로 그런 이유에서입니다. 가지만 앙상한 겨울나무 같은 아이들의 생각 주머니를 잎과 가지, 열매가 무성한 나무로 풍성하게 키워 주고픈 엄마라면, 오늘부터 반드시 책을 짝짓기해서 읽히시기 바랍니다.

그런데 짝짓기 독서의 효용성에 눈 뜬 엄마들 중에 "짝짓기 독서의 중요성은 실감하지만 어떻게 짝을 지어 줘야 할지 모르겠어요." 하는 분이 많습니다. 독서 지도 칼럼이나 독서 지도 이론서를 쓴다면야 다양한 독자층의 눈높이를 고르게 안배해야 할 뿐 아니라 여러 가지 고려할 점이 많아 고심을 하게 됩니다. 하지만 그런 전문적인 목적이 있는 게 아닌 이상, 독서용 짝짓기는 인간의 결혼처럼 일생일대의 중대사가 아닙니다.

예를 들어 야시마 타로의 『까마귀 소년』을 읽을 때 반드시 다른 까마귀가 등장하는 동화와 짝을 지을 필요는 없습니다. 자연과학 도감을 펼쳐 보며 까마귀의 생태에 대해 생각해 봐도 좋고, 따돌림을 다룬 또 다른 책을 짝지어 읽어도 좋습니다. 소재가 같은 것끼리 짝지어도 되고, 주제가 비슷한 것, 혹은 반대 주제끼리도 좋습니다. 같은 책을 이 책과 짝지어 읽어 보고, 다음번에는 전혀 엉뚱한 다른 책과 짝지어 다시 읽어 보는 것도 좋습니다. 같은 작가의 책을 시리즈로 계속 읽으면서, 소재에 따른 차이점이나 공통된 정서, 혹은 시대별로 변화한 작가의 문학관 같은 걸 감지해 내는 것도 흥미로운 독서 방법의 하나입니다. 중요한 건 한 권에서 끝나지 않고 생각과 느낌을 발전, 확장시켜 나간다는 사실입니다.

그래도 막막한 분들을 위해 짝을 지으면 좋을 어린이 책 목록을 잠깐 살펴보겠습니다. 쥘 베른의 『15소년 표류기』는 누구나 읽는 필독서의 하나입니다. 거기에 게리 폴슨의 『손도끼』, 스콧 오델의 『푸른 돌고래 섬』, 윌리엄 스타이그의 『아벨의 섬』을 함께 읽혀 보세요. 모두 표류와 모험을 다루고 있기 때문에 아이들의 생각을 다양하게 이끌어 내는 데 좋습니다.

인디언 할아버지 할머니가 등장하는 미스카 마일즈의 『애니의 노래』와 빌 마틴 주니어의 『매듭을 묶으며』를 함께 읽으며 인생의 지혜와 용기 같은 것을 숙고해 볼 수도 있습니다. 위더의 『플랜더스의 개』를 읽을 때는 가디너의 『조금만, 조금만 더』와 미국 문학의 명작인 잭 런던의 『야성의 외침』, 뉴베리 상 수상작인 엘레노어 에스테스의 『진저 파이』, 펄리스 레이놀즈 네일러의 『샤일로』, 케이트 디카밀로의 『내 친구 윈딕시』 등을 함께 읽으며 다른 생명체와의 교감에 대해 생각에 잠겨 보는 것도 좋습니다. 하지만 어떤 경우에도 결국엔 아이들 스스로 책을 선별해 짝지어 읽을 수 있는 능력을 길러 주는 게 목표라는 걸 잊지 마세요.

둘째, 천편일률적인 주인공 중심주의에서 탈피하는 것입니다. 주인공의 그늘에 가려진 주변 인물에게도 사랑하는 사람이 있을 테고, 한때는 아름다운 꿈도 있었을 겁니다. 그들의 역할이 조연이라고 해서 그들의 인생 또한 들러리일 수만은 없습니다. 그런데도 그들에게 시선을 분산시키는 독자는 지극히 소수입니다. 그 소수가 되지 않는 한, 다채롭고 풍성한 생각의 갈래를 키울 수 없습니다. 더 깊이 뿌리를 뻗을 수 없습니다. 남과 다른 독후감은 바로 그 잔뿌리와 잔가지의 수액에서 뿜어져 나올 때가 많다는 걸 잊지 마세요.

석양의 그윽한 아름다움을 알지 못한 채 눈부신 아침 햇살만 태양이라고 주장한다면 절반의 세상만 누리는 셈입니다. 주인공만을 쫓는다면 작품의 반쪽만 읽고 책장을 덮는 것입니다. 엘레노어 에스테스의 『내겐 드레스 백 벌이 있어』(100쪽)와 크리스티안 뒤셴의 『베베르에게 마흔두 번째 누이가 생긴다고요?』(16쪽)를 다룬 칼럼 중에 짧게나마 주변 인물의 눈으로 텍스트를 해석하는 독서 다각화의 중요성과 요령이 녹아 있으니 참고하시기 바랍니다.

- **15소년 표류기** 쥘 베른 글, 레옹 브네 그림, 김윤진 옮김 | 비룡소
- **손도끼** 게리 폴슨 글, 김민석 옮김 | 사계절
- **푸른 돌고래 섬** 스콧 오델 글, 김종도 그림, 김옥수 옮김 | 우리교육
- **아벨의 섬** 윌리엄 스타이그 글·그림, 송영인 옮김 | 다산기획
- **애니의 노래** 미스카 마일즈 글, 피터 패놀 그림, 노경실 옮김 | 새터
- **매듭을 묶으며** 빌 마틴 주니어 외 글, 테드 랜드 그림, 김장성 옮김 | 사계절
- **플랜더스의 개** 위더 글, 하이럼 반즈 외 그림, 노은정 옮김 | 비룡소
- **조금만, 조금만 더** 존 레이놀즈 가디너 글, 마샤 슈얼 그림, 김경연 옮김 | 시공주니어
- **야성의 외침** 잭 런던 글, 웬델 마이너 그림, 정회성 옮김 | 웅진주니어
- **진저 파이** 엘레노어 에스테스 글, 이상규 그림, 작은 우주 옮김 | 대교
- **샤일로** 필리스 레이놀즈 네일러 글, 이강 그림, 국지수 옮김 | 서돌
- **내 친구 윈딕시** 케이트 디카밀로 글, 송재호 그림, 햇살과나무꾼 옮김 | 시공주니어

삶의 지혜를 얻다

생에서 몇 번이고 되풀이해 읽을 수 있는
책을 가진 사람은 행복한 사람이다.

-몽테를랑-

인간을 인간이게 하는 것

독서와 글쓰기의 상관관계에 이의를 제기하는 사람은 없다. 상상력, 논리적 사고력, 어휘 구사력, 문장력, 주제 집약 능력 등, 책은 헤아릴 수 없이 많은 유용성을 안겨 준다. 그러나 아무리 실질적인 쓰기 기술을 익혀도 '인간에 대한 총체적인 이해력'의 지반이 취약하면 모래 위에 지은 집이 되고 만다. 논술 열풍이 문학을 넘어 철학과 역사 서적 탐독으로 중심원을 넓혀 가고 있는 것도 그런 맥락에서일 것이다.

아이에게 읽는 즐거움과 더불어 생각하는 힘, 널리 보는 눈을 길러 주고 싶다면 나가사키 겐노스케의 『절뚝이의 염소』를 권한다. 한 권의 책으로 문학, 역사, 철학의 정수를 고루 맛볼 수 있다. 역사 연대표는 대단한 업적을 남긴 위인이나 지탄받아 마땅한 역적을 제외한, 평범한 사람의 삶에는 단 한 줄도 할애하지 않는다. 인색하고 비정한 연대표 속의 사건들을 통해 역사를 만난 아이들은 비판을 먼저 배우게 된다. 하지만 '인간'을 통해 역사를 만나는 아이들은 '삶'을 배운다.

『절뚝이의 염소』는 주인공을 가려낼 필요가 없는 책이다. 모두가 주인공이다. 도살장 동네에서 살아가는 아이들, 그 처절한 하층민의 삶에도 계급이 있고, 빈부가 나뉘며, 갈등과 고립, 꿈과 좌절이 숨쉰다. 일본과 중국의 전쟁을 배경으로 하지만, 글 중에 전쟁 묘사는 단 한 줄도 나오지 않는다. 전쟁 때문에 존엄성이 짓밟힌 자상의 흔적만이 생생하다. 그래서 더욱 슬프다.

이 책에 나오는 '김상'은 읽는 이로 하여금 이념과 민족의 정의가 무엇이냐는 지난한 언쟁을 뛰어넘어, 삶의 뒤안길로 사라져 간 한 인간을 깊이 숙고하게 만든다. 전쟁을 컴퓨터 게임으로 이해하는 아이들과 한번쯤 차분한 마음으로 '김상'을 만나 보자. 생존을 위해 돼지처럼 기어 다녀야 했던 절뚝이, 그리고 아들을 일본 군대의 총알받이로 내보내고 드디어 일본인이 되었다고 기뻐하는 김상의 부모……. 아이들은 역사의 웅장한 정면이 아닌, 비겁하고 초라한 뒷모습에 비친 무기력한 인간의 아픔을 어떻게 느끼고 소화해 낼 것인가.

시대를 초월한 명작, 하퍼 리의 『앵무새 죽이기』와 하이타니 겐지로의 『태양의 아이』도 함께 권한다. 인류에 상흔을 남긴 역사를 관통하는 묵중한 물음, '인간을 인간으로 존재하게 하는 힘은 무엇인가'. 이것이야 말로 모든 글의 영원한 화두이기 때문이다.

211

대상 독자 : 한 단계 깊은 사고력 훈련으로 나아가는 12세 이상의 어린이와 아이의 독서 지평을 넓히고 싶은 엄마들.

• **절뚝이의 염소** 나가사키 겐노스케 글, 김호민 그림, 양미화 옮김 | 문학동네어린이
• **앵무새 죽이기** 하퍼 리 글, 김욱동 옮김 | 문예출판사
• **태양의 아이** 하이타니 겐지로 글, 오석윤 옮김 | 양철북

말하지 않아도 알아요

언어는 상징과 은유라는 두 가지 마법을 가지고 있다. 구태여 특정한 사물과 관념을 일일이 지칭하지 않아도 이 강력한 마법을 통해 문학은 많은 말을 한다. 그래서 필립 클로델은 소설 『회색 영혼』에서 "우리가 꽃에 대해 이야기할 줄은 몰랐다. 아니, 내 말은 우리가 꽃에 대한 이야기만 하면서도, ―인간이니 운명이니 죽음, 종말, 상실 따위의 단어를 입에 올리지 않고도― 인생사를 논할 수 있을 줄은 몰랐다."고 한 것이리라.

일 년에 한 번의 만남만 허락되는 견우직녀처럼, 겨울 한때의 반짝 인기로 일 년을 버텨야 하는 고독한 산타! 오늘은 프란시스 처치의 『산타클로스가 정말 있나요?』를 통해 산타가 주는 또 다른 선물을 발견해 보자. 장영희 교수의 번역과 김점선 화백의 그림이라는 환상의 하모니 덕분일까. 매년 재활용되는 구식 소재임에도, 이 책을 찬찬히 읽다 보면 상념에 잠기게 된다. 북풍 한파 속에서도 어김없이 제날짜에 찾아오는 산타를 믿는 이들이라면, 우리의 꿈 또한 시련의 풍파 속에서도 결코 스러지지 않고 무르익어 빨간 양말 속에 기다리던 선물을 넣어 줄 거라고 믿지 못할 이유가 어디 있겠는가!

작가는 아이에게 산타의 존재 여부에 대해 이야기한다. 하지만 독자는 그의 따뜻한 글 속에서 어느새 우리 생의 가장 큰 선물인 꿈, 당장 눈에 보이지는 않지만 힘겨운 삶의 위로이자 희망인 꿈의 힘을 발견하고 믿게 된다. 이렇게 근사한 상징의 마법을 걸고 있는 산타의 실존을 누가 감히 부정할 수 있을까.

신시아 라일런트의 『이름 짓기 좋아하는 할머니』는 김춘수의 시 「꽃」을 떠올리게 한다. 『어린 왕자』의 사랑스러운 장미를 연상시키기도 한다. 그만큼 상징이 멋지게 활용된 작품이다. 홀로 남겨지는 게 두려워 일찍 작별을 고할 것 같은 상대에겐 절대 이름을 붙여 주지 않는 할머니. 누구는 고독을, 누구는 친밀감을, 또 다른 이는 관계를, 그리고 어떤 이는 이름에서 존재의 가치를 느낄 터. 그 넉넉한 해석의 자유가 오롯이 독자의 몫으로 남아 있는 이 아름다운 그림책을 읽노라면, 사랑하는 이의 이름을 부르는 것이 얼마나 코끝 찡한 일상의 행복인지 절로 깨우치게 된다.

213

대상 독자 : 눈에 보이지 않는 것들 속에 더 소중한 선물이 숨어 있음을 배워 가는 7세 이상의 어린이와 아이의 이름을 짓던 행복한 순간을 보듬고 사는 엄마들.

• 산타클로스가 정말 있나요? 프란시스 처치 글, 김점선 그림, 장영희 옮김 | 북뱅크
• 이름 짓기 좋아하는 할머니 신시아 라일런트 글, 캐드린 브라운 그림, 신형건 옮김 | 보물창고

공주들이 달라졌다!

공주들도 구조 조정을 당하는 시대다. 예쁜 공주라는 이유만으로 동화의 주인공으로 대접 받던 시절은 지나갔다. 백마 탄 왕자님을 기다리며 높은 탑 안에서 잠만 자다가는 노후 대책 없는 호호백발이 되기 십상이다. 요즘 작가들은 공주에게도 "깨어나! 도전하란 말이야!" 하고 외치고 있으니까.

배빗 콜은 『내 멋대로 공주』에서 왕자란 왕자는 모조리 격파하고 무소의 뿔처럼 혼자서 가는 전대미문의 공주를 창조해 냈다. 바바라 워커는 운명에 고분고분하지 않은 『흑설공주 이야기』를 썼다.

이렇듯 눈부신 여권 신장의 시대를 살아가는 여자아이들은 자신감으로 충만하다. 하지만 막상 그들이 부딪히는 세상은 녹록하지 않다. 여자라고 해서 이루지 못할 일은 없다고 배웠지만, 씩씩한 페미니즘 이론이 반드시 현실에도 반영되는 건 아니기 때문이다. 엄마들은 딸의 이런 혼란에 실행 지침은 제시해 주지 못하면서 "엄마처럼 살지 말라!"는 추상적인 주문만 한다.

딸에게 조급한 기대만 해 대는 엄마들과 역경에 내성이 전혀 없는 딸들에게 마리-크리스틴 엘거슨의 『여자 아이, 클로딘』을 권한다. 클로딘은 온종일 베틀 앞에 앉아 천을 짠다. 아무런 희망도 기쁨도 없는 클로딘은 차라리 엄마 아빠가 자기를 팔아 버렸으면 좋겠다고 생각할 정도로 불행하다. 세월이 흘러도 변하지 않는 세상 모든 딸들의 대사 "나는 엄마처럼 살고 싶지 않아요!"가 클로딘의 입에서 절로 터져 나온다.

이모네로 요양을 떠난 클로딘은 그곳에서 비로소 글자를 깨우치고 그림 그리는 행복을 알게 된다. "남자들이 다 부러워할 만한 직업을 가질 거야. 나를 우러러보게 할 거라고." 원하는 삶을 살기 위해서는 각고의 노력이 필요하다는 걸 깨달은 클로딘은 결국 아버지의 몰이해를 이겨 내고 상급 학교에 진학해 디자이너의 꿈을 이룬다.

편하고 안락한 성을 뛰쳐나와 자기 삶의 주인공이 되기 위해 분투하는 현대판 공주들과 클로딘의 이야기를 읽으면서 아이들은 무슨 생각을 할까. 부디 안일함에 길든 자신을 돌아보며 도전과 용기의 의미, 그리고 눈물겨운 노력의 가치에 대해 생각해 볼 수 있기를 바랄 뿐이다.

대상 독자 : 포부는 야무지지만 치열한 전투 의식은 실종된 어린이와 버튼만 누르면 즉각 아이의 필요를 채워 주는 자동판매기형 부모들.

- 내 멋대로 공주 배빗 콜 글 · 그림, 노은정 옮김 | 비룡소
- 여자 아이, 클로딘 마리-크리스틴 엘거슨 글, 이브 보자르 그림, 박희원 옮김 | 바람의아이들

미처 만나지 못한 가족

인간관계에 관한 책이 쏟아져 나온다. 타인과의 원만한 관계가 성공 요건이라고 다들 입을 모은다. 그런데 무슨 아이러니일까. 아이들에게는 "남의 일에 참견 말고 공부나 잘하라."고 주문한다. 이론과 실전을 표리부동하게 가르친 어른들 덕분에 아이들은 인간관계가 꼬일 대로 꼬인 후에야 허둥지둥 관계의 기술을 배우느라 진땀을 뺀다.

세상의 가장 낮은 곳으로 내려온 아기 예수의 생일에 매튜 스위니의 『아저씨, 소년 그리고 여우』를 권한다. 어느 날 소년은 거리 풍경에 불과했던 노숙자에게 관심을 갖기 시작한다. 그 관심은 선원으로 세상을 두루 섭렵한 아저씨에 대한 동경으로 발전하고, 급기야 굳건한 우정의 결속으로 이어진다. 선원이 되기 위해서는 공부할 필요가 없지 않느냐는 소년의 질문에 아저씨는 답한다. "가는 길을 알기 위해서는 지리가, 거기서 무슨 일이 일어났는지를 알려면 역사가, 또 떠나 있는 날이 얼마나 되는지 세려면 수학이, 책이나 편지를 읽으려면 읽기가 필요하지." 풍파 심한 삶의 바다를 건너며 건져 낸 우문현답이 아닐 수 없다. "그들 중 누가 앞서 간다고 할 수 없었다. 그럴 필요도 없는 것 같았다. 그냥 나란히 걸었다." 너무 단순해서 오히려 가슴 새큰한 이 이야기는 이렇게 우리 손에 뒤쳐진 이웃과의 '동행의 초대장'을 슬그머니 쥐어 주고 끝난다.

바스콘셀로스의 『나의 라임 오렌지 나무』에서 말썽꾸러기 제제를 훌쩍 철들게 하고 삶의 지평을 확장시켜 준 건 낯선 뽀르뚜가 아저씨다. 신시아 라일런트의 『그리운 메이 아줌마』에서 고독한 서머에게 그 어떤 상실에도 불구하고 세상이 눈부시게 아름다운 곳임을 가르쳐 준 것 또한 타인으로 만난 메이 아줌마다. 메이 아줌마는 우리 귓가에 나직하게 속삭인다. 우리는 모두 함께 살아가도록 태어났으니 서로를 꼭 붙들라고.

나달나달해지도록 빨간 줄을 그으며 인간관계 지침서를 읽고도 아직 타인과 진정한 공감을 이뤄 본 적이 없다면, 오늘 아이와 함께 "타인이란 미처 만나지 못한 가족"이라는 미치 앨범의 말을 곱씹어 보자. 엄마 아빠가 백 권의 이론서에서 체득하지 못한 인간 소통의 비밀을 불현듯 깨닫는 아이의 영특함에 놀라게 될지도 모를 일이다.

대상 독자 : 더불어 사는 지혜를 배워야 할 10세 이상의 어린이와 연말연시용 반짝 이웃 사랑이 부끄러운 어른들.

• 아저씨, 소년 그리고 여우 매튜 스위니 글, 박미낭 옮김 | 아리솔
• 나의 라임 오렌지 나무 J.M 바스콘셀로스 글, 박동원 옮김 | 동녘
• 그리운 메이 아줌마 신시아 라일런트 글, 햇살과나무꾼 옮김 | 사계절

지혜로운 돼지들

예로부터 작가들은 돼지를 사랑했다. 얄궂게도 도무지 배울 것이라곤 없어 보이는 돼지로부터 깨우침을 얻게 만든다. 돼지 지도자 스노볼과 나폴레옹을 등장시켜 인간을 신랄하게 풍자하고 비판한 『동물 농장』의 조지 오웰은 '돼지 문학(?)'의 대표 주자일 것이다. 소설뿐 아니라 동화 속에서도 돼지는 맹활약을 펼치며 아이들에게 교훈과 재미를 듬뿍듬뿍 나눠 준다.

오늘은 돼지가 등장하는 동화의 맏형 격인 『아기 돼지 삼 형제』를 펼쳐 보자. 제이콥스가 쓴 영국 옛이야기 속의 돼지 삼형제를 만나지 않고 어린 시절을 보낸 엄마는 없을 터. 배에 힘주고 자신 있게 구연 동화로 재연해 봐도 좋지 않을까.

지푸라기로 집을 지은 첫째 돼지, 어떻게 됐을까? 단골 악역 늑대한테 당하고 말았지. 가시덤불로 집을 지은 둘째 돼지, 어떻게 됐을까? 어김없이 나타난 늑대에게 또다시 당했지. 그럼 현명하고 부지런한 막내 돼지는? 차곡차곡 끙끙 벽돌로 집을 짓고 멋지게 악당을 물리쳤단다.

이쯤에서 돼지 이야기가 주는 교훈을 아이에게 가르쳐 주고 싶어 조급해진 엄마들이여! "재미난 이야기를 읽고 즐거워진 아이에게 책에서 배운 교훈이 뭐냐고 캐물어서 흥을 깨지 말라."는 작가 크리스토퍼 폴 커티스의 충고에 귀 기울여 한 박자 참기 바란다. 서두르지 않아도 때가 되면 아이들은 막내 돼지보다 훨씬 더 성실하고 지혜롭게 자라날 테니까.

프레데릭 스테르의 『아기 돼지 세 자매』에서는 얘기가 역전된다. 편안한 걸 좋아하는 첫째 언니는 가진 돈을 몽땅 들여 호화스런 벽돌집을 샀는데, 그만 돼지로 변장한 늑대에게 꿀꺽. 나무집을 지은 둘째 언니 역시 늑대에게 한 방. 우리의 희망, 똑똑한 막내 돼지 아가씨는 어떻게 됐을까. 늑대 변장을 하고는 돼지 변장을 한 엉큼한 늑대를 지푸라기 집으로 유인해서 퍽퍽퍽 해치운다.

10세 이상의 어린이라면, 영화 『꼬마 돼지 베이브』의 원작인 월터 브룩스의 『탐정 프레디』까지 만나 보자. 돼지 이야기에 파묻혀 시간 가는 줄 모르다가 스르르 잠이 들면, 오늘밤 무슨 꿈을 꾸게 될지는 뻔한 일이니 한 번 시험해 보길.

대상 독자 : 대한민국의 사랑스런 황금 돼지인 6세 이상의 어린이들과 사교육비에 휘청해서 돼지꿈에라도 기대고픈 엄마들.

• **아기 돼지 삼 형제** 백미숙 글, 포드콜친 에브게니 그림 | 삼성출판사
• **아기 돼지 세 자매** 프레데릭 스테르 글 · 그림, 최윤정 옮김 | 주니어파랑새
• **탐정 프레디** 월터 R. 브룩스 글, 쿠르트 비저 그림, 한유미 옮김 | 나들목

전래 동화의 힘

괴테는 "내가 인생의 법칙을 배운 것은 어머니가 들려준 동화를 통해서였다."고 했다. 골치 아픈 법전을 공부한 적 없는 꼬마들도 악당은 벌을 받아야 하고, 착한 사람은 행복해져야 한다고 믿는다. '권선징악'이나 '사필귀정' 같은 인류 공통의 가치관은 바로 전래 동화가 우리에게 물려준 유산인 셈이다.

선조들의 빛나는 해학과 촌로들의 구수한 입담이 어우러져 우리에게 전승되어 온 전래 동화. 이 이야기보따리는 시대착오적인 허무맹랑함에도 불구하고, 과학 문명이 지배하는 21세기에도 불로장생의 힘을 과시하고 있다. 인스턴트식품의 홍수를 꿋꿋이 이겨 낸 기본식단의 저력이 아닐 수 없다.

오늘은 아이와 함께 전래 동화 여행을 떠나려는 엄마들에게 마쯔따니 미요꼬의 『용의 아이 타로오』를 권해 드린다. 용의 아들로 태어난 타로오는 검은 오니에게 잡혀 간 여자 친구 아야와 가난 때문에 어쩔 수 없이 용이 되어 북쪽 나라 늪지로 떠난 엄마를 찾기 위해 길을 떠난다. 이 과정에서 타로오가 만나게 되는 빨간 오니, 텐구, 하루에 백 리를 달리는 하얀 말, 친구의 모습을 비춰 주는 거울, 엄마와의 연결 고리인 빗 등은 타로오가 힘과 지혜를 기르는 데 필요한 영양소들이자, 생의 목표를 발견하도록 인도해 주는 나침판이다.

"지금까지는 줄곧 먹고 자고 먹고 자기만 했는데, 이제야 겨우 내가 무엇을 위해서 살아야 하는지 깨달았어요." 타로오는 험한 모험을 통해 자신의 존재 가치를 발견했다고 고백한다. 그의 고생 덕분에 우리 아이들은 타로오보다 한결 편하게 삶의 목표를 사색해 볼 수 있으니 얼마나 감사한지.

남의 나라 전래 동화로 별식을 맛보았으니, 이번에는 우리 전통 음식을 포식할 차례. 호랑이 체면 다 구긴 채 뒷발로 좁쌀 방아까지 찧게 된 『방아 찧는 호랑이』를 만나 보자. 아니면 각시를 찾기 위해 우지끈 뚝딱 용기를 발휘한 신랑을 따라 『땅속 나라 도둑 괴물』을 잡으러 나서 보는 것도 좋겠다.

좀 더 본격적으로 전래 동화를 읽어 주고 싶은 엄마라면 하지현의 『전래 동화 속의 비밀 코드』를 참고하면 도움이 될 듯하다.

대상 독자 : 『용의 아이 타로오』는 10세 이상, 그 외 두 편의 그림동화는 6세 이상의 어린이, 그리고 옛날이야기에 눈뜨기 시작한 엄마들.

• 용의 아이 타로오 마쯔따니 미요꼬 글, 타시로 산젠 그림, 고향옥 옮김 | 창비
• 방아 찧는 호랑이 서정오 글, 이춘길 그림 | 곧은나무
• 땅속 나라 도둑 괴물 조대인 글, 홍성찬 그림 | 보림
• 전래 동화 속의 비밀 코드 하지현 글 | 살림

가슴에 눈물 배게 하는 동시

유용성만 놓고 따지자면 세상에 시인만큼 불필요한 존재도 없다. 아무리 못마땅해도 정치가는 필요하다. 의사, 농부, 법관, 상인, 운전사, 교사…… 거의 모든 직종의 사람들이 세상사에 반드시 필요하다. 시인은 다르다. 시집이 일시에 지구상에서 몽땅 증발한다 해도 내일의 해는 어김없이 떠오를 것이고, 지구 곳곳의 일상은 한 치도 흐트러짐 없이 지속될 것이다. 그런데 기이하다. 공룡은 멸종됐어도, 시는 건재하다. 광속의 시대에도 진화할 줄 모르는 미련한 시는 무관심 속에서도 질기게 살아남아 우리의 곁을 지키고 있다.

눈부신 봄날, 팍팍한 생활에 쫓겨 아이 손잡고 꽃구경 한 번 못 간 엄마들! 하루 정도는 일상에 눌린 마음일랑 풀어놓고 아이와 함께 팬둥팬둥 동시를 읊어 보면 어떨까.

"나는 풀잎이 좋아, 풀잎 같은 친구 좋아/ 바람하고 엉켰다가 풀 줄 아는 풀잎처럼/ 헤질 때 또 만나자 손 흔드는 친구 좋아/ 나는 바람이 좋아, 바람 같은 친구 좋아/ 풀잎하고 헤졌다가 되찾아온 바람처럼/ 만나면 얼싸안는 바람 같은 친구 좋아."

정완영 시인의 동시집『가랑비 가랑가랑 가랑파 가랑가랑』의 일부다. 노시인의 청량한 시심에 절로 감탄사가 터진다. 노시인은 한 단어면 끝날 '어머니'도, "분단장 모른 꽃이, 몸단장도 모른 꽃이/ 한여름 내도록을 뙤약볕에 타던 꽃이/ 이 세상 젤 큰 열매 물려주고 갔습니다."라고 읊는다. 그래, 가슴에 얼룽얼룽 눈물 배게 하는 힘, 그게 바로 시다.

이번에는 꿈결에 스친 동무의 아른한 손짓 같은 동시를 읽어 보자.

"자전거 잃어버린 지/ 일주일이 지나도/ 나는 잃어버린 자리를/ 날마다 찾아간다/ 함께 달리던 길을/ 혼자 걸어서 돌아오며/ 훔쳐 간 사람한테 욕한다/ 그러다 얼른 마음을 고쳐먹는다/ 내일이라도 다시 제자리에/ 가져다 놓으려던 그 사람이/ 영영 갖다 놓지 않을 것 같아/ 속으로도 욕하지 않기로 했다."

지리산 간디 학교에서 아이들을 가르치는 남호섭 시인의『놀아요 선생님』을 읽다 보면 지도에 없는 먼, 먼 나라에서 날아 온 엽서를 품고 있는 기분이다. 아이 앞에서 평론가 마냥 시를 해부하는 지적 허영은 과감히 생략하자. 그냥 더불어 느끼며 즐겨 보자. 학교로 학원으로 팽이처럼 돌던 아이들뿐 아니라, 오래전에 잃어버린 줄 알았던 엄마의 동심까지 파르스레하게 살아날 것이다.

대상 독자 : 동시를 사랑하는 모든 어린이와 어린 시절 읊던 동시의 추억이 그리운 엄마들.

• 가랑비 가랑가랑 가랑파 가랑가랑 정완영 글, 임종길 그림 | 사계절
• 놀아요 선생님 남호섭 글, 이윤엽 그림 | 창비

책에서 캐낸 지혜

　책장 넘어가는 게 아까워서 야금야금 아껴 읽게 되는 책, 마지막 장을 덮기가 아쉬워 다시 한 번 읽게 되는 책……. 이런 책이라면 밤을 꼬빡 날린 하얀 새벽도 억울하지 않다. 이런 책을 만난다는 건, 순수한 어린 시절 섬광처럼 꽂혀 평생 각인되는 '소나기' 같은 첫사랑의 기억만큼이나 소중한 축복이기 때문이다. 그런데 곰곰 생각해 보면 이런 책들은 심산유곡의 청정한 물줄기 같은 지혜를 담은 책인 경우가 많다. 지혜가 지식보다 중요하다는 건 누구나 안다. 그런데도 지혜로운 이를 찾기 힘든 건, 손 닿기 쉬운 지식만을 추구하도록 내모는 현대 교육의 폐단 때문 아닐까.

　자녀를 무한 경쟁의 21세기 인재로 키우기 위해 엄마들은 늘 분주하다. 아이에게 유용한 지식을 한 가지라도 더 공급하기 위해 서점으로, 체험 학습장으로 바삐 뛴다. 어학 연수와 조기 유학의 국제적인 전략 동원에도 적극적이다. 그런데도 어쩐 일인지 뒤쳐지는 아이가 생긴다. 시간을 현명하게 관리해 필요한 지식을 효율적으로 습득하는 지혜를 깨우치지 못했기 때문이다. 그럴 때일수록 기본으로 돌아가야 한다. 따라 잡아야 할 지식의 방대함에 초조하다면 더욱 그래야 한다. 책에 담긴 지혜의 목소리에 귀 기울여야 한다.

빌 마틴 주니어의 『매듭을 묶으며』는 눈 먼 손자에게 삶의 지혜를 전수하는 인디언 할아버지의 이야기다. 할아버지는 어둠을 운명으로 짊어지고 태어난 손자에게 앞 못 보는 불행에도 불구하고 삶은 아름다운 은총이라는 사실을 깨우쳐 준다. 소년은 할아버지가 지어 준 '푸른 말의 힘'이라는 신비하고 역동적인 이름에 의지해서 빛을 보는 법을 배워 간다. "소리란 귀로 듣는 것이 아니라 마음으로 듣는 것"이라는 화담 서경덕의 말처럼 세상을 반드시 눈으로만 볼 필요는 없음을, 영혼으로 보고 부딪혀 자신만의 빛의 세계를 열어 가는 희열이야말로 진정한 지혜임을 자각하게 되는 것이다.

미스카 마일즈의 『애니의 노래』에는 손녀에게 삶과 죽음, 허망하고도 아름다운 인생 순환의 고리에 대해 이야기하는 인디언 할머니가 나온다. 삶의 사계에 대해 이야기하는 할머니의 음성은 너무도 나직하고 담담해서 눈물이 핑글 돈다. 유태인의 『탈무드』도 빼놓을 수 없다. 나라 없이 떠돌던 디아스포라의 한과 지혜가 응축된 『탈무드』를 차근차근 곱씹다 보면, 솔로몬 왕의 지혜가 왜 현대에도 최고의 덕목으로 꼽히는지 아이 스스로 깨닫게 될 것이다.

대상 독자 : 인터넷 검색으로 해결할 수 없는 지혜 결핍으로 목마른 9세 이상의 어린이와 더 늦기 전에 지혜의 초유를 먹이고픈 엄마들.

- **매듭을 묶으며** 빌 마틴 주니어 외 글, 테드 랜드 그림, 김장성 옮김 | 시계절
- **애니의 노래** 미스카 마일즈 글, 피터 패놀 그림, 노경실 옮김 | 새터
- **탈무드** 한상남 엮음, 바이일러스트 그림 | 삼성출판사

죽음에 대한 이해

아무리 생각 깊은 철학자라 할지라도 죽음을 완전히 이해할 수는 없다. 그래서 사람들은 모두 죽음을 저만치 밀어 놓은 채 살고 싶어 한다. 아동 문학에서도 죽음은 오랫동안 터부시되는 소재였다. 하지만 시대가 급변하면서 금기시하는 주제나 소재를 찾아보기 힘들 만큼, 동화 작가들의 시각이 다양하고 자유로워졌다. 죽음을 정면으로 응시하는 작품이 많아진 것도 그런 현상의 하나다.

구두룬 멥스는 『작별 인사』에서 간결하고 울림 있는 문체로 아이의 눈높이에서 바라본 죽음을 담담하게 그린다. 리얼리즘 작품답게 사실적인 묘사를 동원해 감정의 동요 없이 죽음을 이야기한다. 차분히 절제된 이야기는 죽음이 특별한 자의 운명이 아니라는 사실을 암시하는 듯하다. 평상심을 잃지 않는 작가의 시선에도 불구하고 주인공인 '나'가 매일 밤 안고 자던 양 인형 없이 언니가 잘 수 있을지 걱정하는 대목에서, 그리고 언니가 그 양 인형을 갖고 떠나갔는지 묻는 장면에선 어쩔 수 없이 눈물이 흐른다. 짧지만 강렬한 이 작품은 아이들로 하여금 죽음을 주인공 소녀의 언니가 좋아했던 파란색 물감을 푼 물처럼 신비하고도 아름다운 것으로 받아들이게 만든다.

구두룬 멥스가 이야기를 통해 죽음을 이야기했다면, 미셸린느 먼디는『슬플 때도 있는 거야』에서 실질적인 조언을 들려준다. 슬픔은 나쁜 게 아니므로 소리 내어 울어도 괜찮다고, 이 모든 불행이 아이의 탓이 아니라고 다독인다. 영혼에 대한 단상들, 깊은 상실감과 그리움, 그리고 앞날에 대한 새로운 희망에 대해 나지막하나 또렷또렷일러 주면서 아이들이 어두운 터널을 무사히 빠져나와 한 단계 쑥 성장할 수 있도록 도와준다. '마음과 생각이 크는 책'이라는 타이틀이 무색하지 않은 유익한 가이드북이다.

덕분에 자신감을 갖고 슬픔과 마주할 힘이 생겼다면 도다 가즈요의『여우의 전화 박스』를 읽어 보자. 환상적인 판타지 기법을 동원해 아이들로서는 상상하기 어려운 자식의 죽음을 다룬 시적인 작품이다. 영원한 작별의 슬픔을 이렇게 포근한 정서로 다룬 작가의 역량이 놀랍기만 하다.

대상 독자 : 살다 보면 해님이 잠자는 깜깜한 밤을 지날 때도 있다는 사실을 배워 가는 9세 이상의 어린이와 가끔씩 진지한 주제의 책 읽기로 삶의 내피를 살짝 맛보게 해 주고픈 엄마들.

- **작별 인사** 구두룬 멥스 글, 욥 뮌스터 그림, 문성원 옮김 | 시공주니어
- **슬플 때도 있는 거야** 미셸린느 먼디 글, R. W. 앨리 그림, 노은정 옮김 | 비룡소
- **여우의 전화 박스** 도다 가즈요 글, 다카스 가즈미 그림, 햇살과나무꾼 옮김 | 크레용하우스

받고 싶은 대로 베풀어라

오지 여행이 인기다. 문명의 손을 덜 탄 나라일수록 선망의 대상이다. 원주민을 만나 보고 싶어 일이 년 전부터 계획을 세우고 경비를 모은다. 못 가는 사람은 떠나는 이를 부러워한다. 그런데 이상하다. 막상 그 원주민들이 한국에 와 이웃이 되면 무시한다. 그가 가난하면 적대감까지 품는다. 남과 다른 삶을 추구하면서도, 나와 다른 남은 배척하는 게 인간 심리이던가. 그 이중성에 떠밀려 벼랑 끝에 선 게 바로 대한민국에서 영원한 이방인으로 살 수밖에 없는 외국인 노동자들이다.

김송순의 『모캄과 메오』의 모캄은 오리 농장의 일꾼이다. 그는 도둑고양이를 메오라고 부르며 돌봐 준다. 그리운 딸의 이름이다. 둘의 돈독한 우정은 인간과 애완동물의 관계를 훌쩍 넘어선다. 가뭇없이 사라진 꿈과 무참히 밟힌 존엄성, 불투명한 미래를 향한 필사적인 안간힘, 둘의 결속감은 바로 이런 절망 속에 솟아난 신기루와 같다. 누명을 쓴 고양이 한 마리를 위해 임금을 포기한 채 농장을 떠나는 모캄. 아이들은 책장을 덮으며 무슨 생각을 할까. 사라져 간 그의 등에 단지 '불쌍해!'라는 한마디를 던질 뿐이라면 책을 헛 읽은 셈이다. 그런 단면적인 사고로는 상투적인 인권 구호를 따라 외치는 앵무새가 되는 데 그칠 뿐이다. 어떤 화두를 붙들고, 어느 결을 따라 삶의 단면을 저며 낼 것인가. 독서 지도 교사로서 엄마의 역량을 시험해 볼 수 있는 책이다.

사르트르는 "어딜 가서 살든 열흘만 지나면 다 똑같다."고 했다. 하지만 『블루시아의 가위바위보』를 읽다 보면, 어디나 사람 사는 건 마찬가지라는 말이 낯설게 느껴진다. 책 속에 펼쳐지는 세상은 기원전의 세상도 아니고, 머나먼 남극의 이야기도 아니다. 지금 이 시간, 우리 곁에서 끊임없이 벌어지고 있는 일들이다. 단지 그들과 옷깃을 스쳤을 뿐인 사람들조차 '난 죄 없다.'고 맘 편할 수만은 없다. 자괴감 때문에 더디 넘어가는 책장 갈피갈피에, 그래도 희망이 숨어 있다. 돼지고기를 못 먹는 무슬림 친구를 위해 쇠고기 카레를 사다 주는 친구, 손가락이 잘린 노동자를 위해 '가위바위보'에서 가위를 빼주는 독일 고모……. 내가 받고 싶은 대우를 남에게 먼저 해 주라는 성서의 가르침이 이토록 절실하게 와 닿을 수 없다. 소중애의 『연변에서 온 이모』를 읽으며 우리의 서슬 퍼런 텃세에 설움 당하는 동포의 삶에까지 사고의 범위를 넓혀 보면 더욱 유익할 것이다.

대상 독자 : 차이와 차별의 다름을 배워 가는 10세 이상의 어린이와 그동안 이중 잣대로 타인을 대해 온 과오에 선뜩해진 엄마들.

• **모캄과 메오** 김송순 글, 원혜영 그림 | 문학동네어린이
• **블루시아의 가위바위보** 김중미 외 글, 윤정주 그림, 국가인권위원회 기획 | 창비
• **연변에서 온 이모** 소중애 글 | 웅진주니어

치열해서 더 아름다운 삶

로빈슨 크루소는 어린이들의 영웅이다. 물론 미셸 트루니에 같은 이는 로빈슨 크루소의 제국주의 시각을 비틀어 패러디해 『방드르디, 태평양의 끝』같은 작품을 쓰기도 했지만, 아이들은 그런 데 아랑곳 하지 않는다. 학교와 학원 사이를 맴도는 아이들에게는 매혹적인 푸른빛으로 깜빡이는 비상구가 간절하기 때문이다.

하지만 '나 홀로 생존'의 모험이 현실 속으로 들어온다면 어떨까. 사람이 없어서 고독한 게 아니라, 사람 때문에 뼈가 시리도록 고독한 공포에 사로잡혀 살아야 한다면? 우리 오를레브의 『희망의 섬 78번지』는 아이들을 오싹한 생존의 몸부림, 그 생생한 역사의 현장으로 안내한다. 꿈이 아니다. 판타지도 아니다. 유태인으로 태어났다는 이유만으로 언제 죽음을 당할지 알 수 없는 알렉스에게는 엄연한 현실이다.

로빈슨 크루소는 누군가 무인도를 찾아 주기를 간절히 기다렸을 것이다. 78번지 폐허 더미에 홀로 던져진 알렉스는 누군가에게 발각될까 봐 매 순간이 두렵다. 친구라곤 생쥐뿐이다. "녀석이 쥐라는 게 다행스럽다. 하고 싶은 얘기를 다 할 수 있으니까." 이보다 더 적나라하게 "말 한마디가 목숨을 앗아갈 수도 있는" 현실을 표현할 수는 없다. 결국 알렉스는 정당방위이긴 하지만 살인을 저지르고 만다. 그럼에도 작가는 꿋꿋하게 그곳이 '희망의 섬'이라고 주장한다. 처음에는 불운의 숫자로 생각되던 13을 어떻게 행운의 숫자로 여기게 되는지, 그 이면에 작가가 말하고자 하는 희망의 비밀이 숨어 있다.

게리 폴슨의 『다리 건너 저편에』 또한 소름 돋는 삶의 치열함 속으로 던져진 소년의 이야기다. 작가의 삶이 거칠었듯, 이 이야기 또한 그렇다. 짧고 무뚝뚝한 작품의 어느 결에 눈물이 배어 있었을까. 마지막 장을 덮고 난 손이 축축해진다. 쉽게 돌아서지 못하고 자꾸만 작가에게 묻고 싶어진다. "그래서 마니는 어떻게 되었나요?" 대답이 없어도 독자들은 마니의 행복을 믿는다. 희망이란 그런 것이다.

231

두 작품은 막연하고 허황된 소망 대신, 현실을 직시한 강인한 의지력, 그 속에서 분출된 치열한 생존에의 열망만이 진정한 희망으로 인도하는 등대라는 '스톡데일 정신'을 가르쳐 준다. 인터넷 덕분에 조숙해졌지만, 실상 엄마의 지시 없이는 어떤 결정도 내리지 못하는 요즘 아이들! 먹빛 현실을 헤쳐 나가는 핏빛 모험 이야기가 어느 때보다 필요한 시대 아닐까.

대상 독자 : 로빈슨 크루소 그 너머의 모험에 목마른 13세 이상의 소년 소녀와 진정한 모험은 삶의 갈피갈피에 숨어 있음을 가르쳐 주고픈 엄마들.

• 희망의 섬 78번지 우리 오롤레브 글, 유혜경 옮김 | 비룡소
• 다리 건너 저편에 게리 폴슨 글, 김옥수 옮김 | 사계절

내 인생의 등대

등대만큼 강력한 상징어로 사용되는 단어도 흔치 않다. 실제로 등대를 본 적이 없는 이들도 막막할 때면 인도의 손길인 '등대'를 갈망한다. 종종 바다 안개보다 더 지독한 암흑을 헤쳐 나가야 하는 인생 항로에서야말로, 하루에 삼천 번을 깜박여 길을 안내해 준다는 파바리츠 등대 같은 구원의 불빛이 간절하기 때문이리라.

가을이 깊어 가고 있다. 다들 산으로 몰려갈 때 홀로 불 밝히는 쓸쓸한 등대로 사색 여행을 떠나 보자. 주강현의 『등대와 괭이갈매기의 꿈』을 펴면 세계 7대 불가사의의 하나이자 역사상 최초의 등대인 알렉산드리아의 파로스 등대부터 아시아 최초의 등대인 마카오의 구이아 등대, 홍도의 갈매기섬 등대에 이르기까지 다양한 등대를 섭렵할 수 있다. 등대 건축의 발자취를 따라가며 역사의 맥을 짚어 보는 재미가 쏠쏠하다. 일본에 등대 기술을 전해 준 게 바로 아이들이 즐겨 읽는 『보물섬』의 작가 로버트 스티븐슨의 할아버지라는 사실을 알고 나면 역사의 수레바퀴에 대해 절로 생각에 잠기게 된다.

줄리아 엘 사우어의 『제비갈매기섬의 등대』는 성탄절 휴가를 떠나고 싶은 등대지기의 꼬임에 깜박 속아 등대에서 겨울을 보낸 소년의 이야기다. 온종일 파도와 갈매기 울음소리뿐인 등대지기의 단조로운 삶만큼이나 단순하고 짧은 이야기인데도, 여백에서 잔잔하게 뿜어져 나오는 아련한 향수에 붙들려 바다를 동경하게 된다.

박신식의 『등대지기 우리 아빠』는 현란한 도시의 네온사인이 흉내 낼 수 없는 고즈넉한 등대 불빛을 닮은 작품이다. 엄마를 바다에 빼앗기고, 아빠마저 그 바다에 갇혀 등대지기로 살아가는 해준이…….. 등대섬에서 서로의 상처를 치유해 가는 가족들에게 작은 어선 한 척까지도 보듬어 안는 등대 불빛이 은은하게 비치는 것만 같아 마음이 짠해진다.

꼼꼼하게 등대를 둘러봤다면 『등대와 괭이갈매기의 꿈』에 수록된 한국의 등대 목록을 참고해 가족 여행 계획을 세워 보면 어떨까. 지리와 역사 공부를 겸한 색다른 여행의 추억이 생겨날 것이다. 직접 등대를 찾아 나선 가족을 위해 바다 여행의 향취를 배가시켜 줄 책으로 『갈매기에게 나는 법을 가르쳐준 고양이』를 권한다. 라틴 문학을 대표하는 작가 루이스 세뿔베다가 등대의 가장 친한 친구인 갈매기의 입을 빌어 무슨 이야기를 들려줄지 자못 궁금하지 않은가.

대상 독자 : 인생 항해의 초보 선장인 10세 이상의 어린이와 아이들 생애 최초의 등대인 지혜로운 엄마들.

- 등대와 괭이갈매기의 꿈 주강현 글 | 생각의나무
- 등대지기 우리 아빠 박신식 글, 이유정 그림 | 아이앤북
- 갈매기에게 나는 법을 가르쳐준 고양이
  루이스 세뿔베다 글, 이억배 그림, 유왕무 옮김 | 바다출판사

배우는 게 아니라 키우는 것

인성 동화가 유행이다. 한 권의 책 속에 살아가는 데 필요한 덕목을 하나씩 콕콕 집어 준다. 특정한 키워드에 이르기 위해 의도적으로 풀어낸 이야기로, 물론 유익한 책들이다. 하지만 아이들 스스로 무심하게 흐르는 스토리 속에서 보석처럼 박혀 있는 인생의 키워드를 찾아내는 것이야말로 진짜가 아닐까.

미하엘 슐테의 『우체부 파울 아저씨』는 배려가 무엇인지를 다정하게 가르쳐 주는 책이다. 마을 사람들에게 기쁜 소식을 배달하는 걸 천직으로 여기는 파울 아저씨와 지금껏 단 한 통의 편지도 받아 보지 못해 낙심천만인 세 이웃. 고민 끝에 아저씨는 가상의 인물로 둔갑해서 편지를 쓰기 시작한다. 엉뚱한 소리를 천연덕스럽게 늘어놓는 파울 아저씨의 천진난만한 유머 감각과 기상천외한 상상력에 굳었던 입가가 절로 풀어진다. 파울 아저씨가 전해 준 것은 가공의 편지 한 장에 불과하지만, 세상으로부터 잊힌 채 단지 삶을 이어 갈 뿐이던 고독한 이들에게는 삶을 사랑하는 법을 가르쳐 준 마법이었다. 우표 붙은 편지를 거의 받아 본 적 없는 아이들에게 본 적도 없는 여자와도 사랑에 빠지게 만드는 파울 아저씨의 막강한 사랑의 메시지를 전해 보자. 메말랐던 아이들의 건조한 심성에 간만에 촉촉한 단비가 내릴 것이다.

도로시 로즈의 『옥수수가 익어 가요』는 용기, 인내, 가족애에 더불어 삶에 순응하는 진인사대천명의 자세까지 차근차근 전부 맛볼 수 있는 종합 선물 상자 같은 책이다. 지구의를 돌리며 상상의 나래를 암만 펴 봐도 선뜻 품어 안기 힘든 머나먼 땅 마야가 배경이라 더욱 반갑다. 아빠의 사고로 황량한 옥수수밭을 떠맡은 임시 가장 티그레. 철없는 열두 살 소년이 힘에 부친 농사일을 통해 깨달은 삶은 어떤 빛깔일까. 세상은 노력하고 인내하는 자의 편이라고 믿고 살지만, 동시에 인생에는 노력만으로는 어떻게 해 볼 도리 없는 불가항력적인 복병이 숨어 있다. 티그레는 바로 그 복잡다단한 생의 도전장을 손에 쥐고 앞으로 부쩍부쩍 키가 자라고 정신이 자라고 의지가 자라리라.

그토록 경멸하던 흑인 노인을 통해 시련에 맞서는 용기와 인내를 배운 시각 장애 소년 이야기 『티모시의 유산』 또한 예기치 않게 닥친 고난을 헤쳐 나가는 데 필요한 것이 무엇인지, 생각해 보게 하는 책이다.

235

대상 독자 : 단단한 인격의 기반을 다져가는 11세 이상의 어린이와 아이의 균형 잡힌 인성 교육을 위해 종합 비타민을 찾고 있는 엄마들.

• **우체부 파울 아저씨** 미하엘 슐테 글, 디터 콘제크 그림, 이은주 옮김 | 문학동네어린이
• **옥수수가 익어 가요** 도로시 로즈 글, 장 샤를로 그림, 우석균 옮김 | 열린어린이
• **티모시의 유산** 시오도어 테일러 글, 박중서 옮김 | 뜨인돌

헝그리 정신을 기억해

출판 경향을 보면 시대 정신이 드러난다. 요사이 제목에 '부자'가 들어간 책이 부쩍 늘었다. 부의 목표치도 대폭 상향 조정되어 10억 열풍을 훌쩍 뛰어넘어 비상한 지 오래다.

아이러니하게도 가난은 박멸되지 않는 끈질긴 바퀴벌레처럼 여전히 세계 도처에서 인류를 괴롭히고 있다. 과연 어떻게 해야 아이들에게 건전하게 부를 축적하고 누리는 지혜와 가난한 이웃을 돌아보는 선량한 마음을 고루 가르칠 수 있을까.

신시아 디펠리스의 『감자 하나 감자 둘』은 바위투성이 언덕에서 쓸쓸하게 사는 빈궁한 노부부의 이야기다. 하루하루 살아갈 일이 막막한 이들 앞에 어느 날 난데없이 솥단지 하나가 나타난다. 감자 한 개는 두 개로, 양초 한 자루는 두 자루로 늘려 주는 100퍼센트 수익률의 신통방통한 솥단지! 어리둥절한 할머니 할아버지는 어떤 펀드보다 멋진 마법의 솥단지에 금화를 넣어 금세 살림살이를 낙낙하게 만든다. 그런데 그만 할머니가 솥단지 속으로 홀랑 빠지고 만다. 자, 과연 솥단지는 할머니도 둘로 만들 것인가. 최초의 인간 복제 클론이 될지도 모를 할머니에게 벌어질 일이 자못 궁금하다.

언니나 형의 옷을 물려 입는 불평이 뭔지조차 모르는 요즘 아이들에게 채인선은 『빨간 줄무늬 바지』 이야기를 들려준다. 동대문 시장에서 태어나 김해빈의 바지가 되었던 빨간 줄무늬 바지는 동생에게로, 사촌에게로 재활용되면서 토끼 인형과 딸기 단추와 앙증맞은 멜빵 친구를 갖게 된다. 더 이상 누구도 부러워하지 않는 낡은 바지는 영영 우리 곁에서 사라졌지만, 그 시대의 훈훈한 온정만은 대물림되었기에 오늘날 우리가 이만큼 풍족하게 살고 있는 것이리라.

이번에는 소르카 닉 리오하스의 칼데콧 수상작인 『세상에서 제일 넓은 집』으로 가 보자. 분홍빛 히스꽃이 핀 들녘에 두 칸짜리 오두막집이 무슨 연유로 나그네들의 얼린 발을 녹여 주는 최고의 너른 집이 될 수 있었는지, 집주인의 호쾌하고 낙천적인 베풂 정신에 절로 마음이 넉넉해진다. 책장을 넘기며 어떻게 우리 윗세대가 치열한 헝그리 정신으로 가난의 바닥에서 탈출했는지, 진정한 부의 가치와 의미는 무엇인지 등으로 차근차근 화두의 범위를 넓혀 가는 것은 지혜로운 엄마의 몫으로 남긴다.

대상 독자 : 헝그리 정신에 헝그리 증상을 보이는 어린이와 발목이 껑충한 대물림 바지의 추억을 간직한 엄마들.

• **감자 하나 감자 둘** 신시아 디땔리스 글, 앤드리아 유렌 그림, 황윤영 옮김 | 보물창고
• **빨간 줄무늬 바지** 채인선 글, 이진아 그림 | 보림
• **세상에서 제일 넓은 집** 소르카 닉 리오하스 글, 논니 호그로기안 그림, 최순희 옮김 | 열린어린이

더불어 사는 즐거움

남성 중심으로 돌아가던 경직된 한국 사회에 언젠가부터 여성화의 바람이 거세지고 있다. 가정에서는 엄마의 리더십이 부쩍 약발을 받고, 학교에서도 여선생님의 영향력이 절대적이다. 책 동네도 다르지 않다. 동화 작가의 대다수가 여성이며, 출판사 편집자의 절대 다수도 여성들이다. 이렇듯 지독한 남존여비 사상을 이겨 낸 한국의 딸들이 사회 곳곳에서 약진을 거듭하고 있는 건 박수 칠 일이다. 하지만 모방 학습의 시기를 지나고 있는 초등학생들에게 여교사와 남교사의 비율을 조절해 줘야 한다는 말이 나오는 걸 보면, 지나친 여성성은 생각해 볼 문제인 듯하다.

그래서 이번에는 특별히 남성 작가들의 작품만으로 차린 정찬에 엄마들을 초대하려고 한다. 메뉴는 다른 생명체와의 교류를 까맣게 잊고 사는 현대인이라면 한 번쯤 읽어야 할 작품들로 했다. 땅 내음 물씬 풍기는 이상권의 단편 동화집 『멧돼지가 기른 감나무』에는 도시 아이들에겐 생소한 나무 향과 들판의 노을이 선연하다. 애꾸가 되고도 삶의 의지를 놓지 않고 인간의 손길 너머에서 유유자적하는 외

눈박이 암탉이 사는 곳, 멧돼지와의 끈끈한 우정의 끈을 냉혹하게 끊을 수밖에 없었던 수남 아재의 고향, 안락한 우리를 뛰쳐나가 고독하고 냉혹한 야산의 삶을 선택한 토끼의 숨결이 살아 숨 쉬는 곳……. 바로 인류가 태어난 태고의 땅이요, 영원히 찾아 헤매는 유토피아가 아닐까.

'강아지 판 배려'라고 부를 만한 박기범의 『새끼 개』는 비극을 부르는 일방통행의 애정이 비단 강아지와 인간 사이의 문제만이 아님을 잘 보여 준다. 하루에도 수십 번씩 휴대폰과 문자를 주고받는 현대인들. 그럼에도 과거 어느 때보다 대화 단절의 고독을 호소하는 소리가 높은 건 왜일까. 이 책을 읽으며 기계 문명 시대에 건널 수 없는 강처럼 도사리고 있는 삭막한 불통의 문제에까지 아이의 사고가 확장될 수 있다면, 새끼 개의 비참한 죽음이 헛되지 않을 텐데…….

239

『황소 아저씨』는 한국 아동 문학의 대부인 권정생과 화가 정승익이 천상의 하모니로 탄생시킨 가슴 뭉클한 그림책이다. 남의 것을 빼앗는 걸 능력으로 착각하는 약육강식, 과잉 경쟁 시대에 보잘 것 없는 생쥐와 더불어 살기를 자청한 황소 아저씨와의 만남은 아이들에게 커다란 축복임에 틀림없다.

대상 독자 : 『황소 아저씨』는 6세 이상, 『새끼 개』는 8세 이상, 『멧돼지가 기른 감나무』는 11세 이상의 어린이, 그리고 오랜만에 아이와 풀밭에 누워 책을 읽으며 더불어 사는 행복에 대해 이야기하고픈 엄마들.

- 멧돼지가 기른 감나무 이상권 글, 김성민 그림 | 사계절
- 새끼 개 박기범 글, 유동훈 그림 | 낮은산
- 황소 아저씨 권정생 글, 정승각 그림 | 길벗어린이

돈이 양반이라

한 엄마가 있다. "뼈가 으스러져도 너 하고 싶다는 건 엄마가 다 해 줄게. 넌 그저 열심히 공부만 하면 돼." 골절까지 너끈히 커버되는 좋은 보험을 들어 놓은 엄마가 분명하다. 또 다른 엄마가 있다. "잘 데가 없어서 비싼 학원비 내고 자다 오는 거야? 엄마도 이제 노후 대책 세워야 하니까 그럴 거면 당장 때려치워!" 지구 온난화에도 끄떡없이 찬바람 쌩쌩 날리는 엄마다.

과감하게 사교육비를 줄여 노후 대비용 펀드를 들라고 조언하는 재테크 책이 심심찮게 나오는 시대다. 맹목적으로 휘둘리던 아이들 교육비에 이제는 부모의 제각각 다른 경제관이 반영되기 시작한 것이다. 그러나 어떤 사고방식을 가진 엄마든 내 아이만큼은 올바른 경제관을 가지고 풍족하게 살기를 소원할 것이다. 문제는 바로 그 '올바른'이라는 수식어에 있다. 대체 어떤 경제관이 올바른 가치관일까? 돈이란 숫자로 환산되는 실체임에도 그걸 다루는 매뉴얼인 경제관은 너무도 추상적이고 모호하다. 어릴 때 구체적으로 확립해 놓지 않으면 평생 원칙 없이 돈에게 끌려다닐 수도 있다.

임정진은 『마트 구경 간 달코미』에서 경제관의 기초가 되는 소비에 대해 이야기한다. 곰돌이 달코미는 친구를 따라 마트에 갔다가 거기에 있는 물건을 몽땅 가질 수 있는 마법을 발견한다. 플라스틱 쪼가리에 불과한 신용카드가 그렇게나 힘 빵빵한 녀석인 줄 처음 알았던 거다. 정신없이 카드를 북북 긁어 대던 달코미는 결국 역사상 최초의 신용 불량자 곰이 된다. 대체 달코미는 이 난관을 어떻게 벗어날까?

달코미가 아이들에게 좌충우돌 실생활의 사례를 통해 돈에 대해 가르친다면, 발레리 기두의 『돌고 도는 돈』은 좀 더 머리 굵은 아이들을 대상으로 경제의 근간을 이야기한다. 돈이란 무엇인지 그 용도와 가치를 차근차근 짚어 보는 데서 나아가 돈과 노동 시장, 그리고 자본주의 사회를 움직이는 경제 원리까지 섭렵할 수 있다. 아이들은 이 얇은 책을 스르륵 훑으며 얻은 지식을 통해 현명한 소비자가 되는 방법론까지 터득하게 될 것이다. 어려운 경제 전반을 가뿐하게 꿰뚫을 수 있는 만화 형식이라 더욱 좋다.

241

대상 독자 : 『마트 구경 간 달코미』는 보는 것마다 사 달라고 떼쓰는 6세 이상, 『돌고 도는 돈』은 용돈 받고 만 24시간도 안 되어 파산하는 10세 이상의 어린이와 돈 때문에 세상이 빙글빙글 도는 엄마들.

• **마트 구경 간 달코미** 임정진 글, 김재민 그림 | 큰나
• **돌고 도는 돈** 발레리 기두 글, 브뤼노 하이츠 그림, 김예령 옮김 | 시공주니어

지혜로운 서생원

어린이 문학에는 부지런함과 지혜의 상징이자 사랑스러움의 대명사인 스타 쥐들이 제법 많다. 현실에서는 주먹만 한 생쥐만 봐도 꺅꺅 괴성부터 질러 대지만 말이다. 동화 속 신분과 현실의 신세가 이렇게 천양지차인 동물이 또 있을까.

오늘은 미키마우스에 필적할 만한 매력덩어리『생쥐 기사 데스페로』를 만나 보자. 케이트 디카밀로에게 뉴베리 상의 영예를 안겨 준 복덩어리 데스페로는 출생부터가 심상치 않다. 모성애라고는 눈 씻고 봐도 찾기 힘든 쌀쌀맞은 엄마한테 태어난 녀석은 이름조차 절망을 의미하는 데스페로다. 절망 한 자락을 부여잡고 태어난 연약한 녀석이 어떻게 절망을 넘어 자기만의 삶을 창조하고 영위해 나가는지 지켜보게 만드는 의미심장한 작품이다.

남과 다르다는 것은 축복인 동시에 가혹한 형벌이기도 한 법. 데스페로는 쥐 주제에 도서관을 드나들고 인간 공주와 사랑에 빠지는 별종이다. 친구들보다 탁월할 것을 끊임없이 종용당하는 동시에 다른 아이와 조금이라도 다른 듯하면 당장 요주의 인물이 되는 모순 속에 갈팡질팡하는 아이들에게는 최고의 친구가 아닐 수 없다. 작가는 우스꽝스럽기도, 사랑스럽기도, 때로는 안쓰럽기도 한 다양한 에피소드를 통해 독자들을 별난 사랑의 족적으로 능숙하게 안내한다. 그렇다고 재미난 스토리를 읽는 즐거움에만 눈 팔린다면 활자만 훑고 만 것이다. 누구에게도 좌지우지 당하지 않고 내 삶을 '나만의 색깔'로 색칠해 가는 독창적이고 당찬 용기 한 수까지 알차게 챙기기 바란다.

조지프 로의 『생쥐를 초대합니다』에는 입맛 다시며 생쥐를 저녁 식사에 초대한 음흉한 고양이가 등장한다. 물론 영리한 서생원께서 고양이에게 호락호락당할 리 만무하다. "친구를 데려가도 되나요?" 생쥐의 순진한 물음에 고양이는 '오호라, 맛난 식사가 이 인분씩이나?' 하고 쾌재를 부른다. 과연 생쥐가 지칭한 친구는 누구일까? 고정 관념에 사로잡힌 독자라면 통쾌한 반전의 반전을 맘껏 즐길 수 있을 것이다. 두 작품을 통해 한 해를 멋지게 살아갈 지혜를 빵빵하게 충전해 보자.

243

대상 독자 : 『생쥐 기사 데스페로』는 10세 이상, 『생쥐를 초대합니다』는 7세 이상의 어린이들. 그리고 맹랑하고 지혜로운 새끼 생쥐에게 번번이 당하는 고양이 엄마들.

- **생쥐 기사 데스페로** 케이트 디카밀로 글, 티모시 바질 에링 그림, 김경미 옮김 | 비룡소
- **생쥐를 초대합니다** 조지프 로 글·그림, 최순희 엮음 | 다산기획

파랑새 너머 파랑새

취업난 시대, 아이러니한 신조어가 생겨났다. 이른바 파랑새 증후군! 뚜렷한 비전도, 치열한 노력도 없이 막연히 더 나은 직장의 환상을 쫓아 사표를 던지는 젊은 세대를 말하는 단어다. 이래서 아무리 오랜 세월이 흘러도 인간에게는 『파랑새』의 주인공 치르치르와 미치르가 던지는 '행복은 의외로 가까운 곳에 있다.'는 진리가 필요한 것인지도 모르겠다. 내 자녀만큼은 뼈저린 생의 시행착오를 피해가기 바라는 엄마들을 위해, 오늘은 『파랑새』에서 한 발 더 나아간 유리 슐레비츠의 『보물』을 소개한다.

저녁을 굶고 자야 할 만큼 가난한 이삭은 보물을 찾아 먼 길을 떠난다. 그곳에는 정말로 꿈속에서 받은 계시처럼 번쩍번쩍 빛나는 보물단지가 기다리고 있었을까? 물론 아니다. 이삭은 자기 집 아궁이에서 보물을 발견하니까. "가까이 있는 것을 찾기 위해 멀리 떠나야 할 때도 있다."는 이삭의 말을 생각해 볼 필요가 있다. 이 말에는 중첩된 의미가 담겨 있다. 먼 곳을 떠돌았기 때문에 이삭은 자기 집에 보물이 묻혀 있다는 정보를 얻게 되었고, 부지런히 집으로 돌아와 꿈을 성취할 수 있었다. 원점으로 돌아왔을 뿐인 시행착오조차 큰 그림에서 보면 생의 목적을 달성하는 도구일 수 있는 것이다. 확고한 목적의식 없이 떠도는 자의 방황과 추구하는 이상이 확실한 자의 실책은 무게가 다르다. 도달하는 지점이 다르다. 그렇다면 시행착오가 두려워 안주하는 아이로 키우는 것보다는 그 차이를 아는 지혜를 가르치는 편이 훨씬 더 든든한 성공 보험이 아닌가.

사토시 이타야의 『꿀꿀꿀 아줌마, 뭘 찾아요?』 또한 파랑새의 교훈을 담고 있는 책이다. 하지만 이 책은 거기에서 한 발 더 나아가 또 다른 진리를 들려준다. 작은 인형을 주워 무심히 가방에 넣은 꿀꿀꿀 아줌마는 동생 안나가 잃어버린 보물을 찾으러 천지사방을 샅샅이 뒤지고 다니는 아르고를 도와준다. 숲 속 동물들이 모두 동원되었으나 보물은 코빼기도 보이지 않는다. 당연하다. 보물은 다름 아닌 가방 속에 꼭꼭 숨은 인형이었으니까.

'무엇을 찾고 있는지가 불분명하면 노력은 허사로 끝나고 만다.', '내게 소중한 것이 남에게는 아무것도 아닐 수 있다.' 아이들은 소박한 파랑새의 교훈 위에 이렇듯 행복의 잔가지 지혜까지 훑어보는 시간을 갖게 될 것이다.

245

대상 독자 : 부푼 꿈을 안고 행복 찾기 여정에 오른 어린이와 동서남북에 고루 숨은 행복 퍼즐을 모조리 맞춰 주고픈 엄마들.

• 보물 유리 슐레비츠 글 · 그림, 최순희 옮김 | 시공주니어
• 꿀꿀꿀 아줌마, 뭘 찾아요? 사토시 이타야 글 · 그림, 양진희 옮김 | 은나팔

할머니 할아버지의 지혜

《뉴욕 타임즈》는 "노인의 두뇌가 젊은 사람의 두뇌보다 현명할 수 있다."고 보도했다. 추리력과 기억력은 저하되어도 판단력과 이해력 등 연륜에 의해 축적된 결정적 지능이 젊은 시절보다 활성화될 수 있다는 것이다. 지금까지 노인이 책 속에서 지혜를 전수하는 현자의 역할을 감당해 온 이유도 이런 맥락에서일 것이다. 하지만 지금은 '나이보다 젊게'라는 광고가 소비자를 현혹하는 21세기다. 요즘 아이들은 주름을 경륜의 표상으로 보지 않는다. 노인의 혜안은 동안 신드롬에 밀려난 지 오래다. 그렇다면 이제 노인이 등장하는 동화 역시 판에 박힌 틀에서 벗어나야 할 때가 아닐는지.

울프 스타르크의 『휘파람 할아버지』는 석양의 노인과 막 생의 봉오리를 맺기 시작한 아이를 대비시켜, 어른이 아이에게 일방적으로 삶의 교훈을 가르치는 기존 동화의 설정에서 한 발 더 나아간다. 어느 날 우연히 뽑기하듯 외할아버지와 외손자의 인연을 맺은 닐스 할아버지와 베라. 세상의 모든 친구가 그렇듯 둘은 그저 만나는 것만으로도 즐겁다. 베라는 할아버지하고 버찌 서리를 하면서 일심동체보다 더 멋진 동심일체(童心一體)를 맛본다. 죽음을 앞둔 할아버지가 까마득한 어린 시절의 버찌 서리를 최고의 추억으로 꼽듯, 베라도 이날 버찌나무에서 바라본 하늘의 별을 생애 최고의 보석으로 간직하리라.

할아버지가 베라에게 물려주고 떠난 건 대단한 지혜가 아닌 고작 휘파람 부는 방법이다. 할아버지가 마지막으로 건네준 선물은 세상에 단 하나뿐인 멋진 연이다. 한 세대의 꿈이 다음 세대를 통해 이루어지고 윗물이 흐르고 흘러 더욱 정갈한 생명수가 되어 옹달샘을 채우듯, 안타깝게도 두 가지 선물은 할아버지가 세상을 떠난 후에야 온전히 베라의 몫이 된다. 작가는 이야기 내내 속 보이는 교훈을 내세우지 않는다. 단지 둘이 함께한 유쾌한 시간 속에 서로에 대한 사랑과 존경의 전류를 흘려 보낼 뿐이다.

247

바버라 슈너부시의 『할머니의 꽃무늬 바지』는 아이의 눈높이에서 본 치매를 담담하게 다룬다. "할머니한테 배운 걸 할머니한테 다시 가르쳐 줄 수도 있어요." 곱씹을수록 많은 생각을 불러일으키는 이 한 문장이 작품의 주제를 대변한다. 알츠하이머 병의 고통에 무게 중심을 두지 않고 할머니를 대하는 이상적인 가족의 태도에 초점을 맞춘 작가의 슬기로운 배려가 고마울 뿐이다. 덕분에 아이들도 소재의 묵중함에 눌리지 않고 뭉클한 여운을 음미할 수 있다.

대상 독자 : 때론 친구 같고 때론 스승 같은 조부모가 그리운 10세 이상의 어린이와 이제는 받을 길 없는 내리사랑에 가슴 알알한 엄마들.

• **휘파람 할아버지** 울프 스타르크 글, 안나 회글룬트 그림, 최선경 옮김 | 비룡소
• **할머니의 꽃무늬 바지** 바버라 슈너부시 글, 캐리 필로 그림, 김수희 옮김 | 어린이작가정신

부족하지 않은 사람은 없다

　　치타 눈에는 자동차 없이는 속력을 못 내는 인간들이 장애인으로 보일 것이다. 현미경 없이는 미세한 것을, 망원경 없이는 먼 것을 또렷이 볼 수 없는 인간들이 새들 눈에는 중증 장애임에 분명하다. 우리 모두는 예외 없이 장애를 지니고 산다. 반드시 신체적인 조건이 아니더라도 삶의 전반을 꼬치꼬치 따지고 들면 남보다 한두 군데 부족하거나 불편하지 않은 사람은 없다. 그럼에도 사람들은 단지 자신이 기형으로 태어나지 않았다는 사실만으로 눈에 표 나는 기형이나 장애를 지닌 이웃에게 호의적이지 않다.

　　그래서 장애를 주제로 한 동화는 대체로 어둡다. 장애를 대하는 편견에 초점을 맞추다 보니, 정작 장애를 이해하는 눈을 길러 주는 텍스트로 활용되기엔 역부족일 때가 종종 있다. 그런 의미에서 고정욱의 『새 친구 세모돌이』는 신선하다. 이 이야기에는 '장애'라는 단어가 한 번도 나오지 않는다. 책의 인세가 장애인 복지 기금으로 사용된다는 문구가 없었다면, 장애를 다룬 책이라고 생각하지 못했을 것이다. 구태여 작품을 장애 이야기의 틀로 제한해서 생각할 이유가 없다. 그만큼 밝다. 네모돌이들이 다니는 유치원에 어느 날 짠하고 세모돌이가 등장한다. 나와 똑같지 않은 건 전부 이상한 거라며 놀리던 아이들은 그 다름 덕분에 생의 퍼즐이 맞춰지는 신비한 체험을 하게 된다. 서로 다르다는 사실이야말로 우주의 거대한 관현악단을 완성하는 소중한 자원임을 알게 되는 것이다. 그림책을 함께 넘기며 아이의 생각이 어떻게 변해 가는지 가만히 살펴보자. 구태여 강조점을 찍지 않아도 마음 씀씀이 낙낙한 아이라면 장애 또한 숱한 '다름' 중의 하나일 뿐이라는 사실을 절로 깨달을 것이다.

오카 슈조의 『힘들어도 괜찮아』는 장애를 대하는 올바른 태도에 대한 도덕적인 설교를 늘어놓는 대신, 장애인의 내면으로 독자를 끌어들인다. 건강하게 뛰어놀다가 혼자 힘으로는 화장실은커녕 몸조차 뒤척일 수 없게 되어 버린 주인공. 그 고뇌에 몰입하다 보면 장애란 특정인의 비극이 아니라는 사실에 주목하게 된다. 장애란 누구든 어느 순간 예기치 않게 만날 수 있는 폭풍의 하나일 따름이다. 아이들이 이 사실만 깨달아도 '너와 나'가 아닌 '우리'라는 공동체 의식으로 장애우를 대하게 되리라.

대상 독자 : '나'를 기준으로 세상의 옳고 그름을 판단하는 모난 어린이와 서로 다름을 통해 배려와 융화의 황금률을 가르치고픈 엄마들.

- 새 친구 세모돌이 고정욱 글, 문동호 그림 | 여름숲
- 힘들어도 괜찮아 오카 슈조 글, 다치바나 나오노스케 그림, 고향옥 옮김 | 웅진주니어

세상 속 나의 자리,
하이타니 겐지로

마지막 장을 덮고 났을 때, "아, 이 작가를 만나 보고 싶어!" 하는
생각이 드는 작품이 있다. 하이타니 겐지로가 바로 그런 거목이다.

하이타니 겐지로의 이름을 한국 독자에게 널리 알린 『나는 선생님
이 좋아요』의 주인공 고다니 선생님과 외톨이 데쓰조는 그의 전 작
품에 등장하는 다양한 인물의 함축적 상징이다. 소외와 고독, 눌림과
이탈의 외톨이들, 그들에게 슬그머니 손 내미는 또 다른 불완전한 인
간들. 작가는 바로 그 '따로 또 같이'의 조화를 통해 사랑이란 독단적
으로 존재하는 완성품이 아니라 다양한 불완전성의 결합으로 생겨난
조각 이불 같은 것임을 보여 준다.

『외톨이 동물원』에는 데쓰조 같은 인물들이 여럿 등장한다. 고작
이백 미터를 가는 데 사십 분이나 걸리는 마리코, 동생을 업고 학교
에 가야 하는 굼벵이 사토, 소심한 안방 대장, 장래 희망이 술장사인
가즈토, 그리고 매일 동물원에 오도카니 앉아 인기 없는 동물들을 관
찰하는 겐. 저마다 사연은 다르지만 모두 상처받고 소외된 인물들이
다. 작가는 사육사 가메야마의 입을 빌어 이렇게 말한다. "생명이 태

어나면 몸 한복판이 언제까지나 따뜻한 법이야." 그래서인지 어떤 결핍과 고독에도 하이타니 겐지로의 주인공들은 밝다. 그들은 모두 세상을 따뜻하게 덮히는 존재다. 얼핏 보면 약한 듯해도, 모두들 강인한 생명력으로 세상 속에 자기 자리를 만들어 간다.

『바다는 눈물이 필요 없다』의 도쿠 할아버지는 소년 쇼타에게 이상을 좇는 은밀한 행복을 가르쳐 준다. 작살을 꽂았지만 허무하게 놓쳐 버린 왕새우는 이웃의 인정과 가족의 사랑을 받지 못한 채 고립된 삶을 살아가는 도쿠 할아버지를 지탱해 주는 힘의 원천이다. 비록 도쿠 할아버지는 끝내 왕새우를 잡지 못한 채 세상을 떠나지만, 그 꿈은 문명의 이기를 벗어나 바다를 벗 삼아 살아가는 소년 쇼타에게, 그리고 누구에게도 이해받지 못하는 희망을 좇는 다케시 형과 가족의 아픔을 짊어진 채 외딴 섬으로 들어온 소녀 가요에게 전해진다.

꿈의 가치란 그것을 좇는 이의 삶을 얼마나 눈부시게 만들어 주는가에 달려 있다. 꿈을 품고 있는 한, 인간은 행복하다. 꿈을 좇고 있는 한, 인간은 아무리 연약할지라도 생명력으로 충만하다. 하이타니 겐지로는 주옥 같은 이야기들을 통해 바로 그 꿈을 우리 가슴에 하나 가득 심어 주고 떠나간 작가다.

대상 독자 : 베스트셀러 『나는 선생님이 좋아요』를 넘어서서 하이타니 겐지로를 알고 싶은 10세 이상의 어린이와 대가의 숨은 작품을 캐 보기 원하는 엄마들.

- **외톨이 동물원** 하이타니 겐지로 글, 허구 그림, 햇살과나무꾼 옮김 | 비룡소
- **바다는 눈물이 필요 없다** 하이타니 겐지로 글, 허구 그림, 햇살과나무꾼 옮김 | 비룡소

동심을 지키는 종지기, 권정생

주인공의 이름으로 기억되는 작품들이 있다. 린드그렌에는 관심 없는 아이들도 '삐삐'는 안다. 바스콘셀로스라는 낯선 브라질 작가의 이름은 외우지 못해도 『나의 라임 오렌지 나무』의 '제제'와는 친하다. 주인공을 창조하는 건 작가지만, 작가를 완성하는 건 바로 책 속의 주인공들인 셈이다. 반면 작가의 후광을 입어 빛나는 작품들도 있다. 피카소의 손이 스쳤다면 낙서까지 고액에 경매되듯, 노벨상 수상 작가가 썼다고 하면 일기 한 줄도 명문이 된다. 이 둘이 균형을 이뤄 문학사에 쩅쩅한 빛과 아름드리 그늘을 동시에 드리우는 작가를 세상은 '대가'라고 부른다.

대한민국 아동 문학의 서고를 풍성하게 살찌운 권정생은 『몽실 언니』를 통해 이 두 조건을 넉넉하게 충족시킨 흔치 않은 대가다. 젊은 시절, 시골 교회당의 종지기로 살았던 때문일까. 종 줄을 놓은 지 오래건만, 그가 새벽마다 댕댕 치던 종소리는 아직도 세상에 널리 퍼지고 있다. 그건 귀 밝은 어린 시절 한때만 반짝 들리는 종소리가 아니다. 성장하여 엄마가 되고 아빠가 된 후에도, 또다시 굽이굽이 세월이 흘러 꽃비가 흩날리고 나뭇잎이 붉게 물드는 창밖 풍경이 몇 번을 바뀌어도, 종소리는 그치지 않는다. 웬만한 소음은 묻히고 마는 어지러운 세상에서 그의 종소리는 한결같이 고고하다. 누구라도 고요히 귀 기울이게 만드는 그만의 힘이 서려 있다.

그의 주인공들은 가장 낮은 자리에 납작 엎드려서도 높은 하늘 위에서 인간사를 굽어 보며 노래하는 새들처럼 자유롭다. 연약하고도 강하다. 감히 그의 문학을 한마디로 정의하자면 바로 이 모순의 미학 아닐까.

처음 『몽실 언니』를 접했을 때, 나는 두 번 놀랐다. 무뚝뚝한 듯 다정하게 사람을 끄는 그의 문체 때문에 그랬고, 한국 현대사의 질곡을 그만큼 드라마틱하게 산 캐릭터를 구차하지 않은 간결함으로 그려 낸 데 대한 경외감에 그랬다. 그러나 그보다 더욱 놀라운 건, 이 작품이 21세기에도 여전히 읽히고 있다는 사실이다.

요즘 아이들, 영악지다. 클릭 한 번의 찰나도 겨우 참을 만큼 인내심이 박하다. 엄마 입에서 "내가 너만 했을 때는……." 같은 말이 떨어질 기미만 보여도 지긋지긋한 잔소리 말라고 당장 달아난다. 『몽실 언니』는 은하계 한복판에서 흥미진진하게 벌어지는 모험담도 아니고, 버튼 하나면 최신 무기가 펑펑 터지는 전쟁 게임도 아니다. 요새 애들로서는 맥 빠지는 구식 전쟁터, 너덜너덜 구질구질한 시대의 지지리 궁상 고생담이다.

그런데 묘하다. 절대로 몽실이와 공감대를 형성할 수 없을 것 같은 초광속 시대의 아이들이 그 속에서 뭔가를 읽어 낸다. 초 단위로 방전되는 짧은 끈기에도 불구하고 궁둥이를 꾹 붙이고 앉아 마지막 장까지 넘기고는 아쉬워한다. 절름발이 소녀의 강하고도 우직한 삶의 족적은 물질 만능 시대를 살아가는 아이들의 눈과 귀마저 붙드는 힘이 있다.

몽실 언니와 더불어 권정생 문학을 읽는 중심 코드로 자리매김한 『강아지똥』 역시 그렇다. 왜 하필이면 가장 천한 똥을 소재로 삼았을까. 많은 평론가들이 이 화두를 붙들고 분분한 해석을 단다. 하지만 막상 그에게 작의를 묻는다면 이렇게 시치미를 뗄지도 모르겠다. "그 똥 주인은 강아지니, 그 녀석에게 물어보렴."

이게 바로 권정생의 문학이다. 축축한 음지에 던져져서도 주눅 들지 않고 자기 목소리를 내는 등장인물들. 분명 주인공이 있으되 나대지 않으며, 어느 누구도 주인공의 들러리로 전락하지 않는 절묘한 균형감.

눅눅하게 철 지난 옛이야기들도 『훨훨 간다』에서처럼 권정생의 손을 거치면 훨훨 날개를 달고 날아오른다. 주의 산만한 아이들을 신명나는 이야기 마당 한복판으로 빨아들이는 위력이 대단하다. 이처럼 그의 글맛과 입담은 소재나 시대상의 한계로부터 자유롭다. 예민한 소재를 다룰 때나 둥글둥글 따뜻한 글을 풀어놓을 때나, 그는 독자를 향한 충직한 애정을 잃지 않는 노련한 '꾼'인 것이다.

『황소 아저씨』는 작가 이름을 가리고 읽어도 "이건 권정생이다." 알 수 있는 작품이다. 황소와 생쥐의 이야기는 단지 강자와 약자, 시혜자와 수혜자 사이의 따뜻한 정으로만 읽어 내기에는 너무도 울림이 크다. 이 역시, 한때 생쥐의 절박함으로 생의 언저리를 서성이다가 세상을 어루만지는 황소의 자리까지 뚜벅뚜벅 걸어온 권정생 자신이 육화되어 녹아 있기 때문은 아닐는지.

지금까지 그의 대표작만 건드렸다면 이번 기회에 그의 시집『어머니 사시는 그 나라에는』을 읽어 보기 바란다. 세상에 대해서는 고집스레 등 돌리고 살았지만, 인간에게는 언제나 넉넉한 관용의 시선을 잃지 않았던 권정생. 정작 작가 자신은 병약한 몸을 자연에 의지해 고독하게 은둔했음에도 불구하고, 이토록 다양한 독자층에게 보편적인 공감대를 형성할 수 있는 불가사의한 힘의 근원이 무엇인지, 그의 문학에 한층 깊이 매료될 것이다.

권정생의 작품들은 하나 같이 사건이나 이야기에 주목하기보다는 인간을 탐구하게 만든다. 늦은 낮잠에서 깨어나 영문도 모른 채 불현듯 울음 터뜨린 아이처럼 서럽기도 하고, 흐릿한 가로등 불빛을 일시에 몰아낸 첫새벽의 해처럼 가슴 뭉클하기도 한 그의 작품이 있어 우리는 행복하다. 친근한 활자 속에서 권정생은 영원히 땡땡땡 종치는 소년으로 우리 곁에 불멸할 것이다.

255

대상 독자 : '강아지똥'과 함께 자라나고 '몽실 언니'와 더불어 나이 들어가는 대한민국 모든 독자들.

- **몽실 언니** 권정생 글, 이철수 그림 | 창비
- **강아지똥** 권정생 글, 정승각 그림 | 길벗어린이
- **훨훨 간다** 권정생 글, 김용철 그림 | 국민서관
- **황소 아저씨** 권정생 글, 정승각 그림 | 길벗어린이
- **어머니 사시는 그 나라에는** 권정생 글 | 지식산업사

책을 싫어하는 아이라면

게임하듯 책 읽기를

시작해 보세요.

언젠가 도저히 열두 살이라고는 믿을 수 없을 만큼 독서 능력이 떨어지는 사내아이들을 만난 적이 있습니다. 대책이 안 설 정도로 책을 싫어하는 녀석들이었죠. 저는 기초부터 다져 줘야겠다는 욕심으로 아이들에게 고전을 읽히기 시작했습니다. 어림없는 일이었습니다. 분명히 다음 주엔 책을 읽겠다는 약속을 받아 내고 보내지만, 막상 그날이 되면 "선생님, 우리 놀이동산 가요!" 하고 딴소리를 했습니다. 접근 방식을 달리 하지 않으면 안 된다는 판단을 내리기까지 시행착오를 많이도 겪었습니다.

생각 끝에 한 가지 놀이를 제안했습니다. "이 책, 주인공 개 이름이 파트라슈거든. 그 이름이 책에 몇 번 나오는지 알아맞혀 봐. 그럼 놀이동산 가서 바이킹 태워 줄게."

그만하면 괜찮은 협상 조건이라고 생각했는지, 아이들은 군말 않고 『플랜더스의 개』를 펼쳤습니다. 그러고는 열심히 파트라슈 이름을 손가락으로 꼽아가며 책장을 넘기기 시작했습니다. 휘리릭 휘리릭 책장 넘어가는 소리가 그렇게 기분이 좋을 수 없었습니다.

'너희들은 이제 걸려든 거야!' 개 이름을 세는 아이들을 보며 속으로 회심의 미소를 지었습니다. 책을 읽는 게 아니라 글자 확인, 숫자 놀음에 지나지 않았지만, 그래도 만족했습니다. 아이들이 직접 책을 펼치고 책장을 한 장 한 장 넘기기 시작했으니까요.

약속대로 놀이동산에 가서 혹사당하고 돌아온 후부터는 질문의 난이도를 조금씩 높였습니다. "주인공 소년의 이름은?", "그 소년이 좋아한 여자 친구의 이름은?" 오호라, 통재여! 숫자 세기로는 맞힐 수 없는 질문들입니다. 아이들은 순간 당황하더군요. 고민에 빠져 서로

들 마주 보며 고개를 갸웃거렸습니다. 시치미를 떼고 모른 척하고 있자니, 요것 봐라! 요 녀석들이 꽤 영리한 겁니다. 다 읽고 답을 찾기는 싫고, 그렇다고 삼삼한 상을 놓치기도 싫고……. 무작위적인 읽기로는 비효율적이라는 사실을 깨달은 아이들은 자기들끼리 단락을 나눠서 정보를 조합하기 시작했습니다. 모로 가도 서울만 가면 된다! 묵묵히 지켜만 보았습니다. 그렇게 저는 아이들과 몇 주 동안 이 책 저 책 옮겨 다니면서 숫자 놀음에 잔머리 굴리기를 계속했습니다. 아무런 진전이 없는 것 같은 아이들을 보면서 제 인내심은 여러 번 도전을 받았습니다.

그러던 어느 날 이상한 일이 일어나기 시작했습니다. 아이들이 질문을 던지기 시작한 겁니다. "선생님! 주인공 짝꿍이 정말로 주인공을 좋아했게요, 아니게요?", "주인공이 왜 아빠한테 대들었을까요?" 아이들이 드디어 책을 '읽고' 내게도 책에 '동참'하기를 요구하기 시작한 겁니다. 그렇게 해서 아이들은 책에 눈을 뜨기 시작했습니다. 책이 생각보다 꽤나 매력적이고 재미난 친구라는 걸 알게 된 거죠.

해도 너무한다 싶게 책을 싫어하는 아이라면, 이렇게 놀이처럼 책 읽기를 시작해 보세요. 단순한 질문으로 시작해서 점점 이해력과 사고력을 요하는 질문으로 난이도를 높여 가세요. 놀이는 즐거워야 합니다. 가끔은 속 보일 정도로 칭찬도 듬뿍 해 주시고 상도 주세요. 인내심은 필수입니다. 포기하지 않으면 언제고 반드시 엄마한테 질문을 던지는 감격적인 날이 올 것입니다.

이렇게 책과 상극이던 아이들이 책을 사랑하게 되는 일만큼 기쁜 일은 없습니다. 그러나 처음부터 책과 상극이 되지 않도록 주의를 기울여 주는 일이야말로 독서 지도의 기본입니다. 어떤 일이나 권장 사항이 있고 금기 사항이 있습니다. 독서 지도에도 절대로 해서는 안 될 금기 사항이 있습니다. 사실 상식적인 것들입니다. 그런데 아이들과 씨름하다 보면 이 단순한 원칙을 잊기가 쉽습니다. 아차, 하기 전에 한 번 더 상기하시기 바랍니다.

첫 번째 금기 사항은 **강요**입니다. 강요의 역효과는 아무리 강조해도 지나치지 않습니다. 여러 해 전, 책만 보면 발기발기 찢어서 심리 치료를 받는 소녀를 만난 적이 있습니다. 아이의 엄마는 독일계 미국인 여성으로 아이비리그 대학 출신의 인텔리였습니다. 그녀는 아이가 옹알이를 할 무렵부터 하루에 일정량 이상 책을 읽어 주는 걸 원칙으로 삼았습니다. 직장에서 돌아오면 반드시 규칙적으로 잠자기 전에 그림책을 읽어 주었습니다. 아이가 스스로 글자를 읽을 수 있게 되자 아이에게 책을 골라 주고 읽게 했습니다.

여기까지는 모범적인 독서 지도라고 말할 수 있을지 모릅니다. 문제는 아이의 의사를 깡그리 무시한 철저한 강요에 의한 독서였다는 사실입니다. 아이가 초등학생이 되었을 때 불행한 결혼은 종지부를 찍었고, 엄마는 집을 떠났습니다. 아이는 그때부터 책만 보면 찢는 이상 행동을 보이기 시작했습니다. 아이에게 책은 엄마의 강요의 상징이었고, 집 떠난 엄마를 향한 미움과 원망, 그리움을 책에게 투사하기 시작했던 것이지요.

이런 극단적인 케이스가 아니더라도, 어느 엄마나 아이에게 독서를 강요하는 성향이 있습니다. 책을 읽혀야 한다는 명제에 사로잡혀 아이의 기분은 무시하고 그저 책 읽기만을 자꾸 채근하는 것입니다. 아이가 어릴수록 강요의 강도는 심합니다.

어린아이와 함께 서점이나 도서관에 온 엄마들을 지켜보면 서로 짠 것처럼 비슷한 행동을 합니다. 아이가 뒤뚱뒤뚱 책꽂이의 책을 빼려고 하면, 빼 주는 게 아니라 다친다고 제지합니다. 아이가 책을 골라 와서 읽어 달라거나 사 달라고 하면, 두 번 생각할 필요조차 없다는 듯 당장 제자리에 가져다 놓습니다. 그러고는 엄마가 고른 책을 가지고 돌아갑니다. 거기에는 "글자도 모르는 게 무슨 책을 골라?" 하는 심리가 깔려 있을 겁니다.

당연히 글자도 모르는 아이가 그림만 보고 고른 책은 아무 영양가 없는 책일 확률이 높습니다. 그러나 그 책은 아이가 고른 자기의 책입니다. 현란한 표지 색깔에 미혹되어 집어 들었든, 겉장에 그려진 무서운 도깨비에 호기심이 생겨 집어 들었든, 아이가 선택한 책입니다. 못 이기는 척, 아이가 고른 책을 존중해 주세요. 그 책이 중요해서가 아닙니다. 아이의 머릿속에 책 고르는 즐거움, 내가 고른 책을 갖게 된 기쁨을 새겨 주기 위해서입니다.

아직 시간 여유가 많은 유아를 둔 엄마라면, '좋은 책 많이 읽히기'에 주력하기보다는 '자발적 독서의 행복'부터 심어 주시기 바랍니다. 그 후에 엄마가 개입해서 책 목록 선정에 현명한 영향력을 행사해도 늦지 않습니다. 긴 안목에서 보면 그게 훨씬 더 경제적입니다. 책이라면 진저리를 내는 아이를 바로잡는 데는 훨씬 긴 시간과 정성이 필요한 법이니까요.

그렇다고 언제까지나 아이가 제멋대로 고른 책에 휘둘릴 수야 없습니다. 아이가 책 고르는 기쁨을 충분히 누리고 있다는 확신이 선다면, 그때부터는 아이의 의사를 존중하면서 필독서들을 읽혀야 합니다. 앞에서도 한 번 언급했습니다만, 열 권쯤 책을 미리 골라놓은 후에, "이중에서 어떤 책이 제일 먼저 읽고 싶어?" 하고 아이의 의사를 물어보세요. 그렇게 한 권씩 엄마가 의도한 책을 읽히는 겁니다. 아이는 책을 선택하는 자유를 누려서 좋고, 엄마는 좋은 책들을 헤게모니 싸움 없이 다 읽힐 수 있으니 좋습니다.

두 번째 금기 사항은 **신랄한 비평**입니다. 대학 입시 정책의 변동이 있을 때마다 도마에 오르는 논술 때문에 신랄한 비평과 비판을 가르쳐야 한다는 강박 관념에 사로잡힌 엄마들이 많습니다. 아이들도 덩달아 책을 펴들면 흠부터 찾으려고 혈안입니다. 그래야 논리적이고 개성 만점인 글을 쓸 수 있다는 오해 때문이지요.

그렇게 하면 잠깐 지적 우월감을 만끽할 수 있을지 모릅니다. 그러나 결국엔 본인만 손해입니다. 경직된 사고, 날선 시선으로는 책의 단면밖에 볼 수 없습니다. 단색으로 채색된 책은 없습니다. 숨어 있는 일곱 빛깔 찬란한 무지개는 사랑으로 공을 들이는 독자만이 발견할 수 있습니다.

냉소주의자는 사랑을 하지도, 사랑받지도 못합니다. 책도 마찬가지입니다. 독서 지도의 기본 원리는 책 사랑입니다. 먼저 사랑을 가르쳐야 합니다. 아이가 책을 읽고 나면 생각한 것, 느낀 것, 배운 것을 세 가지 이상 쓰고, 그걸 사흘 이상 곱씹어 본 사람만이 한 가지 비판을 할 자격이 있다고 가르쳐 주세요. 책은 이렇게 3:3:1 전법으로 무장한 독자를 향해서만 '아낌없이 주는 나무'가 되어 줍니다. 이렇게 책을 읽으면 어떤 책에서든 최고의 가치를 뽑아낼 수 있게 됩니다. 그때야말로 비로소 남과 다른 좋은 글이 나오는 것입니다.

세 번째 금기 사항은 엄마의 **표리부동**입니다. 한 신문에 외국 유명 인사들의 일회 강연료가 20만 달러 이상이라는 기사가 난 적이 있습니다. 개인이 그런 유명한 학자나 명강사들의 강연을 직접 들을 기회를 만난다는 건 하늘의 별을 따는 것만큼이나 힘들겠지요. 그렇다고 그 사람들이 평생 연구하고 공부한 지식과 정보가 갑부들만의 것이 되란 법은 없습니다. 시간과 노력을 들일 열의만 있다면, 한 시간짜리 강연보다 훨씬 더 방대하고 자세한 가르침을 만 원 안팎의 책 속에서 만날 수 있습니다.

옷은 아무리 비싸도 주저 없이 사면서 책에는 툭하면 돈 아깝다는 말을 서슴없이 하는 엄마를 둔 아이는 어떤 게 엄마의 진심인지 헷갈리기 시작합니다. 책을 사랑하라고 귀에 못이 박이도록 설교하면서, 막상 책 값은 아깝다는 말을 생각 없이 한다면 아이들로서는 가치관에 혼란이 올 수밖에 없습니다.

책을 좋아하는 사람이라면 누구나 존경하고 부러워하는 유명한 다독 작가 다치바나 다카시는 자기만의 열네 가지 독서법에서 "책을 사는 데 돈을 아끼지 말라."를 첫 번째 항목으로 꼽았습니다. 한 번 쓱 훑고 말 책이라면 빌려 볼 수 있습니다. 그러나 소장할 만한 가치가 있다고 판단되는 책, 나중에 한 번 더 읽어야 할 책 등은 되도록 아이의 책으로 만들어 주는 게 좋습니다. 그래야 차근차근 줄을 치면서 읽을 수 있습니다.

책은 장식품이 아니라 먹을거리입니다. 먹어서 피가 되고 살이 되는 식품입니다. 끓여 먹든 볶아 먹든 내 좋은 대로 음식을 해 먹듯, 책도 줄을 치든 귀퉁이를 접고 형광펜으로 별표를 치든 내 맘대로 요리해서 먹을 수 있어야 합니다. 빌려 온 책은 그렇게 못합니다. 아무래도 애착이 덜 합니다. 가정 형편 때문이라면 빌려 봐도 무방하지만, 다른 물건에는 아낌없이 돈을 쓰면서 유독 책만은 사지 않으려는 구두쇠 작전으로는 일관성 있는 독서 지도를 하기 힘듭니다.

네 번째 금기 사항은 **엄마의 잣대**로 책의 운명을 결정지어 버리는 것입니다. 자기주장이 강한 엄마들 중에는 아이에게 "이 책이 더 좋은 거야. 이 책부터 읽어."라고 하는 분이 꽤 많습니다. 분명 엄마로서는 나름대로 기준이 있고 이유가 있을 겁니다. 그러나 그건 어디까지나 엄마의 의견입니다. 아이에게 어떤 책이 더 큰 영향을 끼칠지는 읽어 보기 전에는 알 수 없습니다. 새뮤얼 존슨은 "모든 지식에는 저마다의 가치가 있다. 몰라도 좋을 만큼 사소하거나 하찮은 지식은 없다."고 했습니다. 아이들이 어느 정도 자랐다면 스스로 자기에게 좋은 책을 판단하도록 일임해 보세요.

책이란 보는 이의 관점이나 시대상에 따라 다르게 평가될 수 있습니다. 『영혼을 위한 닭고기 수프』는 나오자마자 세계적인 베스트셀러가 되었지만, 수십 군데의 출판사에서 거절당한 끝에 간신히 출판되었다고 합니다. 그 누구도 어떤 책에 대한 자기 의견과 생각이 절대적인 거라고 속단할 수 없습니다. 몇 년 전에 읽은 것과 몇 년 후에 읽은 느낌이 다르고, 갑돌이가 읽은 느낌과 갑순이가 읽은 느낌이 다를 수 있습니다. 무한한 감수성으로 마음이 열려 있는 아이들에게 엄마의 편견을 들이대고 좋은 책을 만날 기회를 박탈하지 마세요. 책은 저마다의 독자에게 다른 선물을 주는 개성 강한 산타입니다. 풍성한 수확을 거두려면 독서 지도의 첫 씨앗을 바로 심어야 합니다. 매번 가슴 뛰는 기대를 갖고 책장을 넘기는 태도를 체질화시켜 주세요.

다섯 번째 금기 사항은 독서를 한낱 이벤트로 만드는 것입니다. 어쩌다가 오는 손님을 맞이하는 주방은 시끌벅적합니다. 그러나 내 식구 먹을 된장찌개를 끓이는 주방은 일상의 평화로 고요합니다. 책 읽기는 일용할 양식이 되어야 합니다. 독서가 요란한 주중, 월중 행사가 되면 책을 읽고 엄마한테 생색을 내는 어이없는 일까지 벌어집니다. 조금씩이라도 매일 책장을 넘기는 습관에는 이길 장사가 없습니다.

그러기 위해서는 엄마가 먼저 책 읽는 엄마가 되어야 합니다. 선택의 여지가 없습니다. 책을 읽는 엄마의 모습을 본 적이 없는 아이가 스스로 책을 찾아 읽는 지성인으로 성장하기란 정말 힘든 일입니다. 받고자 하는 것을 먼저 베풀라는 황금률은 독서 지도에도 예외 없이 적용된다는 사실을 마음에 새기고 실천해 보세요. 강요하지 않아도 놀라운 효과를 거두게 되실 겁니다.

아이들에게 최고의 독서 코치는 엄마입니다. 최고의 글쓰기 선생님 또한 엄마입니다. 즐거운 책 읽기의 기초를 단단히 다져서 행복한 글쓰기까지 성공하시기 바랍니다.

·칼럼 속 도서 연령별 분류·

3, 4세 이상

내가 술래야 믹 잉크펜 글·그림, 이다희 옮김 | 비룡소 48
아기 오리는 어디로 갔을까요? 낸시 태퍼리 글·그림, 박상희 옮김 | 비룡소 48

5세 이상

거꾸로 보면 무엇일까요? 이토 후미토 글·그림, 박인용 옮김 | 오로라북스 28
거짓말이 아니야 카트린 돌토 외 글, 조엘 부셰 그림, 이세진 옮김 | 비룡소 134
내가 언제 동생 낳아 달랬어 마사 알렉산더 글·그림, 서남희 옮김 | 보림 186
달을 먹은 아기 고양이 케빈 행크스 글·그림, 맹주열 옮김 | 비룡소 86
달은 우유일지도 몰라 리자 슐만 글, 윌 힐렌브랜드 그림, 서남희 옮김 | 좋은책어린이 86
산타 할아버지 레이먼드 브릭스 글·그림, 박상희 옮김 | 비룡소 86
소풍 가는 날, 나 찾아봐! 스테파니 샤른베르그 글·그림, 고우리 옮김 | 키득키득 48
엄마가 알을 낳았대! 배빗 콜 글·그림, 고정아 옮김 | 보림 143
이럴 땐 싫다고 말해요 마리-프랑스 보트 글, 파스칼 르메트르 그림, 홍은주 옮김 | 문학동네어린이 143
친구가 필요하니? 헬메 하이네 글·그림, 김서정 옮김 | 중앙출판사 105

6세 이상

강아지똥 권정생 글, 정승각 그림 | 길벗어린이 252
겁쟁이 꼬마 생쥐 덜덜이 에밀리 그래빗 글, 이정주 옮김 | 어린이작가정신 161
까만 아기 양 엘리자베스 쇼 글, 유동환 옮김 | 푸른그림책 128

꿀꿀꿀 아줌마, 뭘 찾아요? 사토시 이타야 글·그림, 양진희 옮김 | 은나팔 244

난 학교 가기 싫어 로렌 차일드 글·그림, 조은수 옮김 | 국민서관 92

내 멋대로 공주 배빗 콜 글, 노은정 옮김 | 비룡소 214

너는 특별하단다 맥스 루케이도 글, 세르지오 마르티네즈 그림, 아기장수의날개 옮김 | 고슴도치 128

땅속 나라 도둑 괴물 조대인 글, 홍성찬 그림 | 보림 220

마트 구경 간 달코미 임정진 글, 김재민 그림 | 큰나 240

멋대로 학교 미하엘 엔데 글, 폴커 프레드리히 그림, 한미희 옮김 | 비룡소 92

방아 찧는 호랑이 서정오 글, 이춘길 그림 | 곰곰나무 220

백설 공주와 일곱 난쟁이 그림 형제 글, 낸시 에콤 버커트 그림, 이다희 옮김 | 비룡소 30

새 친구 세모돌이 고정욱 글, 문동호 그림 | 여름숲 248

서서 걷는 악어 우뚝이 레오 리오니 글·그림, 엄혜숙 옮김 | 마루벌 128

신데렐라 샤를 페로 글, 로베르토 인노첸티 그림, 이다희 옮김 | 비룡소 30

신데렐라 마샤 브라운 글·그림, 장미란 옮김 | 시공주니어 30

신데룰라 엘렌 잭슨 글, 케빈 오말리 그림, 이옥용 옮김 | 보물창고 30

아기 공룡은 밥도 잘 먹는대요! 제인 욜런 글, 마크 티그 그림, 보리 옮김 | 꼬마Media2.0 153

아기 돼지 삼 형제 백미숙 글, 포드콜친 에브게니 그림 | 삼성출판사 218

아기 돼지 세 자매 프레데릭 스테르 글, 최윤정 옮김 | 주니어파랑새 218

안녕, 해리 마틴 워델 글, 바바라 퍼스 그림, 노은정 옮김 | 비룡소 100

안 무서워, 안 무서워, 안 무서워 마사 알렉산더 글·그림, 서남희 옮김 | 보림 161

엄마 아빠는 나만 미워해! 이노우에 요코 글, 쓰치다 요시하루 그림, 이정선 옮김 | 베틀북 186

여섯 번 저녁 먹는 고양이 시드 잉가 무어 글·그림, 김난령 옮김 | 좋은책어린이 34

옛날 옛날에, 끝 조프리 클로스크 글, 배리 블리트 그림, 김serving정 옮김 | 열린어린이 153

이가 아파요 토르뵤른 에그네르 글·그림, 이철호 옮김 | 가교 153

준치 가시 백석 글, 김세현 그림 | 창비 34

훨훨 간다 권정생 글, 김용철 그림 | 국민서관 252

황소 아저씨 권정생 글, 정승각 그림 | 길벗어린이 238, 252

7세 이상

감자 하나 감자 둘 신시아 디펠리스 글, 앤드리아 유렌 그림, 황윤영 옮김 | 보물창고 236

나무는 즐거워 이기철 글, 남주현 그림 | 비룡소 36

놀이터의 왕

필리스 레이놀즈 네일러 글, 놀라 랭그너 멀론 그림, 이옥용 옮김 | 보물창고 145

당나귀 실베스터와 요술 조약돌

윌리엄 스타이그 글·그림, 이상경 옮김 | 다산기획 22

못생긴 강아지의 고민 야마무라 안지 글·그림, 김난주 옮김 | 나무생각 145

방귀 김기택 글, 소윤경 그림 | 비룡소 36

빨간 부채 파란 부채 이상교 글, 심은숙 그림 | 시공주니어 66

빨간 줄무늬 바지 채인선 글, 이진아 그림 | 보림 236

부끄럼쟁이 바이올렛 캐리 베스트 글, 지젤 포터 그림, 하연희 옮김 | 문학동네어린이 145

산타도 선물이 필요해

이오나 키리치-티지오티 글, 엘리자 파포우리 그림, 류일윤 옮김 | 글뿌리 58

산타클로스가 정말 있나요? 프란시스 처치 글, 김점선 그림, 장영희 옮김 | 북뱅크 212

생쥐를 초대합니다 조지프 로 글·그림, 최순희 엮음 | 다산기획 242

세상에서 제일 넓은 집 소르카 닉 리오하스 글, 논니 호그로기안 그림, 최순희 옮김 | 열린어린이 236

소피의 달빛 담요 에일린 스피넬리 글·그림, 김홍숙 옮김 | 파란자전거 54

수수께끼 ㄱㄴㄷ 최승호 글, 윤정주 그림 | 비룡소 58

우리 형 보리스는 사춘기래요 리즈 피촌 글·그림, 김수희 옮김 | 어린이작가정신 186

이름 짓기 좋아하는 할머니

신시아 라일런트 글, 캐드린 브라운 그림, 신형건 옮김 | 보물창고 212

친구는 좋아! 크리스 라쉬카 글·그림, 이상희 옮김 | 다산기획 68

펭귄 최승호 글, 윤미숙 그림 | 비룡소 36

풀아 풀아 애기똥풀아 정지용 외 글, 신형건 엮음, 양상용 그림 | 푸른책들 24

학교는 즐거워 해리엣 지퍼트 글, 아만다 헤일리 그림, 이태영 옮김 | 키다리 117

8세 이상

가랑비 가랑가랑 가랑파 가랑가랑 정완영 글, 임종길 그림 | 사계절 222

고양이 뱅스가 사라진 날 에벌린 네스 글·그림, 엄혜숙 옮김 | 문학동네어린이 74

까마귀 소년 야시마 타로 글·그림, 윤구병 옮김 | 비룡소 100

꼬마 곰곰이의 처음 학교 가는 날 도로시 마리노 글·그림, 이향순 옮김 | 북뱅크 109

나는 기다립니다…

다비드 칼리 글, 세르주 블로크 그림, 안수연 옮김 | 문학동네어린이 56

나와 클라라 누나 디미테르 잉키오프 글, 트라우들 발터 라이너 외 그림, 유혜자 옮김 | 중앙출판사 139

내가 어른이 된다고요? 줄리아노 페리 글·그림, 김난령 옮김 | 주니어김영사 56

내게 금지된 17가지 제니 오필 글, 낸시 카펜터 그림, 홍연미 옮김 | 열린어린이 159

놀아요 선생님 남호섭 글, 이윤엽 그림 | 창비 222

도레미−최초로 악보를 만든 구이도 다레초 이야기 수잔 L. 로스 글·그림, 노은정 옮김 | 미래아이 155

도서관에 개구리를 데려갔어요 에릭 킴멜 글, 블랜치 심스 그림, 신형건 옮김 | 보물창고 14

뭐든지 무서워하는 늑대 안 로카르 글, 염혜원 그림, 김현주 옮김 | 비룡소 174

보물 유리 슐레비츠 글·그림, 최순희 옮김 | 시공주니어 244

사뿐사뿐 나풀나풀 발레 이야기 베아트리체 마시니 글, 사라 노트 그림, 이현경 옮김 | 중앙북스 155

산골 아이 임길택 글, 강재훈 사진 | 보리 24

새끼 개 박기범 글, 유동훈 그림 | 낮은산 238

선생님 왜 그러셔요? 조 외스트랑드 글, 에릭 가스테 그림, 양진희 옮김 | 교학사 109

선생님은 모르는 게 너무 많아 강무홍 글, 이형진 그림 | 사계절 109

에드와르도 세상에서 가장 못된 아이 존 버닝햄 글·그림, 조세현 옮김 | 비룡소 132

여기는 산호초 미리엄 모스 글, 에드리언 캐너웨이 그림, 강이경 옮김 | 서돌 107

오리는 일학년 박목월 글, 오정택 그림 | 비룡소 24

으시시 대왕 페르딩낭 1세 아녜스 드자르트 글, 마르졸렌 카롱 그림, 최윤정 옮김 | 바람의아이들 75

작가는 어떻게 책을 쓸까? 아이린 크리스틀로 글, 이순미 옮김 | 보물창고 111

책 먹는 여우 프란치스카 비어만 글·그림, 김경연 옮김 | 주니어김영사 14

할아버지와 숨바꼭질 롭 루이스 글·그림, 박향주 옮김 | 보림 185

화가는 어떻게 보았을까 콜린 캐롤 글, 윤지영 옮김 | 함께읽는책 155

훌륭한 꼬마 의사 호세 마리아 플라사 글, 에밀리오 우르베루아가 그림, 김수진 옮김 | 크레용하우스 174

9세 이상

거인 산적 그랍쉬와 땅딸보 부인 구드룬 파우제방 글, 롤프 레티히 그림, 김영진 옮김 | 시공주니어 198

꼬마 니콜라 르네 고시니 글, 장 자크 상페 그림, 신선영 옮김 | 문학동네어린이 198

꽁지머리 소동 로버트 먼치 글, 마이클 마르첸코 그림, 박무영 옮김 | 풀빛 94

내 이름은 삐삐 롱스타킹
아스트리드 린드그렌 글, 롤프 레티시 그림, 햇살과나무꾼 옮김 | 시공주니어 198

놀라운 과학이 담겨 있는 물고기 하늘매발톱 글, 백일수 그림 | 가교 72

동화 속 동물들의 진실 게임 최종욱 글, 임승현 그림 | 아롬주니어 72

매듭을 묶으며 빌 마틴 주니어 외 글, 테드 랜드 그림, 김장성 옮김 | 사계절 200, 224

세상에서 가장 멋진 내 친구 똥퍼 이은홍 글·그림 | 사계절 66

슬플 때도 있는 거야 미셸린느 먼디 글, R. W. 앨리 그림, 노은정 옮김 | 비룡소 226

애니의 노래 미스카 마일즈 글, 피터 패놀 그림, 노경실 옮김 | 새터 200, 224

야옹 하고 쥐가 울었습니다 베아트리체 바비 글, 필립 에임스 그림, 김시내 옮김 | 문학수첩 137

엄마 등에 업혀서 에머리 버나드 글, 더가 버나드 그림, 박희원 옮김 | 비룡소 84

엉뚱이 소피의 못 말리는 패션 수지 모건스턴 글·그림, 최윤정 옮김 | 비룡소 94

여우의 전화 박스 도다 가즈요 글, 다카스 가즈미 그림, 햇살과나무꾼 옮김 | 크레용하우스 226

왕도둑 호첸플로츠 오트프리트 프로이슬러 글, 요제프 트립 그림, 김경연 옮김 | 비룡소 198

이야기 도둑 임어진 글, 신가영 그림 | 문학동네어린이 66

이상한 화요일 데이비드 위스너 글·그림 | 비룡소 68

작별 인사 구두룬 멥스 글, 욥 묀스터 그림, 문성원 옮김 | 시공주니어 226

정조와 함께 떠나는 화성 기행 최석환 외 글, 이원희 그림 | 문학동네어린이 20

주근깨 주스 주디 블룸 글, 정문주 그림, 지혜연 옮김 | 시공주니어 94

탈무드 한상남 엮음, 바이일러스트 그림 | 삼성출판사 224

파스칼의 실수 플로랑스 세이보스 글, 미셸 게 그림, 최윤정 옮김 | 비룡소 134

폭풍우 치는 밤에 기무라 유이치 글, 아베 히로시 그림, 김정화 옮김 | 아이세움 58

푸른 눈의 아기 고양이 에곤 마티센 글·그림, 엄혜숙 옮김 | 다산기획 137

하얀 올빼미와 파란 생쥐 장 주베르 글, 미셸 게 그림, 정승희 옮김 | 비룡소 98

화요일의 두꺼비 러셀 에릭슨 글, 김종도 그림 | 사계절 98

10세 이상

개구쟁이 산복이 이문구 글 | 창비 24

거짓말을 먹고 사는 아이 크리스 도네르 글, 필립 뒤마 그림, 최윤정 옮김 | 비룡소 134

거짓말쟁이 천재 울프 스타르크 글, 히다 코시로 그림, 햇살과나무꾼 옮김 | 크레용하우스 134

고맙습니다, 선생님 패트리샤 폴라코 글, 서애경 옮김 | 아이세움 103

구름을 삼켰어요 질 아비에 글, 키티 크라우더 그림, 백수린 옮김 | 창비 159

기탄잘리의 전설 란지트 랄 글, 재키 모리스 그림, 홍인기 옮김 | 다림 70

나의 라임 오렌지 나무 J.M 바스콘셀로스 글, 박동원 옮김 | 동녘 216

내겐 드레스 백 벌이 있어 엘레노어 에스테스 글, 루이스 슬로보드킨 그림, 엄혜숙 옮김 | 비룡소 100

내 친구 윈딕시 케이트 이카밀로 글, 송재호 그림, 햇살과나무꾼 옮김 | 시공주니어 200

늑대와 양에 관한 진실 데이비드 허친스 글, 바비 곰버트 그림, 김철인 옮김 | 바다어린이 56

당나귀 꺄디숑 세귀르 백작부인 글, 원용옥 외 옮김 | 계수나무 22

돌고 도는 돈 발레리 기두 글, 브뤼노 하이츠 그림, 김예령 옮김 | 시공주니어 240

등대와 괭이갈매기의 꿈 주강현 글 | 생각의 나무 232

등대지기 우리 아빠 박신식 글, 이유정 그림 | 아이앤북 232

렝켄의 비밀 미하엘 엔데 글, 베른하르트 오버딕 그림, 유혜자 옮김 | 보물창고 192

멍멍 나그네 마해송 글 | 계림닷컴 18

멘사 논리 퀴즈 로버트 알렌 글, 김요한 옮김 | 보누스 39

명화를 읽어 주는 어린이 미술관 로지 디킨스 글, 홍진경 옮김 | 시공주니어 64

명희의 그림책 배봉기 글, 오승민 그림 | 보림 196

모캄과 메오 김송순 글, 원혜영 그림 | 문학동네어린이 228

사과나무 위의 할머니 미라 로베 글, 수지 바이겔 그림, 전재민 옮김 | 중앙출판사 176

사람은 무엇으로 사는가 톨스토이 글, 이만익 그림, 이종진 옮김 | 창비 192

산대장 솔뫼 아저씨의 생물 학교 솔뫼 글, 김정선 그림, 권오길 감수 | 삼성출판사 107

새집머리 아모스 마이클 델라니 글·그림, 양지연 옮김 | 시공주니어 96

생쥐 기사 데스페로 케이트 디카밀로 글, 티모시 바질 에링 그림, 김경미 옮김 | 비룡소 242

세상에 장수풍뎅이가 되다니! 김정환·조윤경 글, 유진희 그림 | 사파리 107

아저씨, 소년 그리고 여우 매튜 스위니 글, 박미낭 옮김 | 아리솔 216

어린이를 위한 꿈 너머 꿈 고도원 글, 에듀팅 그림 | 나무생각 157

연변에서 온 이모 소중애 글 | 웅진주니어 228

용감한 구조견 베어 스캇 쉴즈 외 글, 유정화 옮김 | 두산동아 18

외톨이 동물원 하이타니 겐지로 글, 허구 그림, 햇살과나무꾼 옮김 | 비룡소 250

용의 아이 타로오 마쯔따니 미요꼬 글, 타시로 산젠 그림, 고향옥 옮김 | 창비 220

이상한 나라의 앨리스 루이스 캐럴 글, 헬린 옥슨버리 그림, 김석희 옮김 | 웅진주니어 78

이상한 나라의 앨리스 루이스 캐럴 글, 존 테니얼 그림, 손영미 옮김 | 시공주니어 78

조금만, 조금만 더 존 레이놀즈 가디너 글, 마샤 슈얼 그림, 김경연 옮김 | 시공주니어 200

조커, 학교 가기 싫을 때 쓰는 카드
수지 모건스턴 글, 미레유 달랑세 그림, 김예령 옮김 | 문학과지성사 103

존 아저씨의 꿈의 목록 존 고다드 글, 이종옥 그림, 임경현 옮김 | 글담어린이 157

지프, 텔레비전 속에 빠지다 잔니 로다리 글, 페프 그림, 김효정 옮김 | 주니어김영사 28

창가의 토토 구로야나기 테츠코 글, 이와사키 치히로 그림, 김난주 옮김 | 프로메테우스 78

최고의 이야기꾼 구니버드 로이스 로리 글, 미디 토마스 그림, 이금이 외 옮김 | 보물창고 74

큰고니의 하늘 테지마 케이자부로오 글·그림, 엄혜숙 옮김 | 창비 196

탐정 프레디 월터 R. 브룩스 글, 쿠르트 비저 그림, 한유미 옮김 | 나들목 218

푸른 개 장발 황선미 글, 김은정 그림 | 웅진주니어 18

하늘을 그린 화가 자넷 윈터 글, 노경실 옮김 | 새터 64

할머니 페터 헤르틀링 글, 페터 크노르 그림, 박양규 옮김 | 비룡소 176

할머니의 꽃무늬 바지 바버라 슈너부시 글, 캐리 필로 그림, 김수희 옮김 | 어린이작가정신 246

행복한 왕자 오스카 와일드 글, 마이클 헤이그 그림, 지혜연 옮김 | 시공주니어 192

헨리, 벼락부자가 되다 프란체스카 사이먼 글, 토니 로스 그림, 홍연미 옮김 | 그린북 139

휘파람 할아버지 울프 스타르크 글, 안나 회글룬트 그림, 최선경 옮김 | 비룡소 246

힘들어도 괜찮아 오카 슈조 글, 다치바나 나오노스케 그림, 고향옥 옮김 | 웅진주니어 248

11세 이상

고양이 학교 김진경 글, 김재홍 그림, 문학동네어린이 130

국화마을의 어린왕자, 모모 야엘 아쌍 글, 홍주미 그림, 김경희 옮김 | 시소 14

그래서 이런 말이 생겼대요 우리누리 글, 심심스쿨 그림 | 길벗스쿨 113

그 여자가 날 데려갔어 구두룬 멥스 글, 이자벨 핀 그림, 문성원 옮김 | 시공주니어 188

나와 조금 다를 뿐이야 이금이 글, 원유미 그림 | 푸른책들 141

네 어린이와 떠나는 신나는 80일간의 세계 일주

안젤라 라구사 글, 알렉산드로 폴루치 그림, 김효진 옮김 | 영림카디널 84

노란 코끼리 스에요시 아키코 글, 정효찬 그림, 양경미 외 옮김 | 이가서 182

노랑 가방 리지아 보중가 누니스 글, 에스페란자 발레주 그림, 하윤신 옮김 | 비룡소 130

말을 타고 가는 이야기 제. 다쉬던띵 글, 이안나 옮김 | 이가서 82

멧돼지가 기른 감나무 이상권 글, 김성민 그림 | 사계절 238

버드나무에 부는 바람 케네스 그레이엄 글, 어니스트 하워드 쉐퍼드 그림, 신수진 옮김 | 시공주니어 46

버섯 인간과 마법의 식물 엘리너 캐머런 글, 김영수 그림, 조병준 옮김 | 아이세움 60

베베르에게 마흔두 번째 누이가 생긴다고요 뒤셴 글, 윤미숙 그림, 심지원 옮김 | 비룡소 16

부모님과 함께 읽는 셰익스피어 이야기 10

윌리엄 셰익스피어 지음, 안나 클레이본 엮음, 엘레나 템포린 그림, 노은정 옮김 | 삼성출판사 46

사자성어로 만나는 네 글자 세상 손은주 글, 조선경 그림 | 시공주니어 113

세상에서 가장 아름다운 곳 앤 카메론 글, 토마스 B. 앨런 그림, 김혜진 옮김 | 바람의아이들 60

아벨의 섬 윌리엄 스타이그 글·그림, 송영인 옮김 | 다산기획 200

안녕, 난 박물관이야 잔 마크 글, 리처드 홀랜드 그림, 박은미 옮김 | 비룡소 72

에디슨 햇살과나무꾼 글 | 랜덤하우스 180

예쁜 우리말 사전 박남일 글, 류성민 외 그림 | 파란자전거 113

옥수수가 익어 가요 도로시 로즈 글, 장 샤를로 그림, 우석균 옮김 | 열린어린이 234

왕자와 매 맞는 아이 시드 플라이슈만 글, 피터 시스 그림, 박향주 옮김 | 아이세움 105

우리가 너를 선택한 이유 그레고리 E. 랭 글, 재닛 랭포드 모란 사진, 이혜경 옮김 | 나무생각 182

우체부 파울 아저씨 미하엘 슐테 글, 디터 콘체크 그림, 이은주 옮김 | 문학동네어린이 234

위풍당당 질리 홉킨스 캐서린 패터슨 글, 이다희 옮김 | 비룡소 188

유리장이의 아이들 마리아 그리페 글, 하랄트 그리페 그림, 안인희 옮김 | 비룡소 46

작가가 되고 싶어! 앤드루 클레먼츠 글, 남궁선하 그림, 정현정 옮김 | 사계절 111

진짜 도둑 윌리엄 스타이그 글·그림, 홍연미 옮김 | 베틀북 16

피카소 실비 지라르데 글, 최윤정 옮김 | 길벗어린이 180

하늘에서 뚝 떨어진 할아버지 야엘 하산 글, 마르셀리노 트루옹 그림, 조현실 옮김 | 바람의아이들 182

하라바라 괴물의 날 장자화 글, 나오미야 그림, 전수정 옮김 | 사계절 82

행운을 부르는 아이, 럭키 수잔 패터런 글, 맷 팰런 그림, 김옥수 옮김 | 서울교육 105

헨쇼 선생님께 비벌리 클리어리 글, 이승민 그림, 선우미정 옮김 | 보림 111

헬렌 켈러 베아트리스 니코뎀 글, 마리 로르 비네에 그림, 김주경 옮김 | 대교 180

12세 이상

가재바위 등대의 요란한 손님들 아메스 크뤼스 글, 김완균 옮김 | 스콜라 78

갈매기에게 나는 법을 가르쳐준 고양이 루이스 세뿔베다 글, 이억배 그림, 유왕무 옮김 | 바다출판사 232

기억 전달자 로이스 로리 글, 장은수 옮김 | 비룡소 54

나무 도령 최정원 글 | 영림카디널 80

남쪽으로 마누엘 알론소 글, 엘레나 오드리오솔라 그림, 김정하 옮김 | 다림 194

납치 여행 가쿠다 미츠요 글, 김난주 옮김 | 해냄 194

내가 그 녀석이고 그 녀석이 나이고 야마나카 히사시 글, 정지혜 그림, 이경옥 옮김 | 사계절 28

다섯 시 반에 멈춘 시계 강정규 글 | 문원 178

당나귀는 당나귀답게 아지즈 네신 글, 이종균 그림, 이난아 옮김 | 푸른숲 22

돼지 영웅 그릴러스 폴 쉽튼 글, 임정희 옮김 | 주니어랜덤 80

레몬으로 돈 버는 법 루이스 암스트롱 글, 빌 바소 그림, 장미란 옮김 | 비룡소 26

만화로 배우는 경제 정갑영 글 | 영진미디어 26

말 잘하는 아이가 공부도 잘한다 이정숙 글, 김승준 그림 | 나무생각 151

바다는 눈물이 필요 없다 하이타니 겐지로 글, 허구 그림, 햇살과나무꾼 옮김 | 비룡소 250

백설 공주는 정말 행복했을까? 쉬르넥 글, 그라우프너 그림, 유혜자 옮김 | 아이세움 30

블루시아의 가위바위보 김중미 외 글, 윤정주 그림, 국가인권위원회 기획 | 창비 228

비밀의 숲 테라비시아 캐더린 패터슨 글, 정태련 그림, 최순희 옮김 | 대교 96

빨간 그네를 탄 소녀 폴리 호바스 글, 유기훈 그림, 김현숙 옮김 | 대교 34

손도끼 게리 폴슨 글, 김민석 옮김 | 사계절 200

스켈리그 데이비드 알몬드 글, 김연수 옮김 | 비룡소 62

푸른 돌고래 섬 스콧 오델 글, 김종도 그림, 김옥수 옮김 | 우리교육 200

샤일로 필리스 레이놀즈 네일러 글, 이강 그림, 국지수 옮김 | 서돌 200

15소년 표류기 쥘 베른 글, 레옹 브네 그림, 김윤진 옮김 | 비룡소 200

아버지의 남포등 윌리엄 암스트롱 글, 김종도 그림, 서미현 옮김 | 한길사 178

아빠가 길을 잃었어요 랑힐닐스툰 글, 하타 고시로 그림, 김상호 옮김 | 비룡소 178

아이들의 못 말리는 서커스 맥나우튼 글, 신지원 그림, 이필우 옮김 | 을파소 26

악동일기 빅토리아 빅터 글, 전영애 옮김 | 두레 139

앨리슨 미워하기 로빈 클레인 글, 백지원 그림, 신혜경 옮김 | 좋은책어린이 115

야성의 외침 잭 런던 글, 웬델 마이너 그림, 정회성 옮김 | 웅진주니어 32, 200

어린이를 위한 흑설공주 이야기 노경실 외 글, 윤종태 그림 | 뜨인돌어린이 30

엄마가 사라졌다 수 코벳 글, 고정아 옮김 | 생각과느낌 190

엄마가 사라진 어느 날 루스 화이트 글, 이정은 그림, 김경미 옮김 | 푸른숲 190

엄마는 파업 중 김희숙 글, 박지영 그림 | 푸른책들 190

여자 아이, 클로딘 마리-크리스틴 엘거슨 글, 이브 보자르 그림, 박희원 옮김 | 바람의아이들 214

운하의 소녀 티에리 르냉 글, 조현실 옮김 | 비룡소 143

작은 신사 필리퍼 피어스 글, 패트릭 벤슨 그림, 햇살과나무꾼 옮김 | 시공주니어 62

절뚝이의 염소 나가사키 겐노스케 글, 김호민 그림, 양미화 옮김 | 문학동네어린이 210

줄리와 늑대 진 크레이그헤드 조지 글, 유기훈 그림, 작은 우주 옮김 | 대교 32

진저 파이 엘레노어 에스테스 글, 이상규 그림, 작은 우주 옮김 | 대교 200

카라반 이야기 빌헬름 하우프 글, 이지 트른카 그림, 박민수 옮김 | 비룡소 192

태양의 아이 하이타니 겐지로 글, 오석윤 옮김 | 양철북 210

플랜더스의 개 위더 글, 하이럼 반즈 그림, 노은정 옮김 | 비룡소 200

피노키오의 몸값은 얼마일까요? 장수하늘소 글, 김혜숙 그림 | 아이세움 26

헤라클레스 이윤기 글, 최용호 그림 | 아이세움 80

13세 이상

교과서 한국 단편 소설 이문열 외 글, 최지훈 엮음 | 효리원 41

교양 있는 우리 아이를 위한 세계 역사 이야기

수잔 와이즈 바우어 글, 정병수 그림, 이계정 옮김 | 꼬마이실 41

그리운 메이 아줌마 신시아 라일런트 글, 햇살과나무꾼 옮김 | 사계절 216

나는 선생님이 좋아요 하이타니 겐지로 글, 윤정주 그림, 햇살과나무꾼 옮김 | 양철북 103

남아프리카 공화국 이야기 베벌리 나이두 글, 이경상 옮김 | 생각과느낌 70

내 안의 또 다른 나 조지 E. L. 코닉스버그 글, 햇살과나무꾼 옮김 | 비룡소 163

내 여자 친구 이야기/내 남자친구 이야기 크리스티앙 그르니에 글, 김주열 옮김 | 사계절 149

다리 건너 저편에 게리 폴슨 글, 김옥수 옮김 | 사계절 230

뢰스 극장의 연인 자닌 테송 글, 조현실 옮김 | 비룡소 43

몽실 언니 권정생 글, 이철수 그림 | 창비 252

사춘기 차오원쉬엔 글, 김택규 옮김 | 푸른숲 163

섀도맨서 G. P. 테일러 글, 강주헌 옮김 | 생명의말씀사 130

세계사 편력 청소년판 자와할랄 네루 글, 최충식 외 편역 | 일빛 41

세 시 반에 멈춘 시계 한스 도메네고 글, 이미옥 옮김 | 궁리 147

29명의 철학자와 함께 떠나는 열세 살의 논리 여행

데이비드 A. 화이트 글, 고정아 옮김 | 해냄 41

씁쓸한 초콜릿 미리암 프레슬러 글, 정지현 옮김 | 낭기열라 163

앵무새 죽이기 하퍼 리 글, 김욱동 옮김 | 문예출판사 210

어린이 고고학의 첫 걸음 라파엘 드 필리포 글, 롤랑 가리그 그림, 조경민 옮김 | 상수리 76

엑스를 찾아서 데보라 엘리스 글, 권혁정 옮김 | 나무처럼 147

인생이 맛있어지는 17가지 레시피 에릭 체스터 글, 김경숙 옮김 | 뜨인돌 157

잃어버린 기억의 박물관 랄프 이자우 글, 유혜자 옮김 | 비룡소 76

유리병 편지 클라우스 코르돈 글, 강명순 옮김 | 비룡소 149

정재서 교수의 이야기 동양 신화 정재서 글 | 황금부엉이 80

중학교, 이것만은 꼭 알고 가라! 박신식 글, 김재일 그림 | 살림어린이 117

트로이와 크레타 한스 바우만 글, 한스 페터 레너 그림, 강혜경 옮김 | 비룡소 20

티모시의 유산 시오도어 테일러 글, 박중서 옮김 | 뜨인돌 234

프란시스코의 나비 프란시스코 지메네즈 글, 노현주 그림, 하정임 옮김 | 다른 182

황금붓의 소녀 마리 베르트라 글, 최정수 옮김 | 하늘고래 64

희망의 섬 78번지 우리 오를레브 글, 유혜경 옮김 | 비룡소 230

엄마를 위한 책

딥스 버지니아 M. 액슬린 글, 주정일 외 옮김 | 샘터사 141

스스로 도전하는 아이의 인생에는 막힘이 없다 EBS기획다큐멘터리-동기 글, 거름 117

어린이 책을 읽는다 가와이 하야오 글, 햇살과나무꾼 옮김 | 비룡소 39

어머니 사시는 그 나라에는 권정생 글 | 지식산업사 254

엄마가 적성에 맞지 않는 엄마의 자녀 교육법

가와구치 만 에미 글, 한양심 옮김 | 한즈미디어 117

영국 엄마들이 골라주는 영어 그림책/동화책 니콜라스 터커 글, 최인화 외 옮김 | 홀씨 39

우리 아이의 말하는 힘 듣는 힘이 자란다 히구치 유이치 글, 이세진 옮김 | 뜨인돌 151

우울한 아이 무조건 쉬어야 한다 덴다 겐조 글, 김주영 옮김 | 알마 198

전래 동화 속의 비밀 코드 하지현 글 | 살림 220

지금 알고 있는 걸 그때도 알았더라면 류시화 엮음 | 열림원 24

태아는 알고 있다 토마스 버니 글, 김수용 옮김 | 샘터사 132

하나님이 주신 손 벤 카슨 글, 엄성옥 옮김 | 은성 180

하루 15분, 책 읽어주기의 힘 짐 트렐리즈 글, 눈사람 옮김 | 북라인 163

학교 탈출, 이제는 선택이다! 심은희,이종건 글 | 늘푸른소나무 92

한 아이 토리 헤이든 글, 이희재 옮김 | 아름드리미디어 141

• 상기 도서 목록은 편집부에서 연령에 따라 재분류한 것입니다.

임사라

서울에서 태어나 고려대학교를 졸업했다. 1990년에 《월간 문학》 소설 부문 신인 작품상을, 1992년에 김래성 문학상을 받았으며, 2006년에는 장편 동화 『내 생각은 누가 해줘?』로 황금도깨비상을 받았다. 2006년부터 2008년까지 《중앙일보》에 어린이 독서 지도 칼럼 「임사라의 KISS A BOOK」을 매주 연재했다. 지은 책으로 『동갑내기 울 엄마』, 『셜록 홈스와 글쓰기 탐정단』, 『유일한』, 『나, 창조된 것 맞아?』 등이 있다.

내 아이를 책의 바다로 이끄는 법

1판 1쇄 펴냄 - 2009년 3월 31일
1판 3쇄 펴냄 - 2011년 10월 26일
지은이 임사라
펴낸이 박상희
편집장 김은하
편 집 이경민
펴낸곳 (주) 비룡소
출판등록 1994. 3. 17. (제16-849호)
주소 135-887 서울시 강남구 신사동 506 강남출판문화센터 4층
전화 영업(통신 판매) 02)515-2000(내선1) 팩스 02)515-2007 편집 02)3443-4318,9
홈페이지 www.bir.co.kr

ISBN 978-89-491-9050-1 03370